JN093243

日本のセーフティーネット格差

労働市場の変容と社会保険

Sakai Tadashi
酒井 正［著］

慶應義塾大学出版会

まえがき

現在、わが国における社会保障給付費の総額は120兆円にのぼり、対国内総生産比で見れば2割を超えている。そして、そのほとんどは医療や年金をはじめとする社会保険に関わる給付である。すべての国民は、公的医療保険や公的年金に加入する義務があるとされ、この「国民皆保険（・皆年金）」こそが、わが国の社会保険の根幹となってきた。だが、それでは、一方で存在する事実として2割にのぼる国民健康保険の未納世帯や、3割にのぼる国民年金の未納月数をどのように捉えたらよいのだろうか。一体、「国民皆保険」とは何なのだろうか。

公的医療保険や公的年金といった社会保険は、就業状態や雇用形態によって加入すべき制度が異なっている。単純に言えばそれは「正社員の者が加入する制度（被用者保険）」と「正社員以外の者が加入する制度（国民年金・国民健康保険）」とに分かれている。すなわち、原理的には、正社員以外の者すべてを国民年金や国民健康保険がカバーすることで「皆保険」が達成されてきたのである。

制度開始当初、この「正社員以外のための社会保険」が想定していたのは、自営業者や農家であった。だが、現在、「正社員以外のための社会保険」に加入する者の大多数は、非正規雇用として働く人々や失業している人々である。そして、この非正規雇用や失業者において、保険料の未納が多く発生している。保険料の未納が、病気に罹《かか》った際の受診抑制や将来の低年金・無年金につながり得ることは言うまでもない。正社員や自営業者が大多数だった時代には「皆保険」はその名にふさわしいものだったが、正社員以外の雇用形態の者が増えてきたことで、いまや「皆保険」に綻びが生じつつあるのだ。

かつてわが国が誇った「皆保険」は、盤石な雇用の賜物にすぎなかったのだろうか。安定的な雇用に就いていなければセーフティーネットを得られないのならば、それはセーフティーネットと言えるのだろうか。

雇用の流動化に伴って社会保険から漏れ落ちる者が多く発生している状況に対して、政府も対策を行ってきた。2016年10月に、被用者保険の適用範囲が（企業規模などによって限定されているとはいえ）週30時間以上の労働時間から週20時間以上へと引き下げられたことは記憶に新しい。このように人々の働き方の変化に応じて、社会保険の適用範囲を拡大することは極めて重要である。しかし、それが本当に人々の直面するリスクを緩和させることにつながっているかどうかについては、慎重に考えてみなければならない。

このことがはっきりわかる例が雇用保険である。失業時の所得保障である雇用保険は、週労働時間や雇用見込期間の点で早くから適用拡大を行い、非正規雇用を取り込んできた。その甲斐あって、雇用者に占める雇用保険の被保険者の割合は一貫して高い値を保ってきた。だが、それにもかかわらず失業時に雇用保険を受給している者の割合は長期的に低下してきており、今では3割を切っている。雇用保険の被保険者であることと、失業時に雇用保険の給付を受け取ることができるかどうかは別の問題なのである。不安定な就業状態にある者が社会保険の被保険者としてカバーされるようになったとしても、結局は受給できないのであれば、セーフティーネットとしての意味はない。

医療保険を語るときに、「保険あって医療なし」という警句が言われることがある。これは、たとえ医療財政の仕組みである保険が整備されても、病院や医師・看護師等の医療提供体制が伴わなければ意味がないという戒めである。この警句を他の社会保険にも借用するならば、さしずめ「保険あって給付なし」といったところだろうか。財政が逼迫しがちな昨今においては、どの社会保険も給付をカットする誘惑が大きいからだ。

セーフティーネットは、人々が安定的な生活から転落しそうな時にこそ、その役割を果たさなければならない。だが、現実には雇用の不安定な者に限ってセーフティーネットまで脆弱なのではないか。すなわち、雇用の格差が「セーフティーネットの格差」にもつながっている可能性がある。

とはいえ、雇用形態のちがいがもたらす「セーフティーネット格差」についてはこれまでもしばしば指摘されてきており、それらをさらに詳らかにすることは本書の最終目的ではない。むしろ本書の関心の起点は、先にも述べたように、非正規雇用へ適用拡大しただけでは必ずしも有効な救済策にならないという事実にある。それでは、どのようにしたら人々の間に生じたセーフティーネットの「溝」を埋めることができるのか。

わが国の社会保障制度をめぐっては、従来、高齢者の給付に偏ってきたという反省から、昨今では「全世代型社会保障」ということが叫ばれている。すなわち、現役世代へのセーフティーネットも重視するという考え方である。だが、雇用の流動化が進むこの時代にあって、真に現役世代のセーフテイーネットを強化するのには、勤続経験（＝保険料拠出の実績）を条件として給付を行う従来の雇用保険等は馴染まないかもしれない。そこで主張されているのが、拠出と給付を切り離した（しかし福祉ではない）「第二のセーフティーネット」と呼ばれるものである。本書では、この「第二のセーフティーネット」のあり方についても論じる。

現役世代におけるセーフティーネット格差を是正すべきなのは、現時点における格差が深刻であるという理由だけによるわけではない。現役世代のセーフティーネットの脆弱さを放置しておけば、従来の仕組みを前提とする限り、将来、大量の困窮した高齢者を生み出しかねない懸念もあるからなのである。

本書では、社会保険を中心とするセーフティーネットが直面している課題を検討していくにあたり、「就業」という切り口から迫ることにする。分析から浮き彫りにされるのは、「最底辺より少し上」にいる者たちが晒されている不安定な状況である。ただし、繰り返しになるが、本書の関心は、単に社会保険から漏れ落ちている人々を発見することよりも、その漏れ落ちた者たちをセーフティーネットに包摂しようとすることで、そのことが新たに突きつけてくる課題を考察することにある。

ところで、私的な話で恐縮だが、筆者が米国の研究機関に滞在していた折に、彼の地の経済学者から日本のセーフティーネットはどのようなものかと問われたことがある。その際、筆者は、日本の社会保険を、「皆保険」と同義と考えて「ユニバーサル」（universal）という言葉を使って説明してみたのだが、その経済学者からは、それでは自分が日本に行った時に見た公園などで暮らすたくさんのホームレスは何なのかと言われ、答に窮した。日本におけるホームレスの問題は、生活保護等の福祉の問題であって社会保険の次元に収まる話ではないという面もあるが、その時期は、ちょうどオバマ政権の下で医療保険の皆保険化をめぐって激しい議論がなされていた時期でもあり、筆者自身にとっては、「皆保険」あるいは「ユニバーサルなセーフティーネット」とは何なのかということを考え出す大きなきっかけとなった。

「就業」を切り口として日本の社会保障を論じる本書だが、その過程において、皆保険に対する筆者の思考のプロセスを読者と共有できればと考えている。それは、全世代型社会保障の構築に向けて、取捨選択を行うとすれば何を優先すべきか、その論点を整理することにほかならない。そして、それが本書の狙いでもある。

装丁・坂田　政則

日本のセーフティーネット格差　**目次**

序章　日本の労働市場と社会保険制度との関係

本書での議論を進めるにあたり、この章ではまず、現在の日本における労働市場と社会保障制度の姿を描写し、両者の関係を整理する。労働市場と社会保障制度が本書の両輪であり、この章は本書全体の見取り図にあたる。日本企業の雇用慣行に変化が生じており、それが社会保障制度に軋みをもたらしていることが事実だとしても、変化の内実とその影響の様相を的確に押さえておかなければ、採るべき対応の方向を誤ることになりかねない。概括的な本章については読み飛ばしても構わないと言いたいところだが、本書全体の視座がわかるように少し丁寧に説明してみようと思う。

1　労働市場の変化を捉える二つの要素

(1)　就業率の推移

最初に、現在のわが国の労働市場の姿を見たい。まず、労働市場の現状とそこにおける政策を考えるうえでは、図P－1の（1）式に示される関係を念頭に置いておく必要がある。

一国において一年間に生み出される付加価値の総和がGDP（国内総生産）であるが、それは同時

図P－1　一人あたりGDP、労働生産性、就業率

$$\underbrace{\frac{\text{GDP}}{\text{人口}}}_{\text{「一人あたりGDP」}} = \underbrace{\frac{\text{GDP}}{\text{就業者数}}}_{\text{「労働生産性」}} \times \underbrace{\frac{\text{就業者数}}{\text{人口}}}_{\text{「就業率」}} \qquad (1)$$

に国民が享受できる付加価値の総和でもある。（1）式の左辺の「一人あたりGDP」は、それを人口で割ったものなので、国民一人あたりに平均的に分配される付加価値、すなわち国民一人あたりの経済的な豊かさを示している。「一人あたりGDP」は、自動的に、「就業者一人あたりが生み出す付加価値（＝労働生産性）」と「人口に占める就業者の割合（＝就業率）」に分解されるというのが、（1）式の意味である。

（1）式右辺の第二項の就業率が、現実にどのように推移してきたのかを見たものが図P－2である（（1）式に正確に対応するのは「全人口に占める就業者の割合」であるが、ここでは便宜的に「15歳以上人口に占める就業者の割合」で見ている）。就業率は、後に見ていくような最近の政策もあり、ここ数年は回復基調にあるが、過去40年間というスパンで見れば低下傾向を示している。その大きな要因は、人口の高齢化にほかならない。就業者数自体を見ても、早くも1990年代には頭打ちになっている。これが現在の「人手不足」の背景にあるものである。したがって、この傾向は今後も続き、経済成長が実現し、労働参加が進んだとしても、2030年（あるいは2040年）の就業率は今とほぼ変わらず、横ばいであることが予想されている（労働政策研究・研修機構［2019］）。

就業率が低下基調にある中で、一人が享受できる経済的な豊かさを維持するためには、労働生産性（（1）式の右辺第一項）を高めるか、就業率（（1）式の右辺第

図P－2　就業率の推移

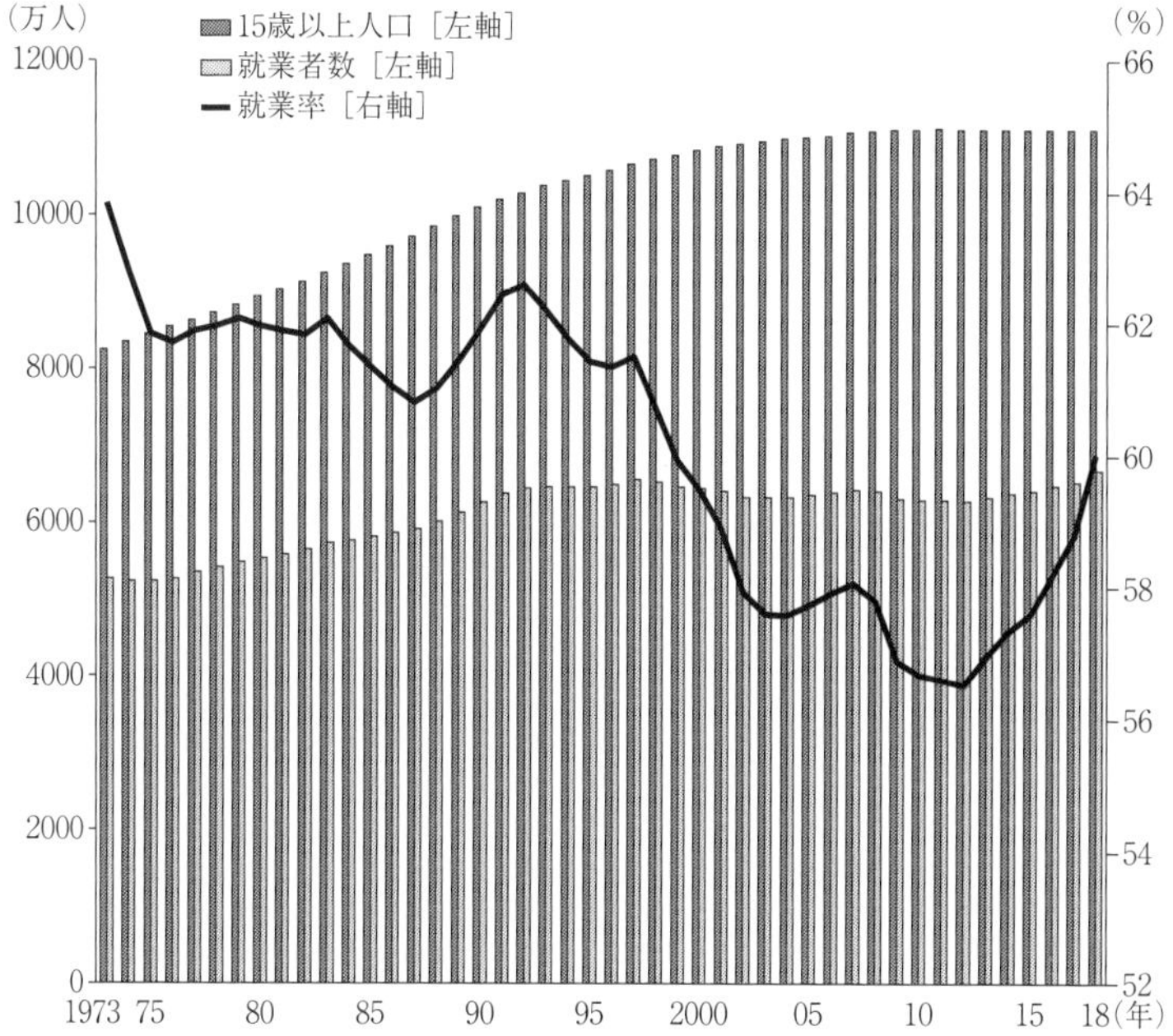

出所：総務省「労働力調査」

二項）の低下を食い止めるほかにない。労働生産性を高めることを目指すとされる政策が「働き方改革」であり、就業率を維持することを企図する政策が女性活躍推進や高齢者雇用促進、あるいは外国人労働力の受け入れなのである。後者の就業率を維持する政策は、基本的に、これまで働いていなかった（＝労働市場の外にいた）人々を労働市場に取り込むという意味で「包摂志向の政策」と言える。[1]

そして、これまでは必ずしも働いていなかった人々を労働市場に包摂する過程で、従来の社会保障制度が十分に想定してこなかった問題がさまざまに生じることになる。なぜだろうか。

その一つの理由は、労働市場への新たな参入が非正規雇用というかたちを取って行われることが多いことにある。もちろん、非正規雇用の拡大の原因が、包摂志向の政策だけに求められると言っているわけではない。非正規雇用が増加したのは、家計や企業が晒された環境の変化によるところも大きかった。ただ、いずれにせよ、従来は労働市場の外にいた人々が労働市場へ参入してくるようになったという事実こそが、社会保障と労働市場の関係を考える本書全体を通じた鍵となる。

戦後の一人あたりGDPの成長に貢献してきたのは、就業率の上昇よりも労働生産性の伸びだったことはよく知られている。したがって、就業率の上昇が経済的な豊かさを保つのにどれほど効果があるかは定かでない。それに加えて、就業率を高める政策は平均で見た労働生産性を低下させてしまう可能性もある。これまで働いていなかった人々が、既存の就業者に比べて生産性が高い保証はないからである。

このように考えれば、包摂的政策はコスト・パフォーマンスが良い政策とは言えないかもしれない。しかし、それにもかかわらず就業率を高める政策に資源を投じなければならないのは、それほどまでに急速かつ確実な労働力人口の減少が予想されるからである。

(2) 就業形態の長期的な変化

それでは、就業率を押し下げる要因が存在する一方で新たに労働市場へ参入する者もいるという状況の中で、就業者の内訳はどうなってきたのだろうか。過去60年の間に自営業という働き方が著しく

図P－3　就業形態別の就業者数の推移

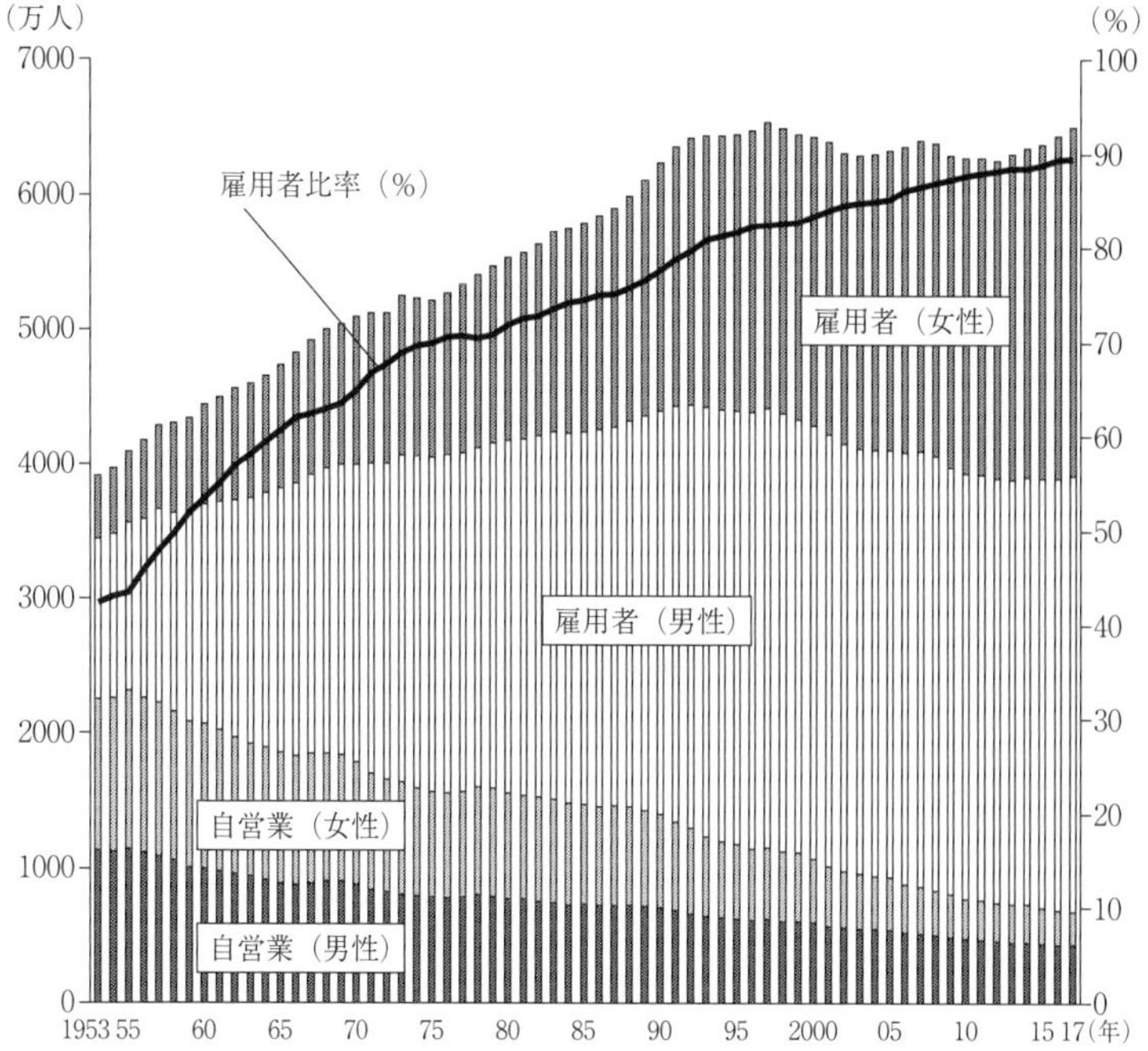

出所：総務省「労働力調査」

減ったことが、図P－3を一目してわかる。1960年代には就業者のおよそ半数を占めていた自営業者（自営業主とその家族従業者）は、現在では就業者の1割にすぎない。

図P－3はまた、自営業の減少とその代わりの雇用者[2]の増加のいずれもが、主に女性によるものであることを示している。一家で営む自営業に従事する女性が減り、代わりに家の外で雇われて働く女性が増えたというわけだ。長いスパンで見れば、就業形態の変化とは女性の働き方の変化であるとも言える。保育サービスや両立支援策の量的拡充

図P－4　雇用形態別の雇用者数の推移

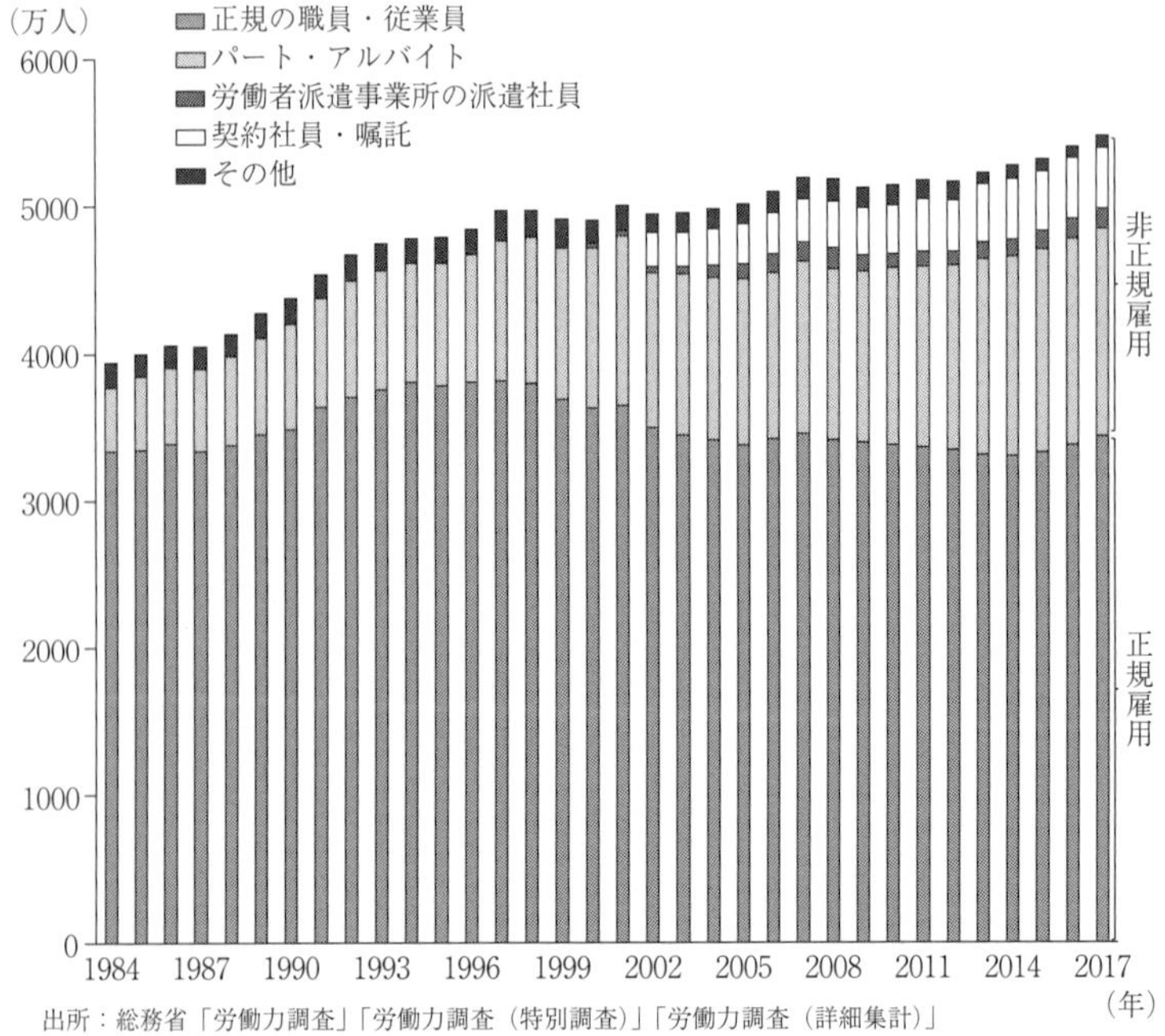

出所：総務省「労働力調査」「労働力調査（特別調査）」「労働力調査（詳細集計）」

が必要とされるそもそもの背景には、このように、女性が働くとすれば、自営業としてではなく、外で雇われて働くことが一般的になっているということがある。

　それでは、保育サービス供給を増やすことで本当に女性の就業は促されるのだろうか。言い換えれば、保育サービスは母親の子育てを代替し得るのだろうか。第3章ではこのことを議論する。

　雇用者内の内訳に目を転じれば、正規雇用以外の従業者（いわゆる非正規雇用）が量的に拡大してきていることは巷間で指摘される通りである（図P－4）。派遣法の改正により、2000年代以降、派遣社員と呼ばれる非正規雇用が

図P－5　年齢階層別に見た非正規雇用割合の推移

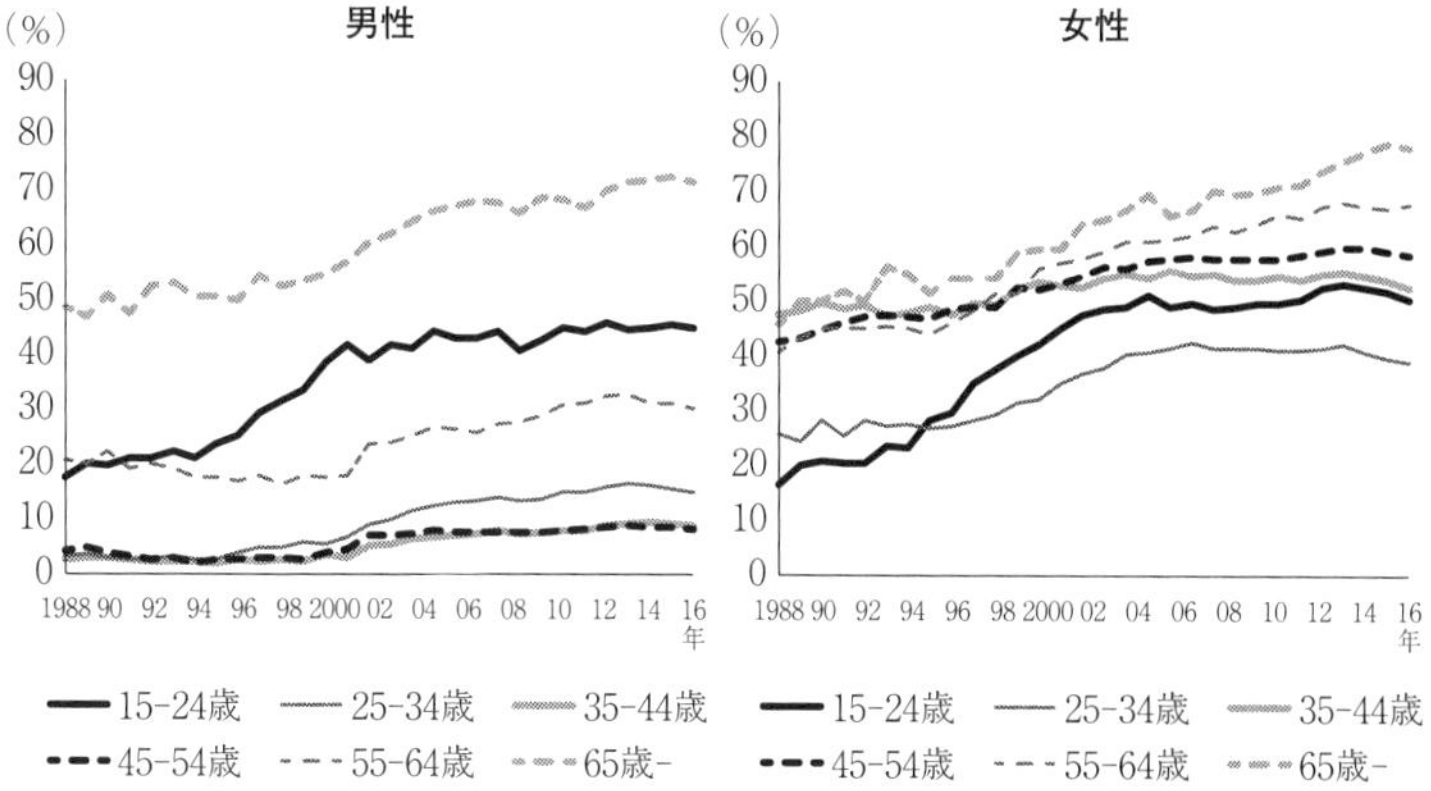

出所：総務省「労働力調査」

増えてきたことに代表されるように、非正規雇用の中での多様化が進んだことも近年の傾向である。ただし、派遣社員の数はいまだ３００万人というオーダーに留まっており、非正規雇用のマジョリティーはパートタイマーやアルバイトと呼ばれる人たちであることには注意しておく必要があるだろう。

さらに性別と年齢階層別に分けて非正規雇用割合の推移を見ると、女性のほうが非正規雇用として働いている割合が平均的に高いことは言うまでもないにしても、男女いずれにおいても55歳以上で一貫して高いことが目を見張る。この年齢層では、非正規雇用割合の上昇の程度も大きい（図Ｐ－５）。マクロで見た「非正規雇用の増加」は、非正規雇用という働き方があまねく拡大しているというよりは、中高年層という特定のグループでの就業増加と関わっているのだ。この点は第４章で再び見ることにする。

なお、15歳から24歳で非正規雇用割合が急上昇しているのは、この間に進学率が上昇して、この年齢層で正規就業する者が減ったことと関係している。

(3) 「非正規雇用」とは誰か

それでは、なぜ非正規雇用は増えてきたのだろうか。だが、その前に非正規雇用の定義を確認しておく必要がある。非正規雇用というくらいだから、正規雇用ではない人たちであることは容易にわかるが、それでは正規雇用とは何なのかということになる。

実は日本では、正規雇用と非正規雇用を区別する際には、主に三つの定義が使い分けられてきた。あるいは、三つの定義が混同して用いられてきたとも言えるかもしれない。

正規雇用と非正規雇用を区別する第一の定義は、雇用契約期間による分類である。雇用契約期間が1カ月以上もしくは期間自体に定めがない労働者を常用労働者、雇用契約期間が1カ月未満の労働者を臨時・日雇い労働者として区別し、前者（常用労働者）を正規雇用、後者（臨時・日雇い労働者）を非正規雇用とみなすことがある。この定義によって想定される非正規雇用とは、短期間で断続的な就業をするような労働者である(3)。

正規雇用と非正規雇用を区別する第二の定義は、労働時間によるものである。週労働時間が40時間程度であるいわゆるフルタイムの労働者を正規雇用、それより労働時間の少ない労働者を非正規雇用とみなす分類である。この定義によって想定される非正規雇用は、働く時間を柔軟に選択して就業するような労働者である。

正規雇用と非正規雇用の三つ目の区分は、職場における呼称によるものである。すなわち、職場で

図P－6　非正規雇用の定義

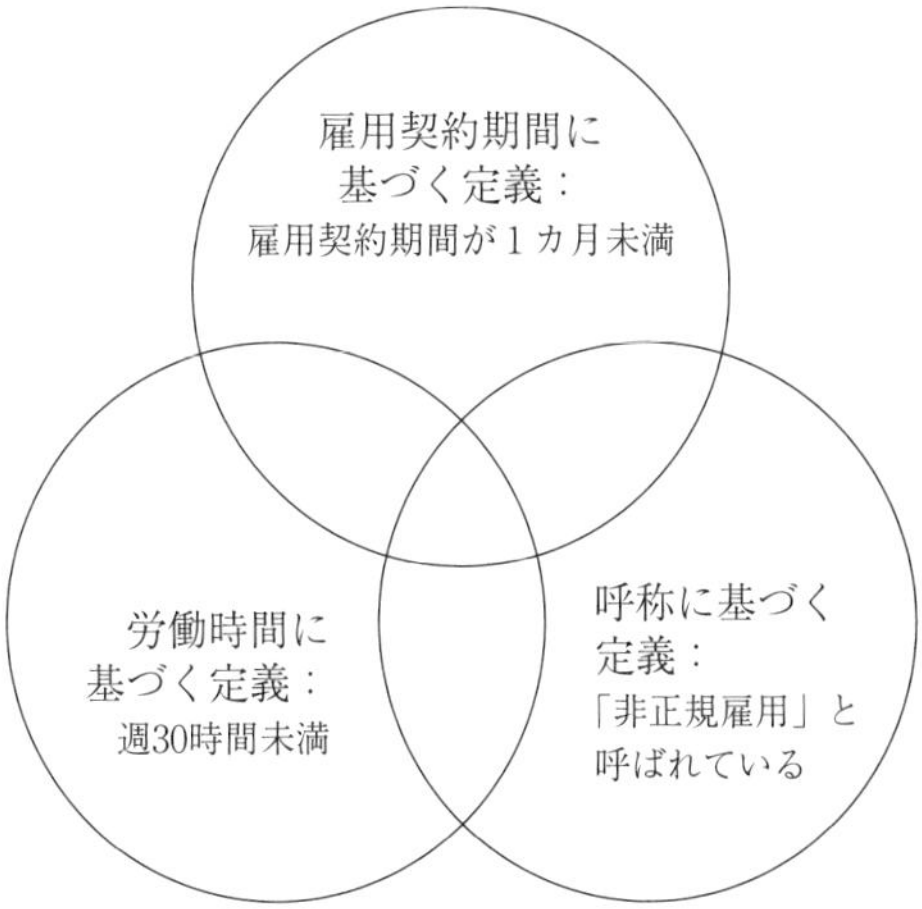

「正規雇用」と呼ばれていれば正規雇用とみなし、パートタイマーや契約社員といった呼び方をされて「正規雇用」と区別されていれば非正規雇用とみなすものである。図P－4や図P－5に見た「非正規雇用」はこれであった。

呼称による分類はトートロジー（同義反復）に近く、もはや定義とは言えないかもしれない。しかし、正規雇用と非正規雇用の間で賃金や教育訓練、失職確率といったことに大きな差（断絶）が生じるのは、（雇用契約期間による正規―非正規の分類ではなく）この呼称による分類を採用した場合であることが実証分析から知られている[4]。

正規雇用と非正規雇用を区別する定義が三種類あるということは、いずれの定義においても非正規雇用とみなされる場合もあれば、そうではない場合もあるということである（図P－6）。たとえば、雇用契約期間は1カ月以上であるが、職場では非正規雇用と呼ばれている者もいるということだ。あるい

図P－7　各定義による非正規雇用割合の推移

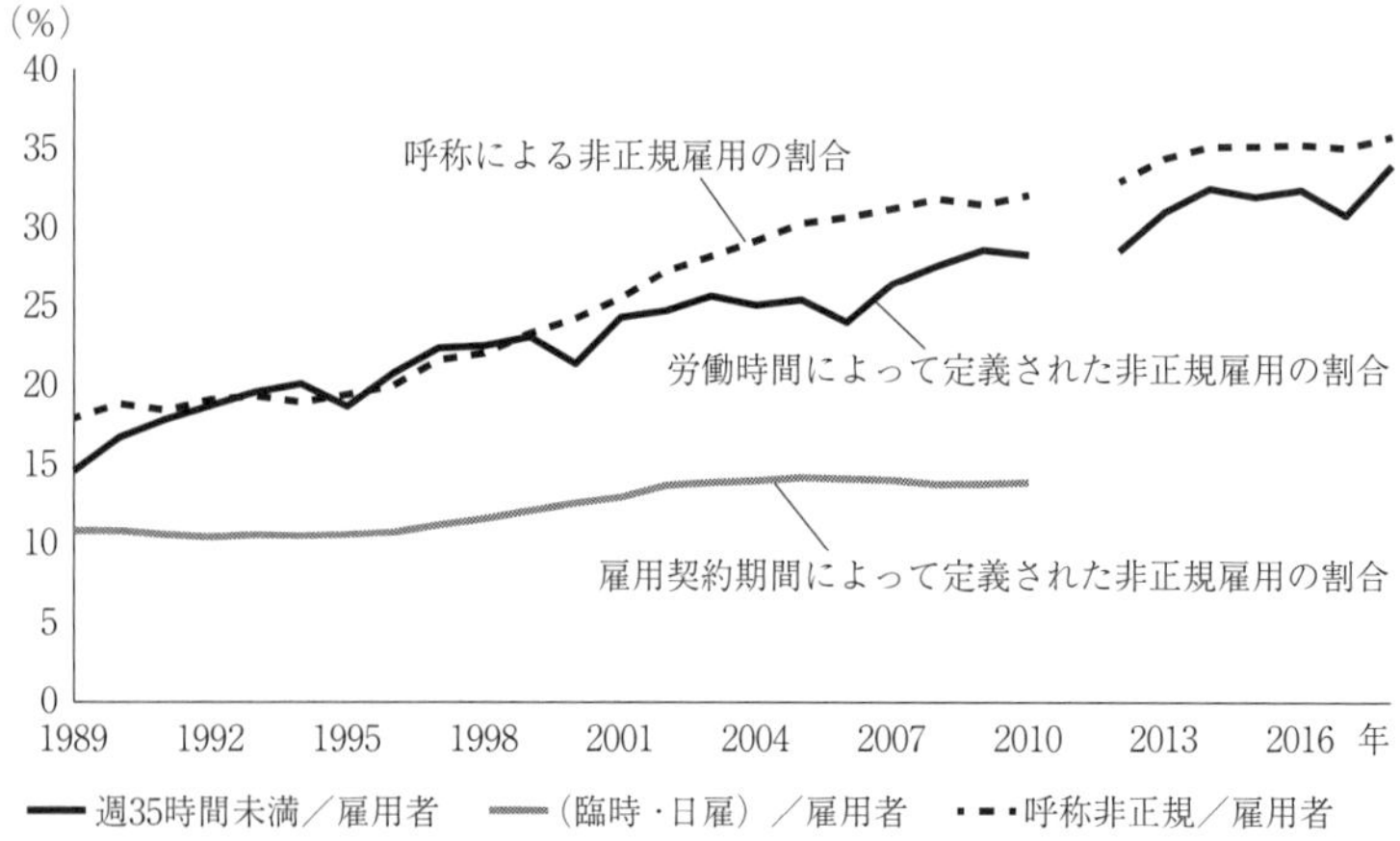

注：2011年については、東日本大震災の影響により「労働力調査」の値が変則的であるため除いている。契約期間による分類は、調査票の改訂により接続できないため2012年以降についても掲載していない。
出所：総務省「労働力調査」「労働力調査（特別調査）」「労働力調査（詳細集計）」

は、雇用契約期間は1カ月以上であるが、労働時間が通常の労働者よりも短いために、非正規雇用とみなされている場合もある。２００７年の「就業構造基本調査」（総務省）を再集計した結果によれば、非正規雇用の三つの定義のいずれかに当てはまる雇用者は26・３%であるのに対して、すべての定義に当てはまる非正規雇用は２・８%にすぎないという[5]。

　非正規雇用の定義にどれを採用するかによって、「近年の非正規雇用の増加」という言葉で括られる現象の姿はだいぶ異なって見えてくる。図P－7は、上記の三つの定義によって計算された非正規雇用者比率の推移を見たものであるが、ここから呼称や労働時間によって分類される非正規雇用ほどには、雇用契約期間によって分類される非正規雇用（すなわち常用労働者以外の

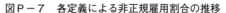

雇用者）は増えていないことがわかる。近年増えているのは、雇用契約期間が1カ月以上の常用労働の「非正規雇用」ということである。

このように近年増えているとされる非正規雇用の内実を捉えることは、社会保障制度との関係を考えるうえでも重要である。というのも、非正規雇用としてどのような労働者を想定するかによって、取るべき対策も変わってくるからである。具体的に言えば、労働時間が通常の労働者よりも短いことから生じる問題と、雇用契約期間が短いがゆえに雇用が断続的になりがちであることとの問題は区別して対策されなければならない場合がある。

(4) 非正規雇用が増加したわけ

非正規雇用が増加してきた理由については、今見てきたように、フルタイムではない労働者としての非正規雇用や雇用契約期間が比較的長い非正規雇用が増えてきたということを念頭に置いたうえで、さらに労働供給側の要因と労働需要側の要因に分けて考える必要がある。

まず、労働供給側の要因として、女性の社会進出がある。女性は家庭において家事や育児を担っていることが多いため、就業する際にパートタイマーのように柔軟に労働時間を選択できる働き方を選ぶ傾向がある。つまり、この際に想定している非正規雇用とは労働時間が短い労働者のことである。高齢者就業の拡大も労働供給側の要因として挙げられる。基本的に年金給付がある高齢者もまた、就業する際には労働時間を調整することが容易な非正規雇用という形態を選ぶ可能性が高い。

次に、労働需要側の要因としては、サービス産業化という産業構造の変化、生産物市場における不確実性の増大、ICT（情報通信技術）の普及といったことが考えられる[6]。

まず、産業構造の変化であるが、なぜ経済におけるサービス産業の比重が高まると非正規雇用が多く需要されるようになるのだろうか。伝統的な製造業といった産業と比べた時に、サービス業を特徴づけるのは、需要と供給が時間と場所において一致していなければならないという側面である。たとえば、ホテルのような宿泊サービスは、当たり前のことではあるが、顧客が需要した時に需要した場所で提供されなければならない。この「生産と消費の同時性・同地性」という特徴こそが、生産したものを在庫しておける製造業とは異なる最大の点である。

製造業の場合は、消費される場所から離れた地で生産し、消費されるまで倉庫に入れておいても問題がない。需要される時間と場所にサービスが生み出されなければならないがゆえに、サービスを提供する側は大きな繁閑の差に応じられる柔軟な労働力、すなわち非正規雇用を必要とすることになる。したがって、経済がサービス産業化すると必然的に非正規雇用への需要が増すことになる。ここで主に想定しているのも、短時間労働者としての非正規雇用である[7]。

一方、生産物市場において不確実性が増加する場合にも非正規雇用への需要が増すが、この際に想定しているのは非正規雇用における雇用契約期間が短いという側面である。たとえば、過去であれば自社が生産するモノが将来も売れるかどうかをある程度見通すことができたが、グローバル競争の激化といった事情からそれが見通せなくなったとする。その場合、生産に必要となる労働力も予測が難しくなり、長期雇用の労働者を抱え込むことが難しくなる。労働力が不要となった時に解雇するには大きなコストがかかるからだ。雇用契約期間が短い雇用ならば、（もし労働力が不要になったら）契約期間の満了時に更新をしないだけで雇用量を調整することができる(8)。

ＩＣＴの普及によっても非正規雇用の需要が増すと考えられる。ここで想定しているのも、非正規雇用の雇用契約期間が短いという側面である。業務において、汎用ソフト等のＩＣＴが利用されるようになると、それまで会社独自に、長期間かけて人材を育成することで行われていた業務が、ＩＣＴを利用することで行えることになり、そのような業務に関しては長期的な雇用関係が不要になる。たとえば、顧客管理はある時点まで職人技を必要とするような仕事であったのが、ソフトウェアの導入によって勤続経験が短い者にも扱えるようになったという具合に。

非正規雇用増加の６割程度は、産業構造の変化と生産物需要の不確実性、ＩＣＴの導入によって説明できると指摘する研究がある(9)。他方で、現役世代の人口に占める割合という観点からは、非正規雇用の増加は正規雇用を置き換えるというかたちで進んだというよりはむしろ、自営業者の減少に代わって増えたことを示唆する研究もある(10)。これは、先に見た図Ｐ－３とも整合的である。非正規雇用増加の理由として挙げた女性の社会進出や産業構造の変化といった要因は自営業者の減少と矛盾するわけではない。とにかく社会保障と就業の関係を検討する本書にとっては自営業者の数が減り、（正規雇用を置き換えたかどうかはともかくとして）非正規雇用の数が増えたという事実こそが重要になる。

なお、企業が非正規雇用を使う理由としては、スクリーニング（選別）手段という目的も挙げられることがある。つまり、非正規雇用を、正規雇用を採用する前の試用期間とみなすということだ。もし本当に企業が正規雇用への「踏み石」として非正規雇用を位置づけているのであれば、たとえ非正規雇用に就いた時に賃金や待遇が一時的に悪かったとしても、長期的には安定的な雇用へとつながる可能性が高いということだ。

だが、これまでの実証研究が示すのは、実際には非正規雇用が正規雇用のような安定的な職へとつながっていることは少ないということである。[11] このように非正規雇用が正規雇用にはつながらない行き止まりの仕事であるという点も、非正規雇用のセーフティーネットを熟慮しなければならない理由である。

また、社会保険料の事業主負担の存在も、非正規雇用への需要を増加させている要因であると言われることがある。これについては、第5章で議論する。

(5) 変わらない正規雇用

数のうえで非正規雇用が増えたことを見てきたが、正規雇用の中身のほうに変化はあったのだろうか。長期雇用慣行（終身雇用）と年功賃金に代表されるいわゆる日本的雇用慣行が変化してきていることを指摘する研究は多くある。たとえば、ある研究は、一般労働者（いわゆる正社員）の勤続年数が最近の世代ほど短くなってきていることを指摘している。[12] また、別の研究は、賃金が年齢に伴って上昇する度合い（賃金カーブ）が緩やかになってきていることを見出している。[13] その一方で、大卒男性の10年残存率や離職率で見れば、日本的雇用慣行はおおむね保持されてきたとの見方もある。[14]

日本的雇用慣行が終焉したのかどうかという議論自体にはここではこれ以上深入りしないが、非正規雇用との関係において相対的に正規雇用の賃金等が変化してきたのかどうかを確認しておくことは、本書にとって重要になる。図P－8は、20－24歳の給与を1としたときに各年齢階級の賃金がどれく

図P－8　年齢階層別の時間あたり賃金
（男性・学歴計・企業規模計）

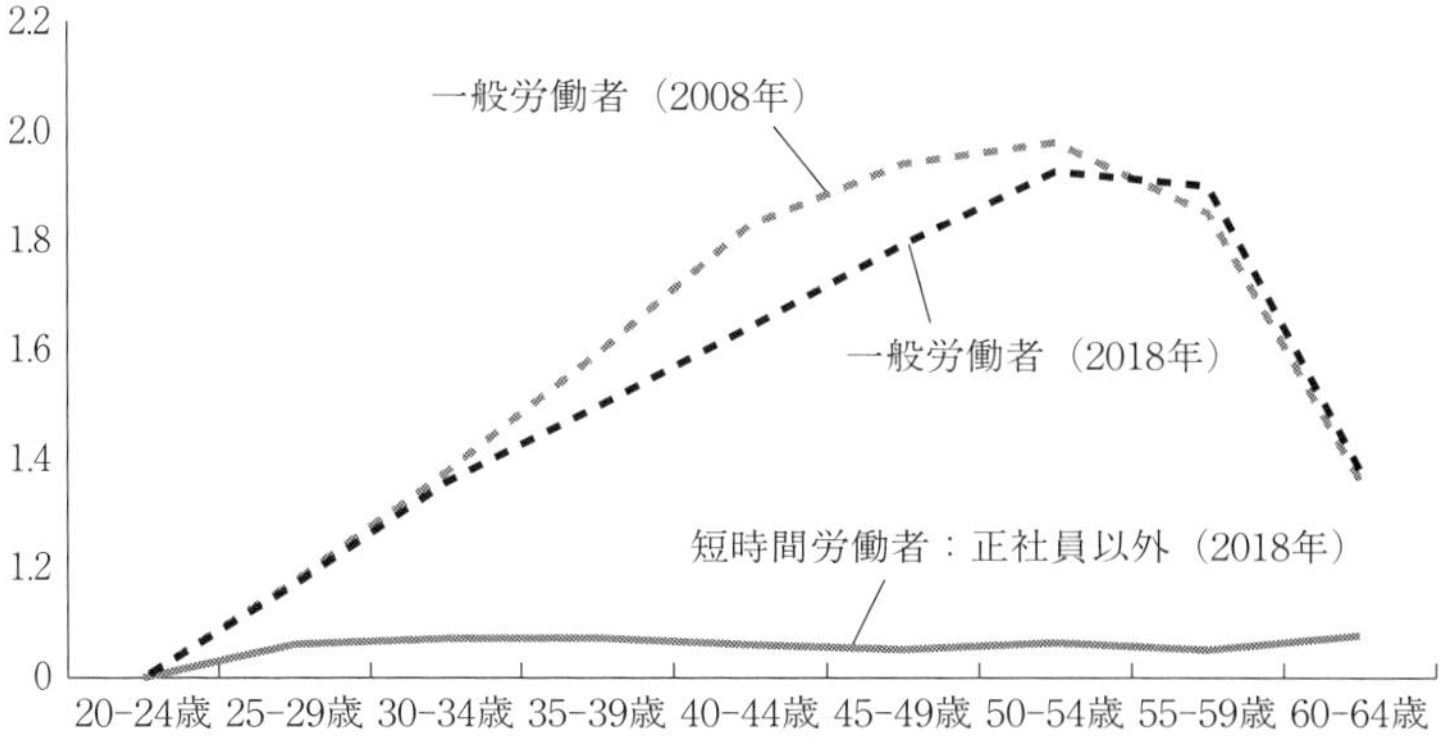

注：20-24歳の時間あたり賃金を1としたときの各年齢階層の賃金の値。
出所：厚生労働省「賃金構造基本統計調査」

らいであるかを見たものである。20代から50代前半にかけて、給与が年齢とともに上昇していく度合いは、ここ10年間を見ただけでも鈍化しているように見える。同図には示していないが、過去20年間、30年間と遡れば、その傾向はさらに明らかになる。

とはいえ、同図に示されるように、年齢にかかわらず賃金がまったく変わることがない非正規雇用と比べれば、正規雇用における年功賃金の「衰微」はさほど大きな変化とはみなせない(15)。

正規雇用と非正規雇用の賃金格差を埋めることを企図する「同一労働同一賃金」施策の帰結が明らかになるのはこれからであるため、その動向については注視する必要がある。だが、正規雇用と非正規雇用の賃金（特にその上がり方）には、現状では大きな開きがあり、容易には解消しないというのが実態ではないか。福利厚生の面でも、非正規雇用は正規雇用と比べて著しく劣っていることが知られている（表Ｐ－１）。

　マクロ的に見た場合に、１９９０年代以降の日本経済に変調があったことは事実であろう。そのショックへの調整は、労働市場においては非正規雇用の増加というかたちで行われ、正規雇用の中身自体にはそれほど大きな変化はなかったというのが本書の基本認識となる[16]。

◇◇◇◇◇◇◇◇◇◇◇◇◇◇◇◇◇◇◇◇◇◇◇◇◇◇◇◇◇◇◇◇◇◇◇◇◇◇◇

【コラム】「雇用の流動化」の諸相

　経済成長を促す手段として、「雇用の流動化」ということが主張されることがある。「雇用の流動化」を経済成長を促す手段として捉える人々の頭には、日本がより転職しやすい社会になれば、低い付加価値しか産み出さない産業から高い付加価値を産み出す産業へと労働移動が速く進むといったことが思い描かれている。そのような人々にとって、解雇権を強く規制する法理や「日本型雇用慣行」は雇用を固定化させ、経済の活力を奪う悪しき制度にほかならない。総じて、規制緩和こそが雇用を産み出す最良の方策であると考える立場である。

　他方で、「雇用の流動化」をネガティブに捉える立場もある。流動化された雇用とは、現在、増加している非正規雇用そのものである。

表Ｐ－１　雇用形態別の各種制度の適用状況

（％）

	退職金制度	財形制度	賞与支給制度	福利厚生施設等の利用	自己啓発援助制度
正社員	80.6	48.3	86.1	54.2	36.8
正社員以外	9.6	6.4	31.0	23.8	10.1

出所：厚生労働省「就業形態の多様化に関する総合実態調査」（2014年）

非正規雇用は、本当は正社員になりたいのに正社員にはなれなかったためになっている「不本意」のものであり、技能を磨くこともできず、結果として給与も上がらない。そこでは、不安定な雇用契約のために生活もままならないことが想定される。

たしかに非正規雇用においては、教育訓練の機会が少なく、賃金もほとんど上がることがない。非正規雇用から正規雇用へ転換する機会も限られている。とはいえ、非正規雇用の多くは中高年の既婚女性であり、その夫にはそれなりの収入がある。つまり、すべてが「不本意」でその立場に甘んじているわけではなく、困窮もしていない(17)。

だが、硬直的な雇用慣行がダイナミックな産業の展開を阻んでいるという主張に対しても、硬直的な雇用慣行が打破されても、必ずしも付加価値の高い企業・産業に労働移動が進む保証はないと反論することもできる。転職によって賃金が上がっていく者ばかりでもない。

このように、「雇用の流動化」という言葉からイメージする労働市場の姿は、賛成派と反対派でだいぶ異なっている。しかし、社会保障のあり方を考えるうえでは、どちらのイメージも大切だと筆者は思う。後の章で見ていくように、労働市場の構造調整や労働市場への包摂が非正規雇用というかたちで生じてしまったことが、社会保障が直面している大きな課題である一方で、正規雇用と非正規雇用の間に切れ目なくセーフティーネットを張ることは、労働移動を促し、経済に活力を与えるのに役立つという側面もたしかにあるからだ。

2　わが国の社会保障制度の現状

(1)　社会保障制度の目的

前節では日本の労働市場の姿を追ってきた。本節では、本書のテーマのもう一つの車輪である社会保障制度について見ていく。

社会保障とは、字義通りには、疾病、負傷、失業、老齢といった、人々にさまざまな困窮をもたらし得るリスクに対して、その予防や救済を公的に行う制度の総称である。

わが国では具体的には、公的年金、公的医療保険、労働保険（雇用保険＋労災保険）、介護保険、公的扶助（生活保護）等を指す。たとえば、公的年金は主に老齢期に所得がなくなるリスクに、医療保険は疾病や負傷といったリスクに対応しているとされる。

だが、これらの各種の制度が対応しているリスクはあたかも並列に存在している（＝まったく別種のリスクとして並列し得る）わけではない。たとえば、疾病や傷病に対応するのは基本的には医療保険だが、同じ疾病や傷病であっても、それが仕事のうえで罹ったものであれば、労災保険が対応することになる。つまり、疾病や傷病というリスクの種類としては同じでも、その発生事由が異なれば別々の制度が応じることになる。

他方で、各種の社会保障制度が対応しているリスクには共通するものがあると見ることもできる。極論すれば、各種の制度は、（理由はどうであれ）就労できないことに起因する困窮に対応しているということだ。このように見れば、個々の社会保障制度とは、さまざまな理由から生じる就業不可能性に対して張られたセーフティーネットの各種の形態だと見ることができる[18]。以上のような社会保障制度に対する筆者の見方を披瀝したところで、個々の制度についてもう少し細かく見ていこう。

(2) 社会保障制度の類型

社会保障制度には、雑駁な分け方をすれば、保険原理に基づく社会保険と、福祉原理に基づく社会福祉の二つの類型がある。前者の社会保険は、文字通り保険方式を取り入れた制度であり、拠出（＝保険料の納付）を条件に各種の給付を行う。年金、医療保険、介護保険、労働保険がこれに該当する。後者の社会福祉は、拠出とは関係なく、必要に応じて給付を行う制度であり、公的扶助（生活保護）がその代表格である。

社会保険は保険原理に基づくと述べたが、民間保険とのちがいは、それが強制加入であるという点である。保険への加入が任意である場合、リスクの高い者ばかりが加入してしまうという、いわゆる「逆淘汰（アドバース・セレクション）」が生じてしまうことが指摘される。この場合、社会的に最適な保険が実現しない可能性がある。そこで社会保険は、この逆淘汰を回避するために強制加入になっている、と教科書では説明される[19]。この強制加入の原則こそが、「皆保険」を下支えしている（というか、「皆保険」と表裏一体である）ことは言うまでもない。

ただし、強制加入だけによって「皆保険」が達成されるわけではない。すなわち、強制加入は皆保険の必要条件ではあっても十分条件ではない。むしろ、皆保険の達成にとっての要諦は別のところに

図Ｐ－９　社会保険と生活保護の関係：イメージ

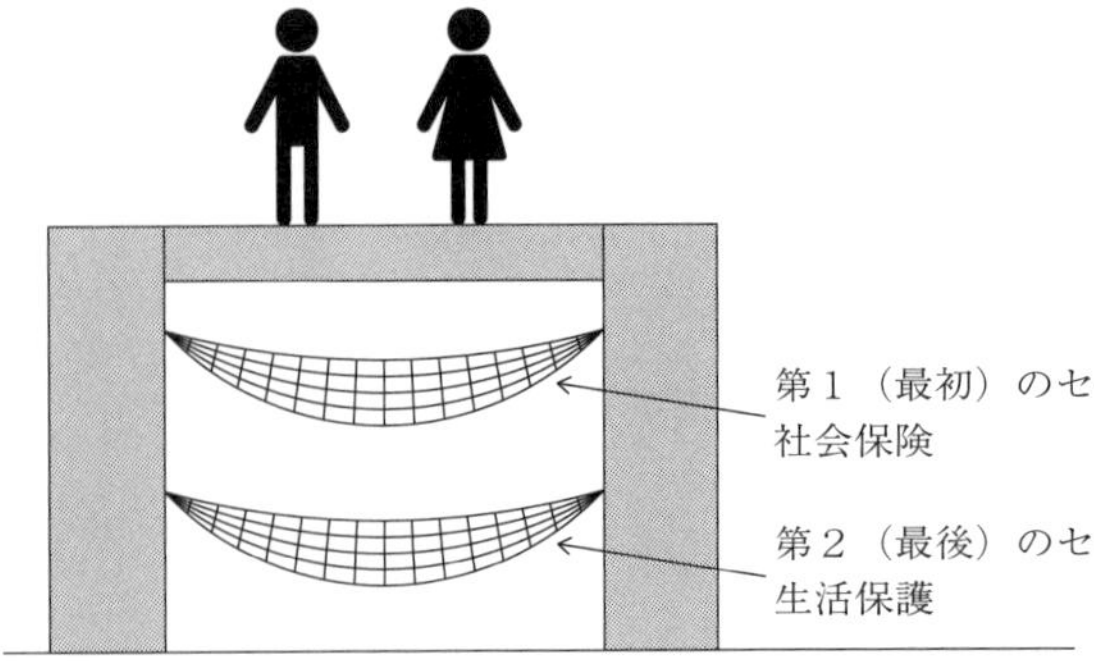

出所：山森（2009、30ページ）図表１を参考に筆者作成

あるということについては、後の章で論じることにする。

もう一つの類型である社会福祉には、生活保護に加え、児童福祉や障碍者福祉もある。財源は公費（税金）によって賄われている。拠出とは関係なく給付が行われる代わりに、生活保護のように、個々人がみずからの資力では対処し得ないことが給付の条件となり、資産調査（ミーンズテスト）が行われることがある。現在では、児童福祉や障碍者福祉を生活保護とは切り分けて社会福祉と呼ぶことが多い（その場合、社会保障は、社会保険、生活保護、社会福祉の三つに分類されることになる）。

社会保険は防貧を目的としているのに対して、生活保護は救貧を目的としているといった言い方もされるが、要は、社会保険が最初のセーフティーネット（安全網）として期待される一方で、最後のセーフティーネットの役割を果たすのが生活保護なのである。このイメージは図Ｐ－９に集約される。

最初のセーフティーネットである社会保険が頑丈であれば、生活保護という最後のセーフティーネットの出番は少なくなる。逆に、社会保険が脆弱であれば、生活保護の網に落ちてしまう人が増えることになる。

だが、生活保護はあくまで最後の砦であり、これを主たるセーフティーネットとすべきではない。現状の給付総額で見ても、社会保険分野だけで9割近くを占めている。社会保障制度の中核はあくまで社会保険である。なお、「ある社会保障制度が手薄ければ、他の社会保障制度の給付が膨らむ」という構図は、社会保険と生活保護との間のみに見られるわけではなく、各種の社会保険制度の間でも成り立つ可能性がある。このことは、今後の社会保障を考えるうえで重要だ。

(3)　セーフティーネット対モラルハザード

ある社会保険がセーフティーネットとして手厚いかどうかは、他の社会保障制度に影響を与える以前に、その社会保険をめぐる人々の行動自体も変え得る。「モラルハザード」と呼ばれるものが、それである。

セーフティーネットが手厚ければ、人々はリスクに対する予防措置を疎かにする可能性がある。この例としては、手厚い医療保険に加入しているために不摂生になったり、失業給付があるために安易に離職したりするといったことが挙げられる（事前的モラルハザード）。あるいは、手厚い医療保険が存在するために、大した必要もないのに医者にかかるといったモラルハザードもある（事後的モラルハザード）。留意すべきは、セーフティーネットとモラルハザードの間には、トレードオフの関係があるということだ。

経済学は、セーフティーネットの役割自体は否定しないものの、モラルハザードが生じる可能性を強く懸念する傾向がある。医療保険において事後的モラルハザードが多く生じていることは海外の研究では繰り返し指摘されているし、[20] 本書の第2章では失業保険（雇用保険）に見られるモラルハザードの例を紹介する。失業保険におけるモラルハザードは、就業意欲を削ぐというかたちで顕在化するので本書のテーマとの関連でも重要になってくる。

一方で、セーフティーネットの存在が就業意欲を抑制する可能性は小さいとする見方もあり、筆者もこのような意味でのモラルハザードを誇張すべきではないと考えている。一つの極端な見方として、生活保護制度が就業インセンティブを阻害しているということが言われることがあるが、受給者の多くは健康等に問題を抱えているため働きたくても働けないというのが実情であろう。なんでもかんでもモラルハザードというわけではない。また、セーフティーネットの存在によって、人々が離転職や起業といったリスクを取れるようになれば、経済に活力が生まれるという側面もあるだろう。

しかし同時に、現時点でモラルハザードが少ないからといって、将来にわたってもモラルハザードが少ないとも限らない。というのも、モラルハザードが増え始め、心理的・手続き的なハードルが低くなっていくと、ある時点からモラルハザードが爆発的に増えることも考えられるからだ。社会保障の受給行動には、「仲間」が受給しているかどうかという、いわゆる「ピア効果」が影響を与えることが知られている。[21] そうなれば、結局、経済の活力が削がれてしまう。その意味で、セーフティーネットとモラルハザードのバランスには常に注意していく必要があるだろう。

(4) 現金給付と現物給付

労働市場との関係という観点からは、給付の形態による分類も重要である。給付の形態には現金給付（benefit in cash）と現物給付（benefit in kind）がある。現金給付とは文字通り現金を給付する方式である一方で、現物給付とは、あらかじめ給付の使途が定められている方式である。たとえば、現金が支給される年金や雇用保険（基本手当）等は現金給付であるが、医療保険や介護保険のように特定のサービス（診療行為や介護）を受けた際にその料金を賄うのが現物給付である。稀に混同されるが、現物給付とは、給付する主体がサービスを提供することを意味するわけではない（サービスを提供する主体は、保険者とは別であってよい）。現物給付の要は、保険者が実際にサービスを提供するかどうかではなく、それが換金できないことにある。

消費者主権の観点からは現金給付が支持され、経済学者の中にも、サービスへのニーズが反映されにくいとされる現物給付は望ましくないとする意見がしばしば見られる。しかし、世界の給付の潮流は、むしろ現物給付にシフトしてきている[22]。その最大の理由は、現金給付の場合には、本来の目的とは異なる使途に流用される可能性があるということである。たとえば、給付された現金が遊興に利用されるといったことである。これは、給付する側が、個々人の給付の本当の必要性を正確に把握できないこととも関わっている。また、給付が本当に必要であっても、遊興に使ってしまうといったことも考えられる。その意味では、現物給付のほうが本当に給付を必要とする人に届くという意味で効率がよい[23]。

換金できないという現物給付の性質が、労働供給行動とも関わってくることになる。たとえば、介護や育児について現金で給付を受けた場合、市場労働をしても低い賃金しか稼げない者は、（給付を介護や育児のサービスを購入することに充てる代わりに）自分で介護や育児をしてしまい、市場労働をしないことが考えられる。したがって、現金給付は一部の者の労働供給を抑制する可能性がある。これに対して、現物給付では、給付を受けたうえでサービスを自家生産してしまうということは起こらない。

逆に自家生産に誘導したければ、現金給付という選択肢も考えられる。たとえば、介護保険を現金給付で行えば、家族の介護を自分で行う者が増え、介護人材の不足を緩和させることができるかもしれない。ただ、それが社会のあるべき方向性やさまざまな政策と整合的であるかについては議論の余地が大きいだろう。

3　各種の社会保険の概要とその背景

(1)　公的医療保険(24)

ここからは各種の社会保険について概説する。紙幅も限られているので、ここでの説明は後の章での議論において不可欠となる事柄に留めることにする。各種の社会保険について見ていくのにあたり、公的医療保険の話から始めたい。公的医療保険を見ることで、本書のテーマである就業と社会保険の関係が明確になると考えるからである。

図P－10 国民皆保険の構図

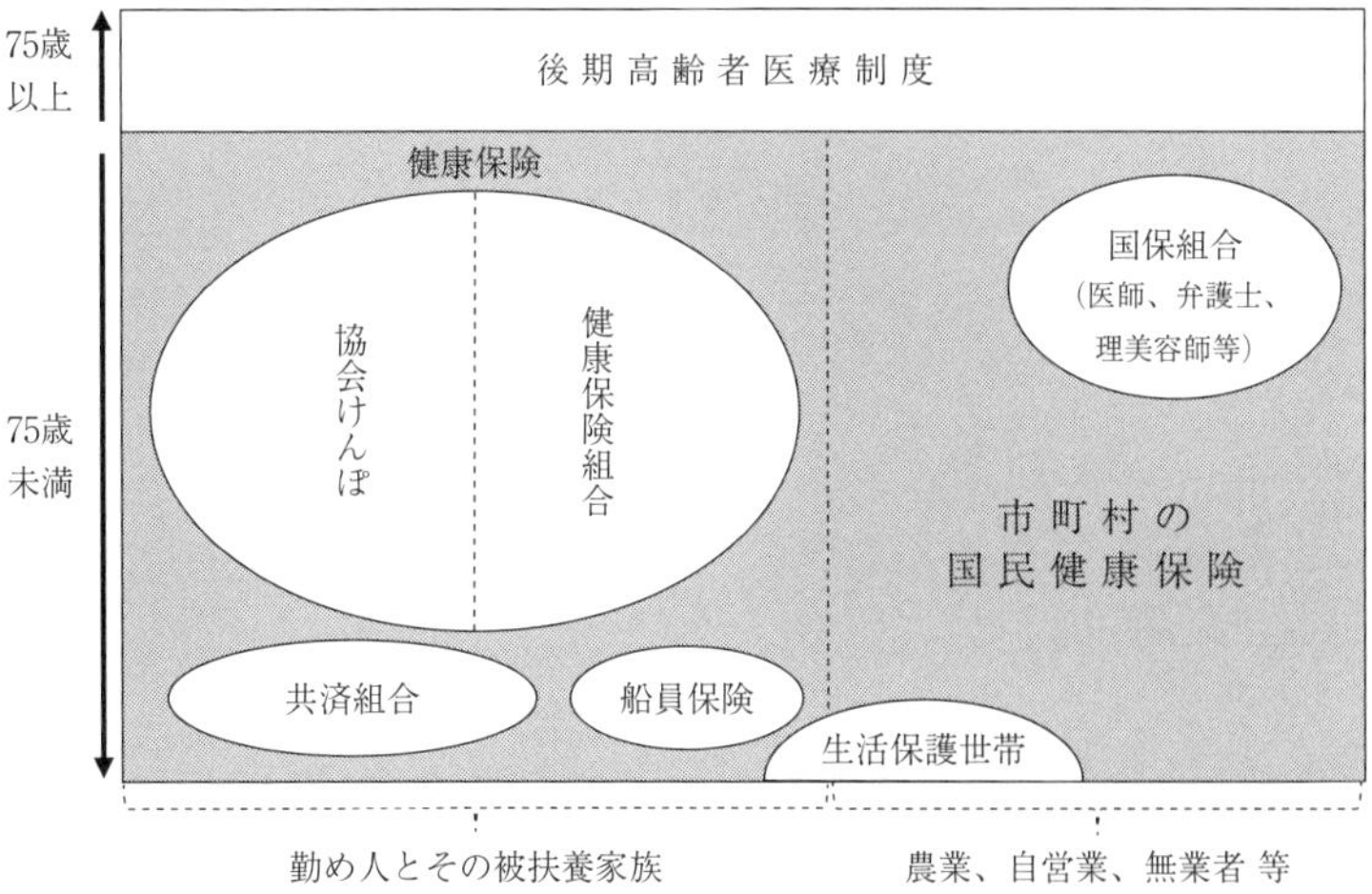

なお、社会保障制度全体から医療制度を見たとき、医療保険制度はある意味ではファイナンス面の話にすぎず、医療提供体制（医療サービスを提供する仕組みがどうなっているか）の話とは別個のものである。もちろん、医療提供体制と医療保険制度は制度の建付けとして密接不可分のものであるが、ここでは本書の議論に直接かかわりのある医療保険制度についてのみ言及する。

生活保護の受給者を除くすべての国民は、なんらかの公的医療保険制度の被保険者とならなければならない。その仕組みは、まず、被保険者を、後期高齢者医療制度の対象となる75歳以上の者と75歳未満の者とに分けたうえで、75歳未満の者については、被用者保険と国民健康保険の二本建てとするものである（図P－10）。

被用者保険には、会社ごとに（あるいは特定の業種ごとに）設立された健康保険組合や、中小企業の社員が加入する協会けんぽがあり、職域保険と総称されることもある。[25] この被用者保険に加入するのは、週30時間以上（一般労働者の労働時間の4分の3以上）雇われて働く労働者（おおむね正規雇用）とその扶養家族というのが長らく続いていた姿だったが、2016年10月より適用が拡大された。

具体的には、新たに①週の所定労働時間が20時間以上であり、②賃金が月額8・8万円（年収106万円）以上であり、③勤務期間が1年以上見込まれ、④学生でなく、⑤勤め先が従業員501人以上の企業[26]、という五つの条件を満たした労働者であれば、週30時間以上でなくとも被用者保険に加入することとなった。労働時間の要件が週20時間以上となったことで、パートタイマーのような非正規雇用が被用者保険に加入できることになったわけだ。ただ、非正規雇用が加入できるようになったとは言っても、右記のような諸要件を満たさなければならないため、新たに適用対象となった者は約39万人と限定的だ。

被用者保険の加入者が納める保険料の額は、賃金（標準報酬月額）に定率（保険料率）を掛けるかたちで決まる。保険料率は、健康保険組合については組合ごとに決まるが、一般に健康保険組合の保険料率のほうが、中小企業が中心の協会けんぽの保険料率より低い傾向にある。なんらかの理由で健康保険組合の保険料率が協会けんぽの保険料率よりも高くなった場合、企業独自の組合を解散し、協会けんぽに加入することが多い。

被用者保険においては、保険料は事業主（企業）と被保険者（労働者）とで折半され、被保険者が納める保険料と（ほぼ）同額の保険料を事業主も納めている。被保険者分の保険料は、給与から天引きされる。したがって、被用者保険においては、（事業主が納付に係る手続きをしている限りは）被保険者が保険料を納めないという選択肢はない[27]。

一方の国民健康保険（国保）は、農業や自営業に就く者が加入する[28]。基本的に自治体（都道府県と市町村）が運営するため、地域保険とも言う。被用者保険の被扶養者ではない無職の者や、被用者保険が適用されない短時間の雇用者も国民健康保険に加入することになる。端的に言えば、被用者保険に加入しない者すべての受け皿が国民健康保険なのである。わが国の皆保険が「二本建て」の制度によって達成されているというのは、このような意味である。失業しても保険を失うことがないというのがこの制度の建前であるが、本当にそうなのだろうか。このことが次の第1章での主題となる。

被用者保険に含まれないために国保に加入している例としては、パートタイマーとして働いている既婚者が、（労働時間が短いために）勤め先の被用者保険には入れないが、（年収要件によって）配偶者の被扶養者としても認定されないために国保の被保険者となっているといったケースもある。国保の保険料は、自治体ごとに応能負担と応益負担を組み合わせるかたちで決められている。

また、所得が低い等の場合には保険料が減額される措置もある。ただ、自治体間で保険料に大きな差が生じてしまっていることが問題になっている。国保の保険料は、給与から天引きされるような仕組みがないため、みずからが納付する必要がある（納付手続きもみずからしなければならない）。なお、国民健康保険には、その財源として、保険料と患者の自己負担に加えて、公費（税金）も投入されている。

わが国における医療保険の皆保険化は、戦前から存在していた職域保険と地域保険を発展させるかたちで1961年に成立したとされる。このようなかたちでの「二本建て」による皆保険が実現した背景には、既存の制度を利用したという側面に加えて、図P−3に見たように、当時、雇用者と雇用者以外の就業者（自営業者等）が数の上で拮抗していたという事実があるという[29]。

同時に、雇用者内部においても非正規雇用がまだマイナーな存在であった[30]。したがって、当時においては、国保は、被用者保険から漏れ落ちたマイノリティーの人たちの受け皿というよりは、すべての国民を医療保険に加入させるうえで文字通り一つの柱だった。逆に、もし皆保険への道のりにおける当時の就業構成が異なっていれば、現行の制度とは異なる仕組みになっていたかもしれない。その後、就業形態の構成が大きく変化してきたことは先に見た通りである。

なお、1961年に皆保険が成立したといっても、当初の給付は、自己負担の割合が高く、給付範囲も狭いため、今のように手厚いものではなかった。その後の細かい経緯は省くが、現在では、基本的に自己負担割合は3割であり、この割合に被用者保険と国保でちがいはない[31]。分立した制度によって負担（拠出）の面では異なっているが、給付の面では統合されているというのが医療保険制度の特徴である。また、高額療養費制度という個人が負担する医療費に事実上の上限を設ける制度も具備しているため、実効負担率はさらに低い。保険が適用される疾病の範囲も極めて広い。

このように、現在では、国民全員が基本的にカバーされ、給付も手厚くなっている医療保険は、保険給付を膨張させやすいとも言える[32]。国際的な医学雑誌であるランセット（*The Lancet*）は、2011年に「日本：国民皆保険達成から50年」という特集を組み、その中で、日本の皆保険が健康増進に果たした役割を一定程度評価している。だが、その一方で、皆保険の成立によって人々が医療機関を受診することが増え、それに合わせて医療サービス供給も増えたことが指摘されており、皆保険化

図P－11　死亡総数と死亡率の推移

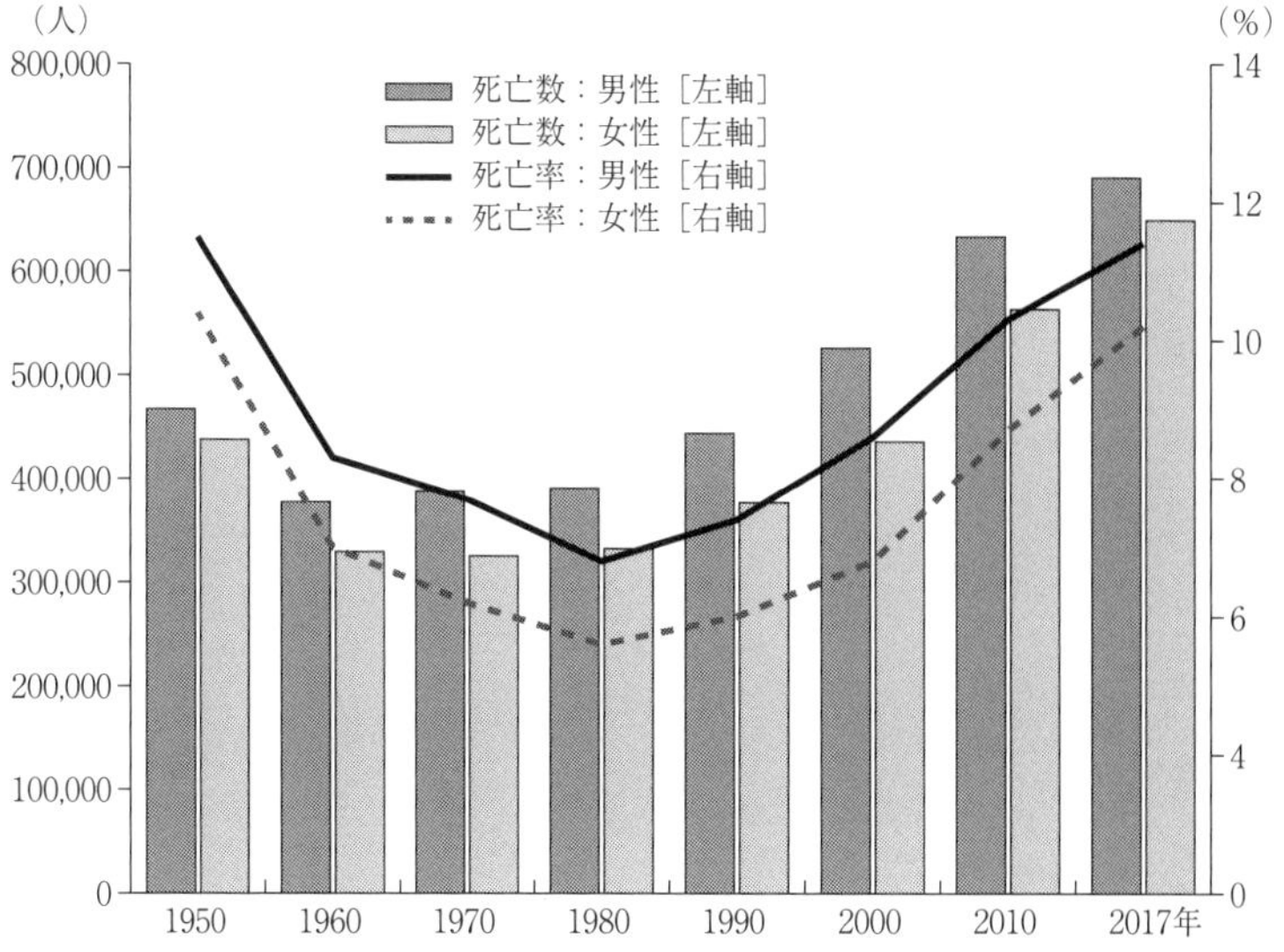

出所：厚生労働省「人口動態統計」

が医療費の拡大をもたらしたことは間違いない[33]。

それに加えて、人口の高齢化という問題が医療費の増大に拍車をかける。個人のライフステージ別に見た場合、医療費が75歳以上の後期高齢期、特に死亡の直前に最もかかることはよく知られた事実である。つまり、死亡総数が増える中で、国民医療費は必然的に膨張することになる（図P－11）。経済学の世界では、人口の高齢化は医療費増加の主因ではないとする主張も根強くあるのだが、こと日本を見る限り、人口の高齢化が医療費を増加させる大きな圧力となっていることは確かなことと思われる[34]。

人々の働き方が変わり、「皆保険」成立当初の被保険者の構成とは異なってしまった国保は、保険料の未納という問題に悩まされるようになっている。だが、それは正規雇用以外のすべての者を国保で吸収するという構造を採用している現行の制度に最初から内在していたものとも考えられる。別の見方をすれば、達成されたとする「皆保険」は、正規雇用と自営業者が中心だった時代の堅調な雇用の賜物にすぎなかったかもしれないのだ。人口の高齢化によって医療保険にとっての「支出」が増大する一方で、雇用の綻びが医療保険の空洞化を生む現状を第1章で議論する。

(2) 公的年金

公的年金制度は、老齢年金のほかに、障害年金や遺族年金までをも含むものだが、さし当たって本書では老齢年金のみに焦点を当てる。私たちが、日常の中で単に「年金」と言うときは、老齢年金を指していることが多い。

老齢年金は、加齢に伴って稼得収入がなくなるリスクに備えて、社会保険によって現金給付を行う仕組みである。年金がなければ、老後の生活を支えるために自分であらかじめ貯蓄したり、あるいは子どもに世話を頼んだりしなければならない。

しかし、こういった「自助」（自己努力）や「互助」（自覚的な助け合い）には限界があり、社会全体で制度として対応するほうが社会全体にとってよいというのが、年金制度の背景にある思想である。個々人で老後に備えて蓄えたとしても、各人が何歳まで生きるか予測することは難しく、予想以上に長生きしてしまえば蓄えは十分でなくなるかもしれない。あるいは、個々人で長生きしすぎてしまうリスクに備えようとすれば、今度は過剰に蓄えてしまうかもしれない。

このようなとき、自分たちの人口集団が平均的には何歳まで生きるかという情報をもとに、保険制度を設計して給付を行うことは理にかなっていると言えるだろう。私的に備えるよりも、「共助」（社会保険）によって備えたほうが効率がよいという考え方は、他の社会保険すべてに通じる考え方である。

65歳以上の高齢者に主たる生計維持の方法を問う質問に対して、年金給付を挙げた者は１９５０年代にはほとんどいなかったのが、２０１０年代には7割と大多数を占めるようになっている。いまや高齢者の生活は公的年金に依存するようになり、それだけに年金制度が人々の生活に与える影響は大きくなっていると言える。

老齢年金は、現在の現役世代から支払われた年金保険料を現在の高齢世代の年金給付に充てるという、いわゆる「賦課方式」を採用している。ただし、年金給付は年金保険料だけで賄われているのではなく、税金や年金積立金も充てられている。

20歳以上の国民は誰もが年金制度に加入しなければならない。その構造は、医療保険制度と似通っており、（フルタイムの）会社員が加入する職域保険と、それ以外の者すべてが加入する保険に分かれている。前者が厚生年金、後者が国民年金である。国民年金が被用者保険から漏れ落ちた人々の受け皿となることで、「皆年金」が達成されている。

具体的には、自営業者などは第一号被保険者とされ、国民年金に加入し、毎月定額の保険料を自分で納める必要がある一方で、会社員（あるいは公務員）は第二号被保険者として、厚生年金に加入し、定率の保険料率を給与に乗じた保険料を会社と折半で負担する。このとき、被保険者分（本人分）の保険料は毎月の給与から天引きされる。

専業主婦などの第二号被保険者の被扶養配偶者は、国民年金の第三号被保険者となり、個人としては保険料を負担する必要がない。労働時間が短い等の理由から勤め先の厚生年金に加入できない労働者（雇用者）が、すべての「受け皿」である国民年金に加入するのは、医療保険と同じである。

このように現役時には、分立した制度の下で年金制度を支えているが、老後（おおむね65歳以上）には、すべての者が老齢基礎年金を受給できる。厚生年金などに加入していた第二号被保険者は、それに加えて、老齢厚生年金を受け取ることができる。さらに、企業独自の年金（企業年金）を設けていれば、それも受給することができる。これが、日本の年金制度が「二階建て」もしくは「三階建て」と呼ばれる所以である。

日本の公的年金制度の源流は、戦前の船員保険や（戦中の）労働者年金保険制度に遡るとされるが、国民皆年金の実現は１９５９年に国民年金法が制定されてからである。被用者保険と国民年金という二本建ての制度によって皆年金が実現された背景に当時の就業構造があったことは、医療保険と同じである。すなわち、国民年金が当初想定していた農業や自営業といった者たちは、確かに数の上でも一定の存在感を持っていたのである。皆年金が成立した当初から就業構造が変わり、国民年金という受け皿が吸収する層にも変化が生じてきたことが「空洞化問題」、すなわち未納の問題の背景となっていることも医療保険制度と同じであり、次章で議論することになる。

公的年金制度について言及すべきことは、その財政状況やマクロ経済スライドなど枚挙にいとまがないが、それらを網羅的に紹介する紙幅は本書にない。ただ、本書の議論との関係において、老齢年金の拠出（保険料負担）と給付の関係については押さえておく必要がある。

まず、国民年金の加入者は、納付期間が10年以上（２０１７年7月までは25年以上）あれば、納付期間に比例する額の老齢年金を受給することができる。その額は、満額で月額およそ6万５０００円である。納付期間が短ければ、それに比例するかたちでこの額から減額される。

一方、厚生年金の給付額は、納付期間に加え、在職時の賃金にも比例する。厚生年金では、保険料額と給付額ともに賃金に連動していることになる。国民年金については、所得が低いなどの場合には減額された保険料をもって納付期間を算定する仕組みもあるため、個々人の受給額が単純に納付期間に比例しているわけではないが、受給額が年金保険料を納めた期間に依存して決まっていることに変わりはない。納付していない期間があれば、受給額も低くなるのである。

このように、現役時の賃金の水準が、老後の給付額にも反映されやすいのが年金の特徴であり、医療保険制度とのちがいでもある（医療保険においては納めた額や期間が給付の水準に関わってくることはない）。

労働市場（就業）と年金給付との関係という点では、老齢年金の給付額や在職老齢年金制度が高齢期の就業を抑制する可能性が指摘されることが多く、実証研究も積み重ねられてきた[35]。最近では、給付額以上に、年金支給開始年齢が段階的に引き上げられていることの就業への影響が注目されている。この点については、第4章で再度、触れることにする。

公的年金も人口の高齢化が進むことで財政面での負荷が強くかかってきていることは、医療保険と同じである。現在、公的年金の受給者数は約４５００万人に達している。

(3) 介護保険

2000年4月に始まった介護保険は、介護が必要になった時に社会保険で現物給付する仕組みであり、他の社会保険に比べると歴史が浅い。

そもそも、「介護」とは何だろうか。英語で言えば「介護」は long-term care であり、長期的なケアを意味する。つまり、病院における医療が担う短期の急性期ケアに対して、継続的なケアを意味するのが「介護」である。[36] 必然的に、ケアが行われる場所は居宅が中心となり、ケアの主体も家族が重要な役割を果たすことになる。介護が持つこの性質こそが、人口の高齢化に起因する労働力不足に拍車をかけ、さらには労働力不足を補おうとする政策に深刻なジレンマを投げかけるのである。

公的な介護提供体制の萌芽もまた、老人福祉法が制定された1960年代に見られるが、高齢者の医療需要が本格的に増大するのは、1973年の老人医療費無料化によるとされる。その中で、いまだ特別養護老人ホームの数が限られていたこともあり、急性期の医療を必要としない高齢者が多数病院に入院しているという「社会的入院」等の問題が深刻化してくることになる。

これに対して80年代の終わりから90年代にかけて政府によって発表されたゴールドプラン、新ゴールドプランは介護サービス供給を増やすものであったが、いまだそれらは市町村の福祉制度の下に置かれていたため、利用者が介護サービスを選択できず、サービスの内容もニーズに対応できていないといったことが問題化していた。すなわち、人口が高齢化する中で介護ニーズが高まっているにもかかわらず、介護を必要とする老人に対して、医療による対応も福祉による対応も限界がきていた。さらには核家族化といった世帯構造の変化も、介護サービスへの需要増加を促進させることとなった。

このような背景の下に、介護保険制度導入の機運が高まってゆくことになる。そしてついに、2000年に導入された介護保険では、介護を社会全体で担うという理念（「介護の社会化」）の下に、社会保険の仕組みによって介護を支えることになる。その具体的な目的は、民間企業等の多様なサービス提供者の参入を促し、利用者が保険料拠出に対する権利としてサービスの選択が可能になることであった。著しく高い専門性が必要とされる医療とちがい、介護は利用者の判断で自分にとって良いサービスを選択することができる[37]。

このことはさらに、サービス提供者の競争を促し、介護サービスの質を上げることになると考えられた。実際に、介護保険導入直後の2000年には218万人であった要介護者数は、2018年時点でその約3倍の644万人に増えた。その間に、居宅サービスを提供する事業所数は約7万7000から15万8000へと増え、その利用者数も約97万人から約366万人へと膨らんだ。

介護保険の被保険者は、65歳以上の第一号被保険者と40歳以上65歳未満の第二号被保険者に分かれるが、保険者は自治体（市町村）であり、（医療保険のように）職域と地域に分立しているといったことはない。介護保険料については、その決まり方をここで詳細に記述することはしないが、第二号被保険者となる40歳以上になると徴収される。

要介護認定を受けた者が、7段階の要介護度に応じて給付を受けることができる。自己負担割合は原則1割である。介護サービスには、一方の柱に施設サービスがあり、もう一方の柱に居宅サービスがある。介護保険で利用できる入所系サービス（入所できる施設）には、特別養護老人ホームや老人保健施設がある。

ただし、介護保険における居宅サービスとは、その言葉から受ける印象とはやや異なり、自宅において受けるサービス（訪問サービス）のみを指すわけではない。そうではなく、施設に入所せずに在宅していることを基本としながら、介護を必要とする側が通ってサービスを受けること（通所系サービスや短期滞在系サービス）も含むものである。特定施設入所者（有料老人ホームやグループホーム）の生活介護サービスもまた、居宅サービスに含まれる。介護保険制度上の施設サービスとは、日常で使う「施設」という語が想起させる範囲よりも狭い意味で使われているということだ。

留意しておかなければならないのは、施設サービスのほうが居宅サービスよりも費用が大きくかかるということである。施設サービスの利用者数は2割に満たないが、給付額で見ると施設サービスは3割以上を占めている。そのため、要介護者が趨勢的に増え続ける中で、介護保険は制度発足後に施設サービス給付を絞り込む方向で改革を行ってきた。

ところで、「介護の社会化」という理念の背景にあったのは、家族を介護する役目が女性に偏りがちであり、女性の就業が妨げられているという問題意識であった。「介護離職」という言葉はお馴染みだろう。介護保険には、女性を家族の介護から解放する役割が期待されていたのだ。その意味では、介護保険においては、（要介護者本人に加えて）要介護者の家族もその重要な受益者として想定されていたのである。

そこで、介護保険が本当に女性の介護負担を軽くしたのかということが重要になってくるわけだが、先に述べたように、介護保険はすでに施設サービスから居宅サービスへとシフトしている。人口の高齢化に起因する労働力の減少を補うはずの中高年女性は、他方で、高齢化の進展による要介護者の増加によって、その就業にブレーキをかけられている可能性がある。家族介護が実際にどの程度、就業を抑制しており、介護保険はそれをどの程度、緩和できるのか解明することがこの議論における一つの重要な鍵となる。そのことについては第4章で議論する。

(4) 労働保険

日本で、他国における失業保険にあたるものを含む制度が雇用保険である。これと労働者災害補償保険（労災保険）を併せて労働保険と呼ぶ。労働保険は、「社会保障論」の教科書などでは必ずしもメインのテーマとはならないことも多いが、労働市場と社会保険制度の関係を考える本書にとっては重要なトピックである。

雇用保険制度の詳細については第2章において改めて説明するが、雇用されていた者が失業した際に、再就職するまでの期間の所得保障（失業給付）を行うというのが基本的な目的である。したがって、雇用される働き方を前提とした社会保険と言える。雇用安定に関わる事業や能力開発に関わる事業を具備した現在のようなかたちの雇用保険制度は、1947年に制定された失業保険法を抜本的に改めるかたちで1974年に成立した。当時は、就業者に占める雇用者の割合が7割に迫る一方で、第一次石油危機（1973年）を契機として、それまでの高い経済成長が終わりを迎えつつあり、失業というリスクが再びリアリティーを持ち得る兆しがあった。

雇用保険はまた、比較的早い時期から短時間労働者を被保険者としてきた。その意味で、正規労働者（フルタイム労働者）以外も救済対象として想定していたと言える。ただ、それにもかかわらず一定の拠出期間（雇用期間）が給付の前提となる仕組みは、不況時等には正規雇用よりも非正規雇用のほうが解雇されやすいことを考えれば、本来、セーフティーネットが必要な非正規雇用にとっては有難くないものかもしれない。

雇用保険を、最も失業しやすい人々にとってのセーフティーネットとして十分に機能させるためにはどうしたらよいのだろうか。それが第2章の重要な論点となる。ただ、給付額を高くしたり、給付期間を長くしたりするだけでは、失業期間が長くなるばかりで、むしろ良い仕事を見つけにくくなる可能性もある。第2章では実証的な研究成果を紹介することで、その点も見ていきたい。

一方、労災保険は、業務上で生じた疾病、怪我、障害、死亡に対して給付を行うものである。疾病や怪我は、通常は医療保険でカバーされるが、それが業務に起因するということになると、労災保険の対象となるのである。

労災保険の背景には、使用者の災害補償責任という考え方があり、それを社会保険化したものと捉えることができる。社会保険の仕組みを必要とするのは、使用者の災害補償責任を規定するだけでは、会社が倒産などしてしまった場合には補償が滞る可能性があるためである。この使用者のための保険という側面ゆえに、保険料も事業主負担のみとなっている。

労災保険の保険料は、そのほかにも、他の社会保険には見られない特徴を持っている。その一つは、業種ごとに細かく保険料率が定められている点である。もう一つは、一部の事業所には、労災事故発生件数に応じて保険料率が変わる仕組みが適用されている点である（メリット制と言う）。保険では、対象とする者たちが直面しているリスクが著しく異なれば、一方向の所得移転が行われるだけになり、不公平を生じさせる。その不公平を解消するのが、右記の仕組みということになる。

ただ、そのためには、類似するリスクごとに適切にグルーピングを行い、リスクが変化したらそれが適切に保険料率に反映されることが前提条件となる。とはいえ民間の保険とはちがい、そもそも社会保険は、異なるリスクの者たちを包摂する助け合いの仕組みであると考えることもできる。リスクを保険料率に細かく反映させる仕組みをどこまで推し進めるべきかについては議論の余地もあろう。労災保険の給付の詳細について、ここで述べることはしないが、労災認定の動向については触れておいたほうがよいだろう。

労災として認定されるためには、発症した傷病と業務との関係が明確になる必要があるが、怪我については この連関は比較的明確である。他方で、疾病の場合は、時間の差を伴って顕現することが多いので、業務との連関が（怪我ほどには）明確でない傾向があり、かつては労災として認められにくかった。

しかし、人々の仕事の主流が、肉体労働的なものから事務的な労働へと変わるのに伴い、疾病についても業務との関連を証明できるようになってきている。これにより、過労に起因する疾患や過労死・過労自殺といったことも労災として認められる傾向にある。業務との起因性が従来は不明確であったような傷病（特に疾病）にまで労災給付を拡げるというのが、労災保険の歴史であったと言える。

安全な技術の導入や安全衛生教育の徹底、また肉体労働から事務労働へという産業構造の転換によって減り続けてきた労災は、いま新たな局面を迎えていると言えるかもしれない。非正規労働や高齢就業者の増加は、熟練労働が必要なくなったことの裏返しという側面もたしかにあるが、職場に慣れていない者や身体機能・認知機能が衰えた者までが就業するようになれば、労災事故の発生を増やすことも懸念されるからである。第4章では、新たな労働者の包摂が抱えるコストの側面として、この問題を取り上げる。

4 所得再分配の実際

(1) 全世代型社会保障の意味

現在、社会保険は100兆円規模の給付を行っており、社会保障制度全体の給付の9割を占めている。社会保障制度全体の規模も、年々、拡大してきている。対国内総生産で見た時、社会保障給付(社会支出)の総額は、1980年時点では10%程度であったが、2016年時点では22%にのぼっている。それだけ社会保障の規模が拡大してきているのは、人口の高齢化が進み、年金や医療、介護といった給付の「受け手」が増えているからにほかならない。実際に、年金・医療・介護の三分野の給付で社会保障全体の85%を占めている(2016年時点)。これだけ給付が膨張していれば、社会保障の財政にも大きすぎる負荷がかかっていることは言うまでもないだろう。

日本で社会保障給付の総額が増え続けているということは、所得の再分配が進んでいるということだ。実際に、所得の不平等度を表すジニ係数で見た時、当初所得の格差は拡大してきているにもかかわらず、再分配後所得の格差はおおむね横這いである[38](図P-12)。同図で、所得再分配の程度を示

図Ｐ－12　ジニ係数と再分配による格差の改善度

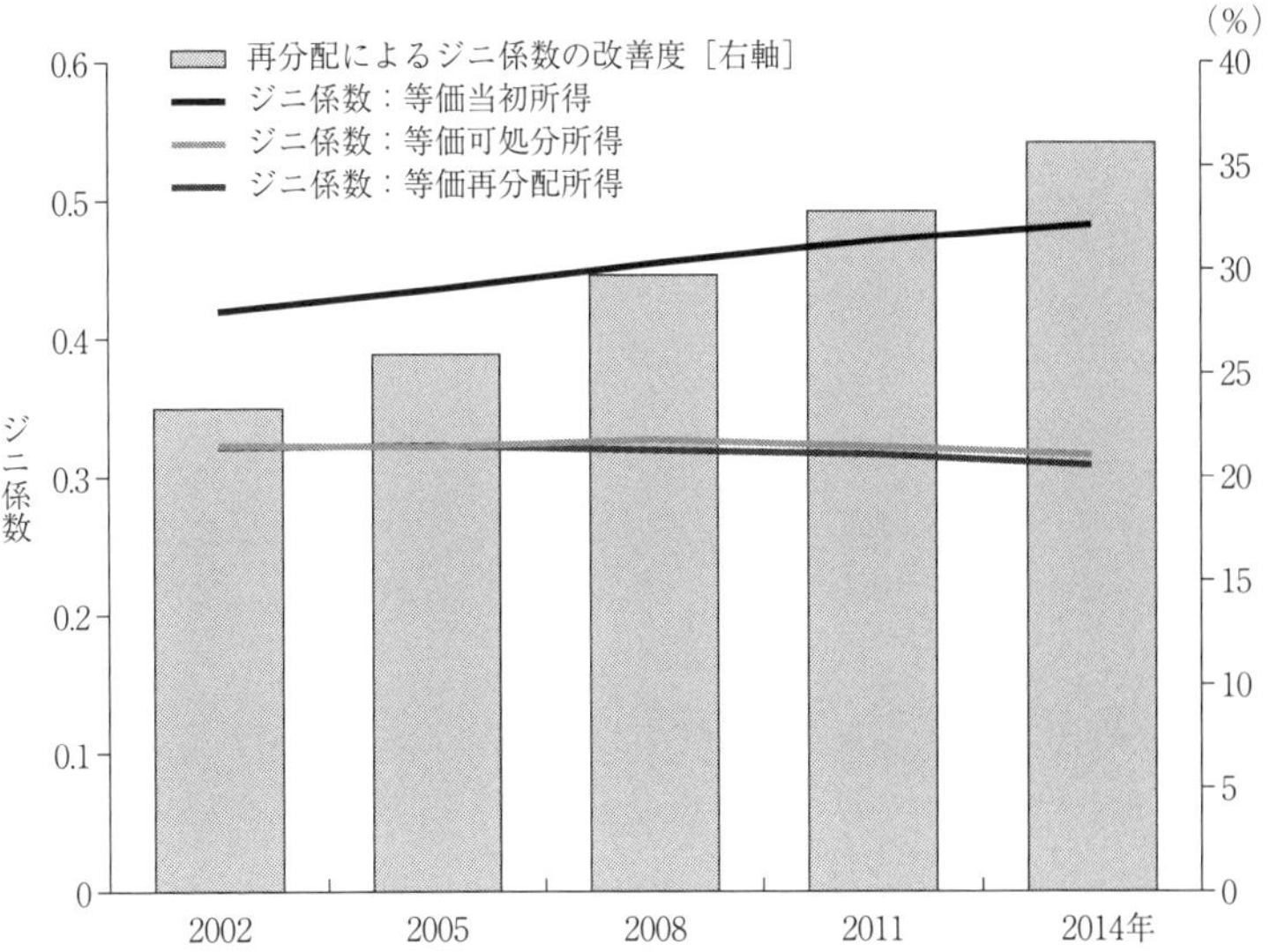

出所：厚生労働省「平成26年　所得再分配調査報告書」

す指標として、当初所得と再分配後所得のジニ係数の比から構成した「所得格差の改善度」を見た場合も、年々大きくなっていることが確認できる。

しかし、これは高齢者という増加した社会保障の受給者に対して、現役世代や（国債を通じた）将来世代からの所得移転が進んだ結果にすぎない[39]。決して、現役世代内（同年齢階層内）における格差が縮小しているわけではないのだ。ここにこそ、社会保障を高齢者のためだけのものにせず、現役世代も受益者とする**「全世代型社会保障」**へと変えていく意義がある。

現役時にはセーフティーネットが脆弱だったとしても高齢期になれば格差は解消するというのであればまだよいが、後の章で見ていくように、日本の労働市場と社会保障制度には現役時の格差を高齢期にまで温存してしまうような性質がある。「全世代型社会保障」へと変える必要性は、そんなところにもあるのだ。

(2) 社会保険の手厚さをどのように評価するか

本章を閉じるにあたり、医療保険へ話を戻して、社会保険における「ユニバーサリティ(universality)」という概念について考えておきたい。これは端的に言えば、社会保険の手厚さをどのように評価するかという話である。

各国の医療保険の手厚さを「ユニバーサリティ」という観点から評価する際には、しばしば次のような三つの軸(基準)が用いられる。[40] 一つ目は、国民のどの程度の割合が保険によってカバーされているか(被保険者となっているか)というカバー率である。二つ目は、どれだけの診療行為が保険の給付対象となるかという給付範囲の広さである。三つ目は、医療費の自己負担の割合(給付率)である。たとえば、国民全員が医療保険に加入していたとしても(すなわち、カバー率が100%であったとしても)、保険適用となる診療行為が著しく制限されていたり、自己負担割合が高かったりすれば、それは決して手厚い保険とは言えないだろう。

実は、このような評価軸は少しの修正を加えることで、他の社会保険を評価する際にも応用できるはずだ。たとえば、雇用保険を評価するのには、二つ目の評価軸を、失業時にどれだけの者が給付を受けることができるかという受給者割合に、三つ目の評価軸を、給付額の水準(賃金代替率)や給付期間に置き換えることが可能である(図P-13)。

図P－13　社会保険の手厚さを評価する軸：雇用保険を例に

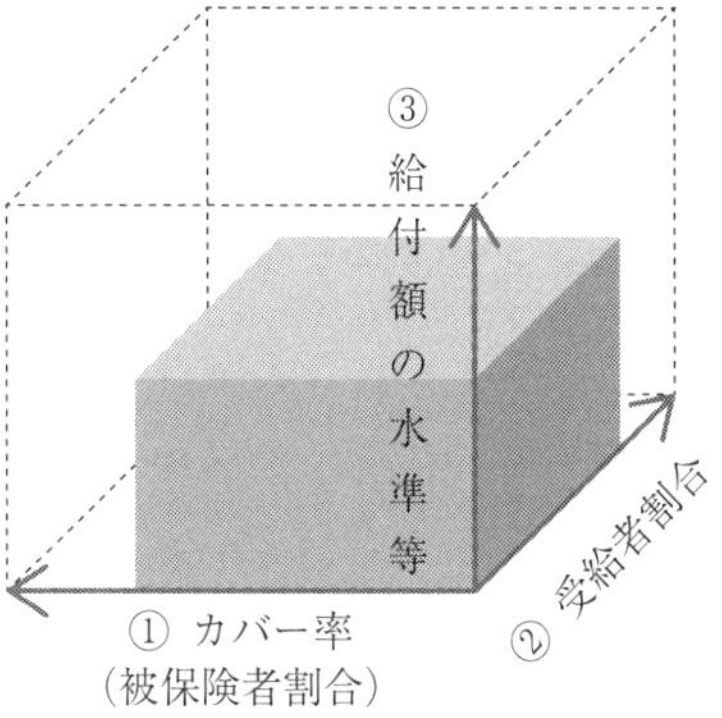

そして、このような複数の軸を利用して社会保険を評価することは、今後の望ましい社会保険の姿を考える際に必要不可欠であると筆者は考えている。たとえば、どんなにカバー率を高くするような制度改正を行ったとしても、給付額が低い保険をわれわれは望まないはずだ。あるいは、財政難の中で、従来の社会保険にもなんらかの整理縮小を行わなければならなくなったときに、どの軸を調整するのかということが重要になってくる。残念ながら、（医療保険を除けば）そのような観点から社会保険の拡充や縮小が議論されてきたことはほとんどなかったのではないか。

(3)　崩れた「皆保険の前提」

本章での検討から、労働力人口の減少を含むマクロ経済環境の変化に対応するために、日本の労働市場は「非正規雇用」を増やすことによって対応してきたことがわかった。逆に言えば、それによって正規雇用の賃金や待遇はある程度、守られてきたとも言える。労働力減少に対応するために行われている昨今の包摂志向の労働政策も、非正規雇用の拡大と表裏一体の部分がある。

終身雇用に守られる正規雇用とその被扶養配偶者が大多数を占めている（と認識されている）限り、社会保障制度は、長期間にわたって社会保険料が支払われることを前提に、もっぱら彼らの引退後の所得低下や高齢期にかかる医療費のみをターゲットとして、楽観的に対処していればよい。しかし、その前提が崩れてしまったところに、今日の社会保障制度の問題がある。

社会保障制度が正規雇用仕様になっている限り、正規雇用以外の者の増加は脆弱なセーフティーネットしか持たない者が増えることと同義だ。正規雇用と非正規雇用の間のセーフティーネットの格差はかつても厳然と存在したが、セーフティーネットが正規雇用に偏ったままに非正規雇用の割合が増えたために、今はそれが極めて顕在化していると言える。つまり逆説的ではあるが、わが国のかつての「皆保険」（あるいは「普遍的で手厚いセーフティーネット」）は、雇用が盤石な時代にしか実現し得ないものだったのかもしれない。それでは、本当の意味でのセーフティーネットとは言えないだろう。規模だけで見ればわが国の所得再分配は拡大しているが、それは雇用形態間の格差を埋めるようなものではない。

もちろん、いまだ非正規雇用の大多数は既婚女性が占めており、夫の所得があるので、彼らが困窮することは少ないとの指摘もある。そのことはあながち間違いとはいえないが、「正規雇用である現役男性以外は、（就業調整をしながら働く）既婚女性」という図式だけでは捉えきれなくなってきたところにこそ、次章以降で議論する問題の核心がある。

一方で、セーフティーネットの問題が、非正規雇用が増えたことによるのならば、非正規雇用を正規化するといった施策によって解決できるとの主張もある。たしかに空前の人手不足に対応するため、非正規雇用を正社員化することで人材の確保に努める企業は増えている。しかし、この章でも見たように、非正規雇用の増加が、人々の働き方の変化や、日本企業の経営環境や生産構造の変化といった大きな構造要因に根差すのならば、雇用形態の別をなくすというならまだしも、雇用の正規化というのは解決策としては本末転倒であるように感じる。

そうは言っても労働市場の変化に起因して社会保険制度に生じた綻びを改めることは、容易なことではない。社会保険の手厚さを評価するにはいくつかの軸が考えられるので、それぞれの軸ごとに綻びがどこに生じているかを見ていく必要がある。一つの軸だけを改善しても、セーフティーネットの役割として十分ではない場合がある。あるいは、社会保険制度の持続性が、就業促進との間でジレンマに陥ってしまう可能性や、労働市場に新たに参入してきた人々が制度に負荷を加えることもある。次章以降では、それらの問題を個々に見ていくことにする。

序 章【注】

（1）社会保障を学んだことのある者にとっては、社会から排除されがちな弱者を社会の一員として取り込む「社会的包摂（social inclusion）」という概念が馴染み深いかもしれない。ここでの「包摂志向の政策」も、「社会的包摂」に近い意味合いを持っているが、もう少し狭く、従来、働いていなかった人々が労働参加するという側面のみを指すことにする。

（2）本書全体を通して、「雇用者」という言葉を、「企業などで雇われて働く者」という意味で用い、使用者を指す「雇用主」とは区別する。同じ意味を示す言葉としては、「被用者」という言葉もあるが、こちらは社会保険を議論する際によく用いられる語である。本書では文脈によって使い分けて用いるが、意味内容は同じである。

（3）労働基準法で使用者には契約期間の明示が義務づけられているにもかかわらず、実際は契約期間が「わからない」雇用者は多く、正社員以外では約2割が期間不明であるとされる。さらに、契約期間不明の雇用者は、賃金や教育訓練機会において劣り、女性、独身、若年、低学歴層といった者で期間不明になりやすい傾向もみられるという（玄田［２０１７］）。

（4）なお、正規雇用と非正規雇用を区別する定義としては、直接雇用か間接雇用かという分類が採用されることもある。ここで、間接雇用とは主に派遣労働者を指し、実際に職務上の指揮・命令を受ける者と雇い主が異なっている労働者のことである。本書では、派遣労働だけを非正規雇用とするこの分類については採用しない。神林（２０１０）、川口・神林・原（２０１５）、Kambayashi and Kato（2016）などを参照。

（5）神林（２０１７）。

（6）企業が非正規雇用を需要する理由としては、しばしば、その賃金の安さも挙げられる。たしかに非正規雇用の賃金は正規雇用に比べて低い。しかし、経済学では、労働市場が分断されていない限りは、非正規雇用の賃金が安いのは、仕事の責務等が軽いためであると解釈し、それらを調整すれば正規雇用と非正規雇用の賃金単価にちがいはないと考える（補償賃金格差）。ただ、労働市場が分断されていないとも断言できず、わが国の労働市場については二重労働市場の可能性も古くから指摘されてきた。また、補償賃金格差の理論からは、雇用が不安定な分だけ非正規雇用のほうが賃金が高くなるという逆の可能性も導かれ得る。

（7）最近のサービス業は、業務によっては必ずしも需要と供給の場所が一致していない場合もある。たとえば、コールセンター業務は都市部のような大規模な消費地からは離れた場所で行われていることが多い。

（8）ただし、実際に、有期契約の社員に対して頻繁に雇い止めが行われているかどうかは議論の余地がある。たとえば、東京都の調査によれば、都下の30人以上の事業所のうち、過去3年間に契約社員に対して雇い止めをしたことがある事業所は約2割であった（東京都産業労働局［２０１６］）。

（9）Asano *et al.*（2013）。

（10）神林（２０１８）（２０１９）。

（11）Autor and Houseman（2010）、Okudaira *et al.*（2013）。

(12) Kawaguchi and Ueno (2013)。
(13) Hamaaki *et al.* (2012)。
(14) 神林(2017)。
(15) もっとも、正規雇用と非正規雇用の賃金格差は、非正規雇用の供給が増した結果、非正規雇用の賃金が押し下げられて拡大したという見方もある。少なくとも1990年代初頭までは、非正規雇用の供給シフトが(年齢階層別の)正規・非正規の賃金格差に寄与していたことが確認されている(酒井[2006a])。
(16) ただし、企業の福利厚生(法定外福利)に関しては、90年代以降にだいぶ変調があったかもしれない。この点については、第5章で触れる。
(17) 「正規の仕事がなかった」ことを非正規雇用に就いている理由として挙げている者を「不本意非正規」とすると、その割合は近年低下しており、男性で約2割、女性で約1割とされる。
(18) 就業が可能ならば問題がないということではない。働くことに忙しすぎ、生活時間が不足するならば、それもまた「貧困」であるとする考え方があり、ひとり親世帯では所得の貧困に加えて、生活時間の貧困が起きやすいという(石井・浦川[2018])。
(19) 小塩(2013)、Gruber (2019)。
(20) たとえばFinkelstein (2014)。
(21) Markussen and Røed (2015)。
(22) Currie and Gahvari (2008)。
(23) 現物給付が用いられるのは、本質的にパターナリズム(父性主義)からであるという。つまり、他者の消費のあり方を上から決定することで人々の効用は高まるのである(Currie and Gahvari [2008])。
(24) 日本の医療制度を概観するには、島崎(2011)(2015)、岩渕(2015)、池上(2014)(2017)などが有益である。本節の記述もそれらを参考にしている。
(25) その他の被用者保険として、船員保険や、私学の教職員等が加入する共済組合もある。
(26) 従業員規模が500人以下の民間企業については、2017年4月以降は労使の合意に基づいて短時間労働者へ適用拡大が可能になった。

(27) 実際には、事業主が従業員の社会保険加入を怠るケースも一定数あることが知られており、問題となっている。2019年の厚生労働省の推計によれば、国民年金第1号被保険者のうち約156万人が、本来ならば厚生年金が適用される可能性があるという。

(28) 市町村が運営する国保（市町村国保）以外に、医師や薬剤師、弁護士といった同一の職業ごとに形成された国民健康保険組合もある。国民健康保険組合も、（全国一律の組織ではなく）地域ごとに形成されている。

(29) 島崎（2015）。

(30) やや時代は下るが、1980年代においても非正規雇用が雇用者に占める割合は15％程度にすぎなかった（図P－4を参照）。

(31) 就学前の子どもについては2割の自己負担になっている。ただし、ほとんどの自治体が乳幼児医療費助成制度を設けており、実際には2割未満の負担であることが多い。また、70～74歳は2割、75歳以上は1割の自己負担になっている。ただし、70歳以上の者でも高額所得者については3割の自己負担となる。

(32) 保険給付が膨張しやすいのは、わが国の医療機関のアクセシビリティーの高さもある。

(33) Kondo and Shigeoka（2013）。

(34) 人口の高齢化の主因である寿命の延伸は、各年齢階層の死亡率が下がることを意味するため、人口の高齢化は医療費を増加させないという主張が海外の医療経済研究者の間ではなされる。それらの海外の研究動向をまとめたものとして兪（2006）がある。他方、わが国において、高齢化を医療費増加の要因として指摘する実証研究には、たとえば田近・菊池（2014）や今村ほか（2015）がある。

(35) 年金給付と就業との関係を含む、高齢者の就業に関する包括的な研究として、清家・山田（2004）が挙げられる。

(36) 池上（2017）。

(37) もし介護サービスにおける供給側と需要側の間になんらの「情報の非対称性」もなければ、医療における「医師誘発需要」のように供給側が需要を生じさせる可能性は生じ得ない。しかし実際には、いくつかの研究から、介護サービスにおいても供給者誘発需要が生じていることが確認されている（岸田［2016］、中村・菅原［2017］）。これは、介護サービスにおいても、ある程度は「情報の非対称性」が存在することの証左と言える。

(38) 当初所得の格差の拡大は、人口の高齢化によるところが大きいことが指摘されている(大竹[2005])。これは、一般に所得格差は高齢になるほど大きいため、人口が高齢化することは所得格差の大きい人たちの割合が増えることにほかならないからだ。このような構成変化によって生じた格差拡大は、「見せかけの格差拡大」と言えなくもない。

(39) 小塩(2012)。

(40) 池上(2014)、島崎(2015)。

第1章　雇用の流動化が社会保険に突きつける課題①
——社会保険料の未納問題

本書を、社会保険料の未納問題について分析することから始めたい。だが、なぜ未納問題からスタートするのか。

２０１０年に、サラリーマンだった者の妻による国民年金保険料の未納が大量にあることが発覚し、その対応策をめぐって政治的な問題となった。それは、厚生年金の被保険者であった夫が自営業等に変わった際には、本来、被扶養者である妻にも国民年金保険料の納付義務が発生するにもかかわらず、その手続きを怠ったために起こったものだという。

就業状態によって加入する制度が異なっているわが国の年金・健康保険においては、このようなことが生じ得る。その意味で、この「事件」はわが国の社会保険制度が潜在的に抱える問題を端的に表していると言える。

現行の制度を前提とする以上、手続きや納付のし忘れは常について回る問題であり、今では保険制度間の移動の際には行政による周知がかなり徹底されている。しかし、今後、さらに雇用が流動化して、人々の就業状態が頻繁に変わるようなことが増えてくるならば、同じようなことが再び起きる可能性がないとも言えない。そもそも、雇用が流動化するということは、人々の所得も断続的に変化する可能性を示唆する。その中で、保険料を支払いたくても支払えない状況が出てくることは想像に難くない。実際に本章で見るように、未納は人々の就業と密接に関係しているのである。

国民年金や国民健康保険に見られる保険料の未納とは、人々の就業の変化がもたらした皆保険（皆年金）の綻びである。それは、就業の格差に付随するセーフティーネットの格差の一つの象徴でもある。その意味で、社会保険料の未納問題への対応こそが、就業の変化をめぐって社会保険が突きつけられている課題を考える大きな鍵となるのである。そして、未納問題への対応を考えることは、否応なしに「皆保険」とは何かということを問い直すことにつながってゆく。

この章では、社会保険料の未納が生じる理由を探り、それがなぜ問題なのかを検討する。そして、その一つの解決策として位置づけられる適用拡大について考察する。

1 「皆保険」なのになぜ未納者がいるのか

(1) 社会保険料の未納が生じる仕組み

国民年金・国民健康保険の納付率は、1990年代をピークとして低下した後、現在は上昇傾向に転じているものの、いまだ、国民年金で7割を切り、国民健康保険でも世帯数で見れば9割を切っている状況にある（図1-1）。

議論を始めるにあたり、なぜ国民年金や国民健康保険で未納が発生するのか、あらためて確認しよ

図１－１　国民年金・国民健康保険の納付率等の推移

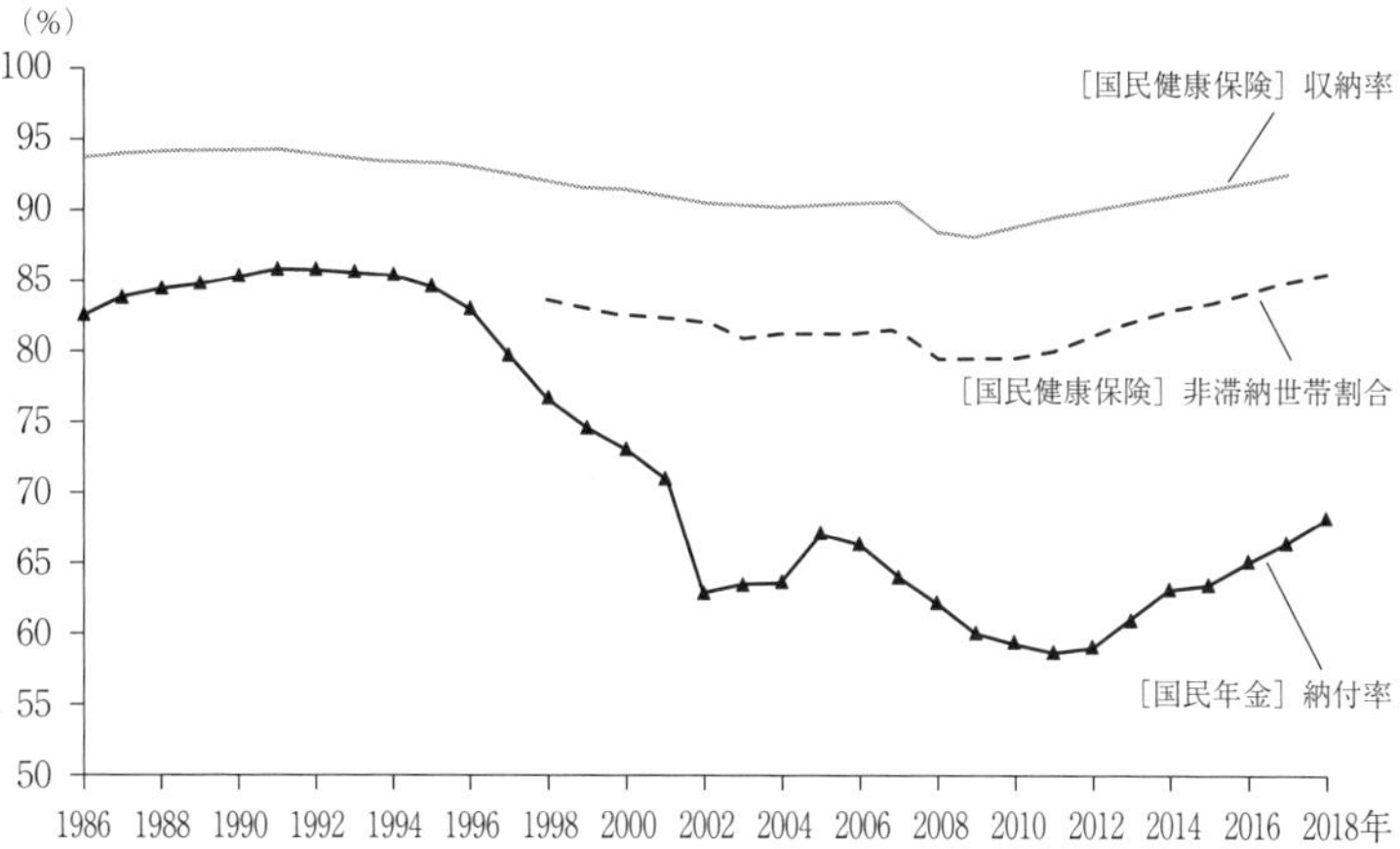

注：［国民健康保険］収納率(%)＝{当該年度収納額／(当該年度調定額－居所不明者分調定額)}×100
［国民健康保険］非滞納世帯割合（%)＝{1－(滞納世帯数／全世帯数)}　×100
［国民年金］納付率（%)＝(納付月数／納付対象月数）×100
出所：厚生労働省「国民健康保険（市町村）の財政状況等について」
厚生労働省「国民年金の加入・保険料納付状況」

う。すでに見たように、わが国の公的医療保険と公的年金は、就業状態や雇用形態によって加入すべき制度が異なっている。単純に言えばそれは「正社員の者が加入する制度（被用者保険）」と「正社員以外の者が加入する制度（国民年金・国民健康保険）」とに分かれている。すなわち、原理的には、正社員以外の者すべてを国民年金や国民健康保険がカバーすることで「皆保険」が達成されてきたと言える。

社会保険料の負担の仕組みについてもすでに序章で触れているが、保険料の未納が生じるメカニズムを考えるうえで重要なので、あらためて確認してみよう。まず公的年金だが、日本に住む20歳以上60歳未満のすべての者はなんらかの公的年金に加入する義務がある。その被保険者は第一号被保険者、第二号被保険者、第三号被保険者の三種類に分かれる。第一号被保険者とは、自営業者や学生、無職の者たちを中心とする国民年金加入者であるが、要は以下の第二号でも第三号でもない人たちをすべて含む。第一号被保険者は、毎月一定額の保険料を直接支払うことになる。

第二号被保険者とは、フルタイムで雇われて働く人たちのグループであり、厚生年金（民間企業・公務員等）の加入者のことである。厚生年金・共済年金に加入していることで、国民年金にも加入しているとみなされる。パートタイマーのように、雇われてはいても短時間で働いている場合には厚生年金は適用されない。

保険料は、給与に一定率をかけた額を事業主（会社等）と折半で支払うが、被保険者自身が支払う分の保険料は給与から天引きされるので、手続き上は事業主が支払い業務を行うことになり、基本的に本人の意思では加入・非加入の決定をすることはできない。

第三号被保険者は、第二号被保険者の被扶養配偶者であり、典型的には専業主婦が該当する[1]。第三号被保険者は配偶者の保険料支払いのみで国民年金に加入していることになり（すなわち、将来、基礎年金が受給でき）、本人の負担はない。

ここで、原理的に未納が生じ得るのは、みずから加入・支払い手続きをする必要がある第1号被保険者である。本章では、（実際に加入しているかいないかにかかわりなく）この第1号被保険者に分類されるべき人たちを「潜在的国民年金加入者」と呼んで扱うことにする。

公的医療保険制度（健康保険）も働き方のちがいによって加入すべき保険が異なっており、大きく分ければ以下のようになる。

図１－２　未納が発生する仕組み

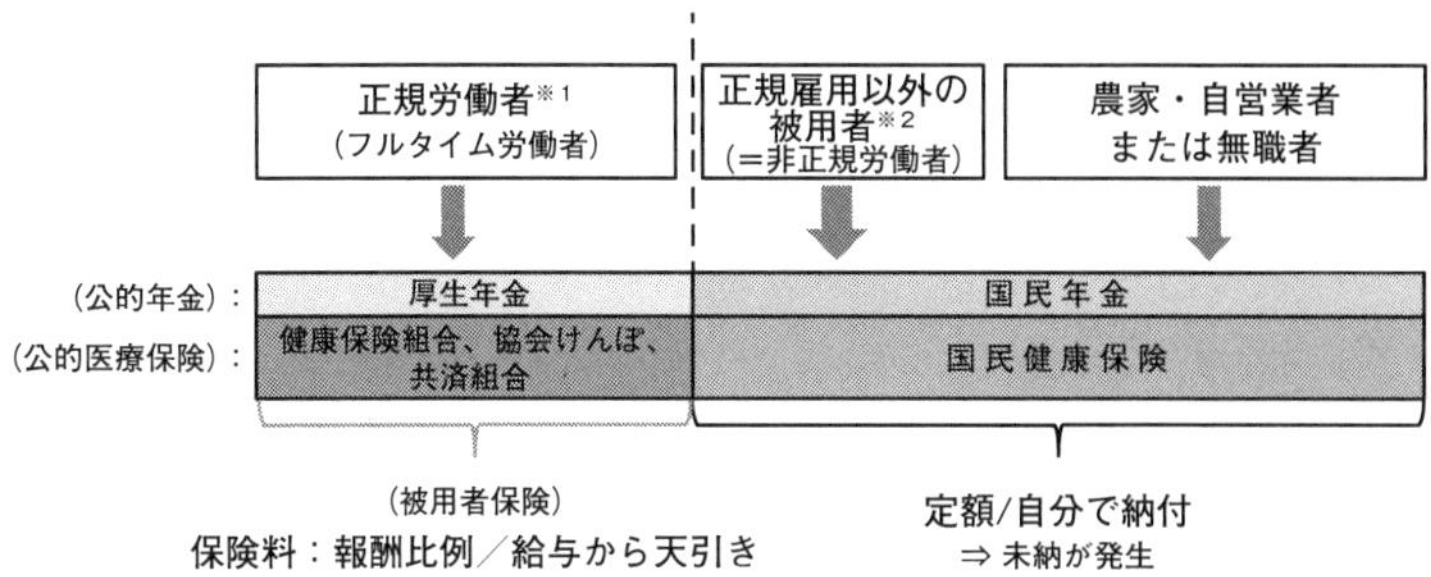

注：※１　被用者保険の被扶養配偶者は、公的年金の場合には国民年金に、公的医療保険の場合には国民健康保険に加入することになる。
※２　週労働時間20時間未満。

まず、被用者とその家族（被扶養者）は、勤め先に独自の健康保険組合があればそれに加入し、健康保険組合がなければ協会けんぽに加入することになる。また、公務員とその家族は共済組合に加入する。厚生年金と同じように給与に比例した保険料を労使で分担して支払うが、被保険者自身が支払うことになっている保険料についても、給与から天引きされるため、保険料の支払いは事業主によって代行されているとみなすことができる。

その他の大多数の人たち、すなわち農業従事者・自営業者とその家族（被扶養者）や退職後の無職者といった人々は国民健康保険に加入する。国民健康保険は、基本的には市町村が保険者となっており、被保険者自身で加入・支払いの手続きが必要となる。大きく「給与から保険料が天引きされる正社員を中心としたグループ」と「保険料納付をみずから行わなければならないそれ以外のグループ」の二つに分かれることは、年金と健康保険で共通している。

このように、年金や健康保険の「皆年金・皆保険」は就業形態によって異なるいくつかの制度が組み合わさること

図1－3　市町村国保における就業状態別の世帯割合
（75歳未満の世帯主について。擬制世帯を除く）

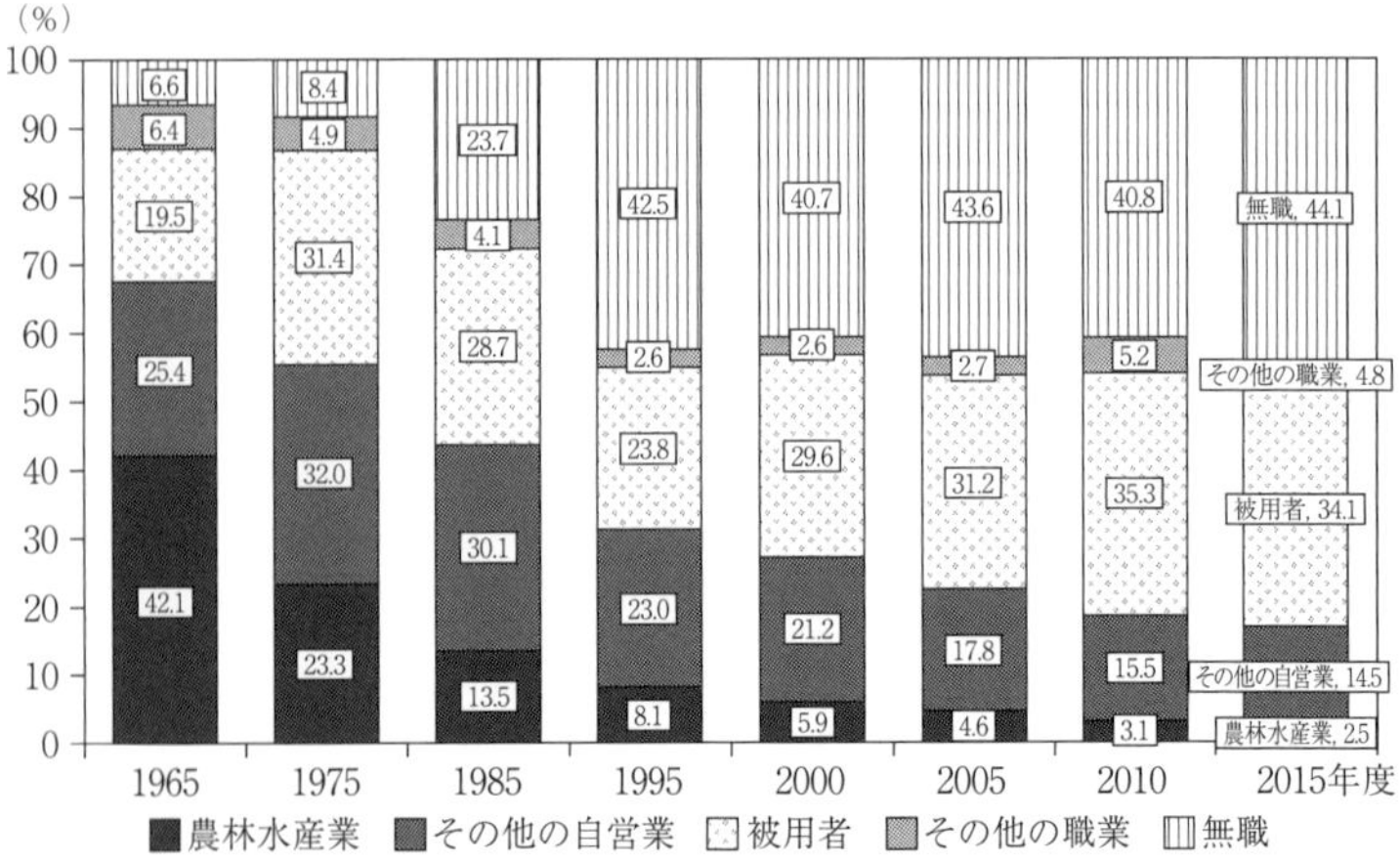

注：①職業不詳を除いた割合である。②1965年度、1975年度は擬制世帯を含む。③1995年度以前は75歳以上を含む。

出所：厚生労働省「平成28年度 国民健康保険実態調査報告」図3-2

で達成されているが、各制度によって「強制性」に濃淡がある。誤解を恐れずに言えば、被保険者グループによっては、加入・納付において、実質的に「任意」になっているケースもあるということである。社会保険料の未納が生じるのは、この実質的な「任意性」が高い国民年金・国民健康保険に該当する者たちにおいてなのである（図1－2）。

(2)　未納は誰に多いのか

ここで、国民健康保険加入者の構成を世帯主の就業状態別に見てみる。国民健康保険の揺籃期である1960年代には、農林水産業と自営業で加入者の約7割を占めていた（図1－3）。序章でも見たように、この時期は、就業者全体に占める自営業主（および家族従業者）の割合自体がおよそ４割と高かった。

だが、その後、国民健康保険の加入者に占める農林水産業・自営業の割合は低下し続け、現在では２割に満たない。代わって増えてきたのは、無職や「被用者」である。ここでの「被用者」とは、雇われて働いてはいるが、厚生年金や共済年金の加入者（もしくはその被扶養配偶者）ではない者のことであり、典型的には短時間の非正規雇用とみなせる。現在、この「被用者」だけで加入者の３割以上を占めているのが実態である。この50年間で、国民健康保険の主要な構成員は、自営業者から非正規雇用へと変化を遂げたのである。この構造は国民年金の加入者についても当てはまる。

それでは、どのような者たちに未納が多いのだろうか。国民年金の未納（滞納）世帯の割合を、先と同じように就業業態別に見てみると、自営業者等よりも、「被用者」すなわち非正規雇用や無業者において高いことがわかる（表１－１）。職を転々とするような不安定な就業をしている者たちが公的年金制度から漏れ落ちやすい様子が浮かび上がってくる。

日本で、かつて納付率が高く、「皆保険」が達成されていたのは、単に失業者が少なく、非正規雇用も少なかったからだと解釈できなくもない。簡単なグラフによっても、失業率と未納率の間にははっきりとした関係があるように見える（図１－４、図１－５）。逆に、今後も雇用の流動化が進み、無業の者や非正規雇用が増えれば、さらなる収納状況の悪化も予想される。

(3)　なぜ無業者や非正規雇用者は未納になりがちなのか

それでは、なぜ無業者や非正規雇用では保険料の未納が多いのだろうか。どのような理由から社会

見た保険料納付状況

（単位：%）

パート・アルバイト（週30時間以上）	パート・アルバイト（週20時間以上30時間未満）	パート・アルバイト（週20時間未満）	臨時	無職	不詳
100.0	100.0	100.0	100.0	100.0	100.0
48.4	41.9	33.8	31.4	38.1	44.3
30.8	30.2	26.3	21.5	31.1	34.1
17.6	11.7	7.5	9.9	7.0	10.2
28.3	**20.6**	**15.1**	**28.1**	**17.9**	**24.0**
15.4	**21.6**	**14.9**	**25.4**	**20.6**	**21.5**
3.9	11.1	32.1	6.9	17.7	6.5
3.9	4.8	4.0	8.3	5.8	2.8

保険料の未納が発生しているかによって、政策的な対応も異なってくる。たとえば、序章で見たように、社会保険が強制加入であることの一つの根拠は、民間保険市場におけるような「逆淘汰」の発生を回避するためであるとされる。しかし、もし社会保険においても「逆淘汰」から未納が生じているということであれば、公的に社会保険を提供する意味が揺らぐことになる。

そもそも、お金のない人が未納になっているのか、それともお金のある人が未納になっているのかによって、未納問題の意味はまったく異なってこよう。後者の場合、公的な助けを特に必要としないためにみずから進んで非加入となっている可能性

表１－１　国民年金における就業状態別に

	総数	自営業主	家族従業者	会社などに雇われている		
				常用雇用	パート・アルバイト・臨時	
総数	100.0	100.0	100.0	100.0	100.0	
納付者	47.9	69.5	77.2	52.8	39.3	
完納者	37.4	56.0	64.8	38.4	28.2	
一部納付者	10.5	13.5	12.3	14.4	11.2	
一号期間滞納者	**19.5**	**17.9**	**11.5**	**30.2**	**20.6**	
申請全額免除者	**16.3**	**11.6**	**9.7**	**7.3**	**17.9**	
学生納付特例者	12.4	0.1	0.3	7.7	17.6	
納付猶予者	3.8	0.7	1.4	2.0	4.5	

注：福島県の避難指示区域を除く。
出所：厚生労働省「平成29年　国民年金被保険者実態調査」より筆者が一部加工.

があるが、それも逆淘汰にほかならないのである。

日本では、国民年金制度について、非加入・未納の要因を定量的に分析した研究が蓄積されてきた[2]。それらの分析では、非加入あるいは未納の理由として、主に（1）流動性制約要因（＝借り入れ制約要因）、（2）逆淘汰要因、（3）近視眼的要因といった仮説を考え、各要因の識別が試みられてきた。

（1）の流動性制約要因とは、保険料が高いために支払いたくても支払えないことを指す。実証分析においては、それらの代理指標として所得・資産や保険料額、失業・不安定就業といった変数が用いられてきた。

（2）の逆淘汰要因とは、端的に言

図１－４　国民年金保険料納付率と失業率との関係（都道府県別）

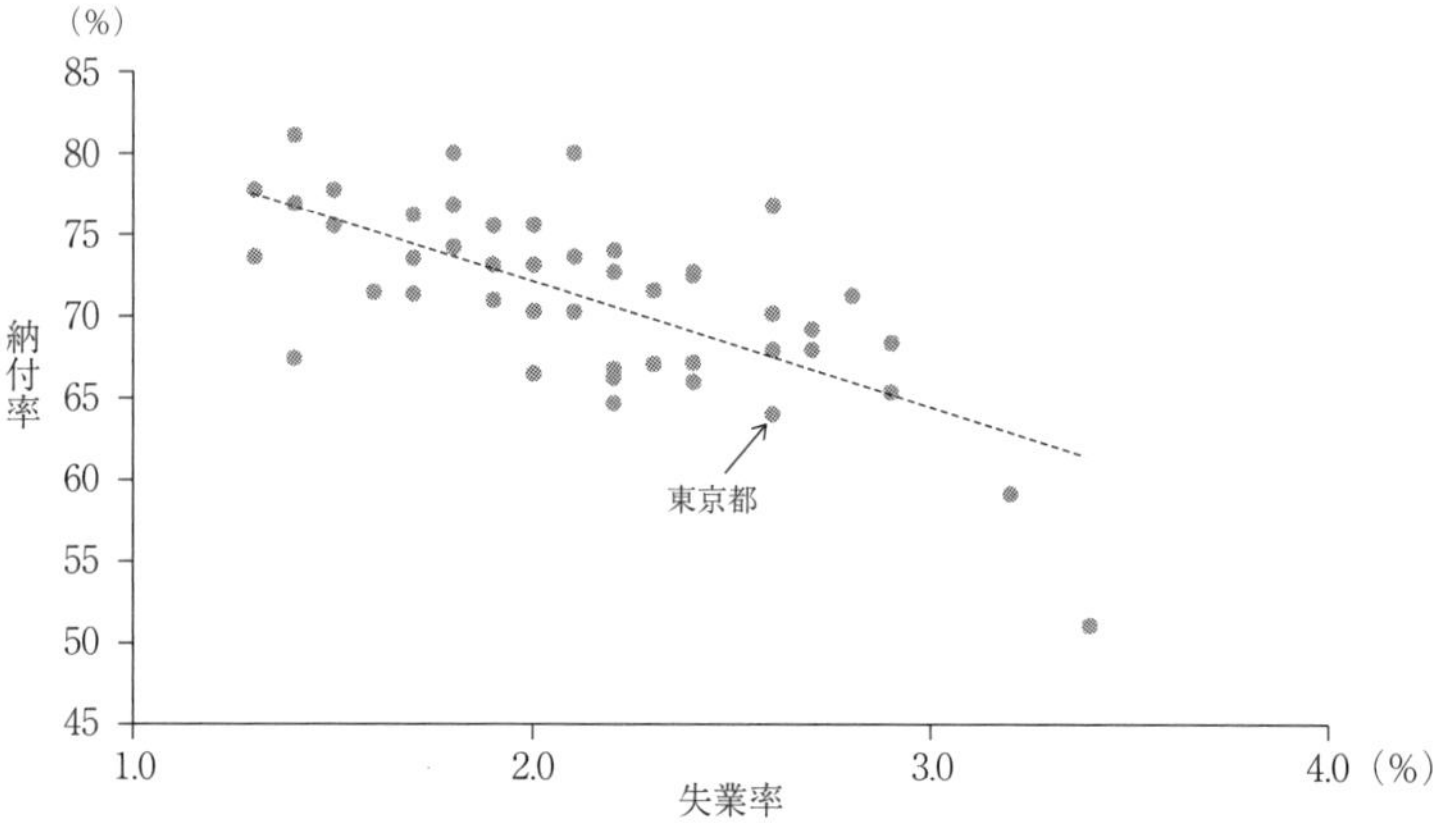

注：丸山・駒村（2005）を参考に筆者作成。失業率は2018年の値。納付率は2018年度の値。
出所：厚生労働省「平成30年度　国民年金の加入・保険料納付状況」、総務省「労働力調査」

図１－５　国民健康保険料（市町村国保）の未収納率と失業率の推移

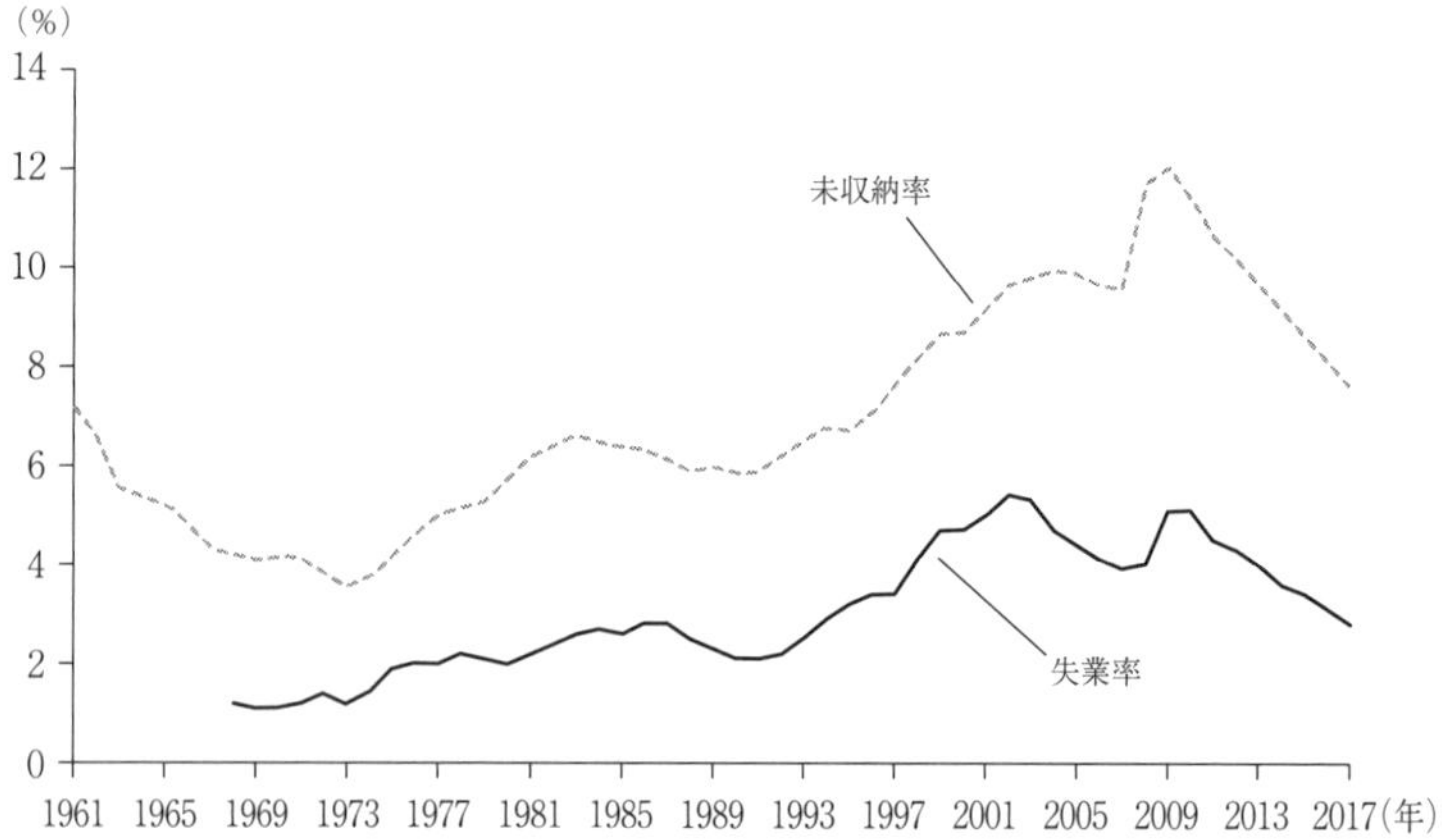

注：駒村（2009）を参考に筆者作成。未収納率（＝100－収納率）は年度平均（現年度分），失業率は年平均の値。
出所：厚生労働省「平成29年度 国民健康保険（市町村）の財政状況等について」、総務省「労働力調査」

えば加入するメリットがないということである。国民年金の収益率（保険料拠出に対する年金給付の比）が低い若い世代や、自分は長生きをしないと予想する場合には、年金をもらうメリットは少なく、個人で備えたほうがよいと考える者も出てくることになる。それらの代理変数として、コーホート変数や、予想寿命や主観的健康変数が使われてきた。

（3）の近視眼的要因とは、現在の消費を過度に（つまり非合理的に）好み、将来の消費を評価しない傾向を指す。代理指標として、時間選好に関する質問への回答などが用いられる。

これまでの多くの研究で、「流動性制約要因」についてはおおむね妥当であることが確認されている。すなわち、保険料率（対所得費）が高いほど、失業率・無職率が高いほど、金融資産が少ないほど、非加入確率（もしくは未納確率）は高くなる傾向にある。「逆淘汰要因」や「近視眼要因」については、はっきりとした結論は得られていない。

(4) 就業移動がもたらし得る未納

だが、非加入や未納が生じる要因に関しては、右のような仮説に加えて、就業移動がもたらす「納付し忘れ」についても考えたほうがよい。本章の冒頭でも触れたように、夫の就業移動に伴う主婦の年金保険料納付忘れの問題は記憶に新しい。また、少し古くなるが、社会保険庁の「平成16年公的年金加入状況等調査報告」も、国民年金の非加入の理由として「届出の必要性や制度の仕組みを知らなかった、忘れていた等」を挙げる者が過半数（50・2％）いるとしている。制度の認識不足から非加入（あるいは未納）が生じていた可能性もあるのだ。とはいえ、主婦年金問題にしても、右記の調査結果にしても、あくまで主観的な申告であり、逸話的である面は否めない。

それでは、具体的にどのような時に、手続きのし忘れやその結果としての納付のし忘れが生じるのだろうか。先に説明したように、公的年金で言えば、みずから加入・支払い手続きをする必要があるのは第一号被保険者である。第二号及び第三号被保険者として公的年金保険料を納める場合は、その加入・支払いは被保険者自身というより事業所（会社等）の所掌事項となる。つまり、第二号被保険者や第三号被保険者から第一号被保険者へと変わる場合、たとえばサラリーマンから自営業者や無職になった場合や（第二号被保険者の）被扶養者から第一号被保険者になった場合に、みずから手続きをし、直接保険料を納める「手間」が発生することになる。

逆に、第一号被保険者から第二号や第三号被保険者へと変わる場合（学生が就職してサラリーマンになる場合等）には自分から市町村の役所に出向いて手続きを行う必要はない（図1－6）。また、就業形態に変化がなく第一号被保険者のままでいる場合にも、一度手続きをしてしまえば口座振替によって支払うことができ、毎期ごとに加入・支払いの手続きをする必要はない。以上より、もし非加入や未納が手続きのし忘れや認識不足といった理由から起きていることが多いならば、「任意性」が低い第一号被保険者以外の制度から、「任意性」の高い第一号被保険者の制度へ移行した際に特に納付状況が悪くなることが予想される。

雇用が流動化し、人々の就業移動が増えてくると、ここでも未納が増える可能性が生じる。ただし、それは不安定就業者が社会保険料を支払えないためではなく、就業形態ごとに制度が煩雑に分立していることによる。はたして本当に、就業移動に伴う制度間の移行をきっかけとして納付のし忘れとい

図1−6　就業移動と公的年金加入手続きの関係

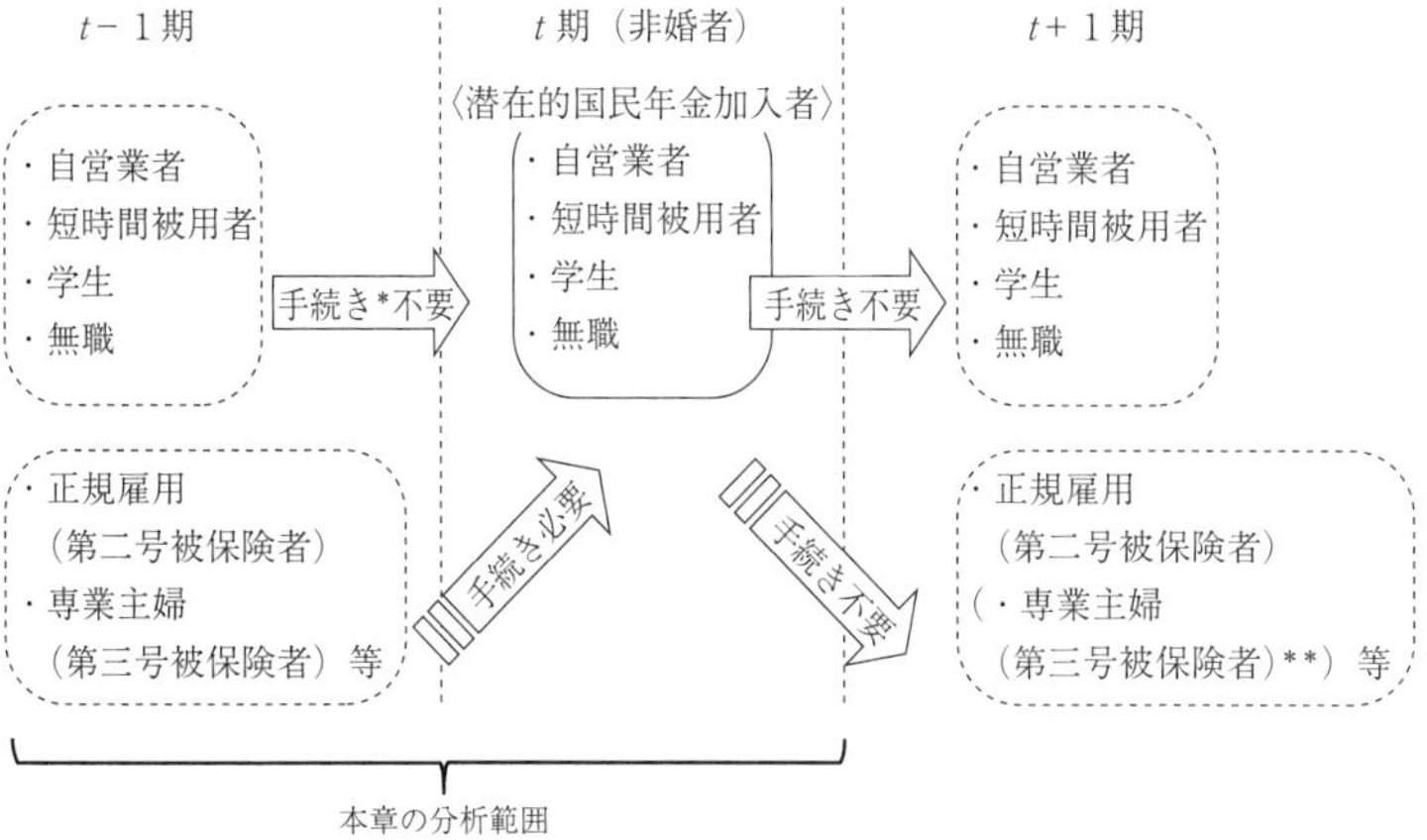

注：*　ここで「手続き」とは、みずから市町村の役所に出向いて加入に関わる手続きをすることを指す。
**　新たに第三号被保険者となる場合には、配偶者の事業所（会社）に届ける必要はある。

ったことが生じているのだろうか。第一号被保険者以外から第一号被保険者グループへと移行したことでみずから加入・支払いの手続きをしなければならなくなった個人を、みずから手続きする必要がない継続第一号被保険者と比較することで、それを確かめることができる。だが、そのためには、就業移動を把握しなければならず、同一の個人を追跡した調査であるパネルデータが必要となる。

公益財団法人家計経済研究所(3)が継続的に実施していた「消費生活に関するパネル調査」は、女性のみを対象とした調査ではあるが、就業の移動と社会保険の加入状況を把握することができる。そこで筆者は、このパネルデータを用い、未婚女性に限定したうえで、サラリーマン等のフルタイム労働者から自営業者や非正規雇用（短時間被用者）、無業者へと変わった際に未納が生じているのか確かめた。主婦年金の問題のように、夫が正規雇用からそれ以外に変わった際に被扶養者の妻が納付をし忘れるかどうかを見ないのは、単純に、このサンプルではそのようなケースが少ないからである。

加えて、同じ非被用者であっても、第一号被保険者のグループと被扶養配偶者の第三号被保険者のグループでは保険料負担の有無が異なっており、後者のグループに関しては、被扶養配偶者として保険料負担を回避するために収入調整（＝労働時間の抑制）が行われていることがしばしば指摘されているからだ。この場合、就業状態（やその移行）の社会保険の加入・納付への影響を単純に解釈することが難しくなる。未婚女性に関しては、保険料負担の多寡を理由に就業移動する者は少ないと考えられる。以上が、未婚者にサンプルを限定する理由である。

しかし、就業移動のパターンごとの分析からわかったことは、継続して第一号被保険者である者よりも、正規雇用（第二号被保険者）から第一号被保険者になった者のほうが、非加入率（滞納率）が高いという事実はないということだ。むしろ、無職の状態が長く続くと未納状態になりやすいことも観察されたことから、やはり流動性制約が未納を引き起こしていると推察される。本章の冒頭で見たような夫の就業移動に伴う主婦の納付忘れといった事態は、未婚女性に限っては見られないようだ。(4)なお、国民健康保険についても同様の傾向が確認された。

実は、別のデータに基づいた分析では、転職回数が多いほど社会保険へ非加入である確率が高まることが見出されている。(5)しかし、その場合も、転職回数が多いと所得自体が低くなる傾向が見られるため、所得面での制約による影響と切り分けることはできないとしている。

雇用の流動化とは、決して、すべての人々が同じように離転職をするようになることではない。むしろ、多くの分析が示しているのは、後の第6章でも見るように、学卒後の初職において正規雇用に就けなかった者がその後に離転職を繰り返すことを余儀なくされている実態である。その中で所得も安定せずに、社会保険料の未納が生じていると考えられる。そのような者が、割合として増えていくことが雇用の流動化であるならば、現行の制度では、周知を徹底したとしても社会保険料の未納は今後も減らないことになる。

2　未納はなぜ問題なのか

(1)　未納によってどのような問題が起きるのか

前節では、未納によってどのような問題が起きるのか、あえて議論してこなかった。年金と健康保険は負担の構造、すなわち被保険者の分類については共通した性格を有している（だから、ここまで両者を一緒にして議論してきた）。しかし、未納の帰結を考える際には、両者を区別して考えたほうがよい。

まず、国民健康保険の未納がもたらすものから考えよう。国民健康保険の保険料を滞納すると、無保険状態になってしまうため病気になった場合にも受診を抑制するということが言われるが、これは正確ではない。というのも、保険料を滞納しても、すぐに保険証を取り上げられるわけではないからだ。保険料の滞納が続いた場合、まず、通常の保険証に代えて、有効期間が1年未満の「短期被保険者証」が交付される。

この短期被保険者証の場合、有効期間は3カ月や6カ月と通常の1年間より短いものの、自己負担割合等は通常の保険証となんらちがいがない。だが、それでもさらに特別な事情がないまま滞納が続くと、今度は「被保険者資格証明書」が交付されることになる。[6]

この被保険者資格証明書では、医療費全額をいったんは自己負担しなければならなくなる。申請すると、保険者負担分は払い戻されるが、滞納していた保険料と相殺されるため、7割全額が戻ってくるわけではない。なお、子どもが無保険状態に置かれることへの懸念から、2010年以降は高校生以下の子どもには、被保険者資格証明書の交付は行われないことになっている。また、困窮していて生活保護を受給する場合には、国民健康保険は適用除外となり、代わりに、かかった医療費全額について医療扶助が支給される。現在、短期被保険者証と被保険者資格証明書の交付世帯は合わせると100万世帯ほどだが、これは全滞納世帯の約3分の1である。[7]

このように国民健康保険の保険料を滞納してもすぐに無保険状態になるわけではなく、当初は自己負担額にも変わりがない。とはいえ、滞納が続き、短期被保険者証から被保険者資格証明書へと換えられていくにつれて、徐々に受診のハードルが上がってくることになり、最終的には事実上の無保険状態になるというのも事実ではある。言うまでもなく、医療サービスへのアクセスが制限されることは、健康状態の悪化につながり得る。はたして本当に、保険料の未納によって給付を制限された人々は受診を抑制しているのだろうか。

ある基礎自治体における国民健康保険のレセプト・データ（診療報酬明細書のデータ）を分析した研究によれば、年齢等を調整したうえでの受診確率は、通常の保険証所持者よりも、短期被保険者証の所持者で約20～30％、被保険者資格証明書の所持者で約50％も低いという。ただし、短期被保険者証が交付される前の保険料滞納段階ですでに受診確率は（通常の保険証所持時よりも）20％以上も低下していることから、これは、通常とは異なる保険証によって給付が制限されていることによるというよりはむしろ、滞納を生じさせる原因となった流動性制約自体が受診をも抑制させている結果であると推察される(8)。つまり、保険証が取り上げられなくても受診抑制は起きるということであるが、結局のところ、健康におけるセーフティーネットがその機能を果たせていないことには変わりがないとも言える。生活保護世帯よりも少しだけ上の所得階層で、セーフティーネットが脆弱になっていることが浮かび上がってくる。

(2)　年金未納と国民健康保険未納の性質のちがい

一方、国民年金の未納がもたらすものは、国民健康保険の未納がもたらすものとは異なった性質を持っている。国民年金では、拠出期間（保険料を支払った期間）がそのまま受給額に反映されるので、保険料の滞納が続いて、それが追納もされなければ、老後の年金受給額が減ることになる。あるいは、現行で10年となっている年金受給資格期間（＝年金を受給するために必要な最低拠出期間）さえも満たせなければ、老後は無年金となる。この点が、病気にさえ罹《かか》らなければ、保険料を滞納していても直接的な影響が顕在化するわけではない国民健康保険とのちがいである。

生活保護受給世帯においては高齢世帯の割合が高いことが知られているが、それらの世帯は、なんらかの理由から拠出期間が十分でなく、無年金や低年金になったために、生活保護を受給している可能性がある。国民年金の未納が問題なのは、将来の高齢者の困窮世帯を増やしてしまうことになり、年金としての意味をなさないからである。

ところで、若年期、特に学卒時点において、一度でも無職になったり、非正規雇用のような不安定な職に就いたりすると、その後の長い期間にわたって、雇用が不安定であったり、所得が低くなる傾向があることが知られている。ひいては、その後の生活満足度にも負の影響が及ぶといったことも指摘される。

これは、若年期に十分な技能形成がなされなかったことによるもので、「世代効果」もしくは「烙印効果」と呼ばれる。日本では企業の採用が学卒時に偏りがちなこともあり、特にこの効果が強いと言われる[9]。無職の者や非正規雇用の者が国民年金の保険料を滞納し続ければ、老後に低年金・無年金になる可能性があり、これも「烙印効果」の一種とみなせなくもない[10]。若年期から壮年期を通して不安定な就業をしていた者は、老後の所得保障も脆弱になっている。いや、公的年金というセーフティーネットを媒介として、現役時代の就業の格差が老後の所得の格差までももたらしてしまっていると見るべきだろう。

以上のような雇用のちがいに基づくセーフティーネットの格差という現状を前にして、保険料を減免したり、適用を拡大したりすることで解決を図るという発想が出てくることは、至極まともなものと言える。

３　未納問題の解決策

⑴　社会保険料の逆進性と減免措置

なぜ社会保険料が支払えないような事態が生じるのだろうか。それは、国民年金や国民健康保険の保険料負担が逆進的な側面を持っていることによる。厚生年金にしても健康保険組合にしても、被用者保険の保険料は基本的に給与に一定割合をかけて算出されている。しかし、国民年金の場合には、保険料は定額であり、現在は月額で約１万６０００円である。国民健康保険の保険料は、応能負担である「所得割」・「資産割」と、世帯人数に応じて徴収される「均等割」、世帯ごとに定額で徴収される「平等割」という最大四つの算定方式を組み合わせて計算される。このうち、「均等割」と「平等割」が所得や資産と関係なく課せられる負担となる。

このように、国民年金にしても国民健康保険にしても、保険料の全部または一部が定額になっているために、所得の低い世帯ほど保険料負担が重くなるという逆進性が生じている。実際にデータからも、世帯主が正規雇用者以外の世帯では、総所得が低いほど、総所得に占める社会保険料負担の割合が高い世帯が増える傾向が明らかになっている[11]。

また、右のような保険料の仕組みの結果として、(雇用者をも含む)勤労世帯の社会保険料負担は、大半の所得階層で所得税・住民税負担よりもはるかに大きくなっており、特に低所得世帯では税負担はゼロに近い一方で、社会保険料負担率は10％を超えているという試算もある[12]。このように、第一号被保険者のグループで社会保険料負担が逆進的であるということが、流動性制約による未納が発生する背景にある。

とはいえ、国民年金や国民健康保険には保険料の減免措置もある。特に、国民年金については、保険料免除制度（全額・４分の３・半額・４分の１）や保険料納付猶予制度・学生納付特例があり充実している。それらは、前年所得が一定額以下の場合や失業した場合などに、保険料の納付を免除あるいは猶予されるものである。保険料免除の場合には、その期間、実際に納付した額よりも多い額が年金受給額に反映されることになり、被保険者にとってはお得な制度と言える。

この減免・猶予措置の利用者は拡大しているが、全額免除者や納付猶予者は、先の納付率の算定に際しては分母の「納付対象月数」に含まれていない。５００万人以上いるとされるそれらの人たちを分母に含めると、実質的な国民年金の納付率は40％程度に留まるとされる。逆に言えば、最近の納付率の改善傾向は、減免措置の周知徹底等により減免措置を申請する者が増えたために、実際以上に押し上げられていたとも言える。減免措置の拡大も、国民年金の財政を空洞化させていることにちがいはない。ともあれ、減免措置いかんにかかわらず、いまだかなりの数の者が未納だとも言えるのである。

ここまで、非正規雇用や失業者が増えた結果、「皆保険」に綻びが生じたことを見てきた。かつての「皆保険」は、正社員が多く、失業者も少なかった労働市場の賜物だったとも言えるのである。「皆保険」の綻びへの一つの対応策として、減免措置を拡大させてきたという経緯もまた、われわれに一つの大きな示唆を与える。すなわち、「皆保険」の本質とは、「強制加入」にあるのではなく、結

図１－７　適用拡大の意味

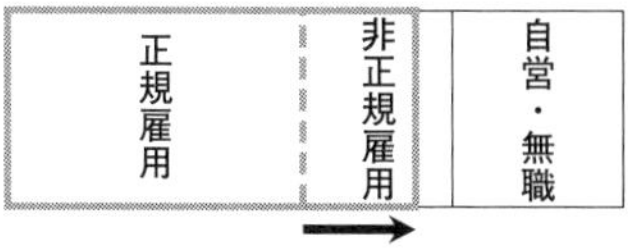

注：被用者保険の適用拡大とは、保険料が給与から天引きされる人たちの範囲を拡げること。

局のところ、政府がなんらかのかたちで保険料を補助（免除）することにあるということだ。強制したとしても保険料を払えない世帯はいるからだ[13]。

だが、保険料を減免したり、あるいは猶予したりすることは、保険料納付に任意性があることを認めてしまうことにもなる。少なくとも、それは保険料納付の意思決定が個々人に委ねられた中で皆保険を達成しようとする努力である。一方で、皆保険達成のためには、被用者保険の範囲を拡大するという選択肢もある。

(2) 被用者保険の適用拡大

被用者保険が適用されない非正規雇用（短時間被用者）において未納が多いというのであれば、その適用されてこなかった非正規雇用にも適用を拡大することで皆保険の綻びを塞ごうというのが「適用拡大」の論理である。それは、つまるところ保険料が給与から天引きされる人々の範囲を拡げるということだ（図１－７）。２０１６年10月より、厚生年金等の被用者保険の適用対象者が、労働時間が週20時間以上の短時間労働者に拡大された。従来は、被用者保険の適用対象となるには週30時間以上を必要とした。

ただ、この適用拡大も、週20時間以上という条件に加えて、当初は①雇用期間が1年以上見込まれること、②賃金の月額が8・8万円以上であること、③学生でないこと、④被保険者数が常時501人以上の企業に勤めていること、という条件が加わったことで、新たに適用対象になると予想される者は、それほど多いわけではなかった。

2014年の時点で厚生労働省は、月額5・8万円以上の収入があり、所定労働時間が週20時間以上の被用者へ適用を拡大した場合、新たに220万人が厚生年金の対象になると試算していた。実際には、その試算よりも厳しい条件が課されたため、被保険者数は2016年度末の時点で前年度末に比べて135万人増加しただけであった[14]。

だが、非正規雇用への適用拡大の目的が納付の漏れを防ぐことにあったならば、被用者保険における被保険者の増加よりもむしろ重要なのは、それによって国民年金・国民健康保険の未納がどれだけ減ったかということである。2016年の適用拡大では、事業所規模や収入による条件が課されたことで、もともと、納付率の高い者たち（のみ）が被用者保険へ出て行った可能性がある。もしそうならば、（国民年金・国民健康保険における）未納率が下がることにはならない。賃金が高い人だけに限定して適用を拡大しては、未納を防ぐという目的を果たせていないのではないか。今後の検証が必ず求められる。

(3) 適用拡大するだけでは済まない

ここまで見てきたことをあらためて整理してみる。

これまで、「主に正社員のための社会保険」と「正社員以外の者のための社会保険」の二本立ての仕組みにおいて、前者から漏れ落ちた人々をすべて後者に取り込むことで「皆保険」は達成されてきた。これは、正社員とその被扶養者によって構成される社会、あるいは失業者の少ない社会を前提とする限り、全体としては「漏れ」のない制度であったと言える。

だが、非正規雇用や失業者が増えてくると、「皆保険」にも綻びが生じてきた。それは、「正社員以外の社会保険」において増えた非正規雇用や失業者が、低所得から保険料を支払えないためだ。その根底には、「正社員以外の社会保険」においては、制度上、保険料が給与から天引きされるわけではなく、そもそも「納付しない」という選択の余地があり得るということがある。

このように見れば、「皆保険」の肝は、「強制加入」というよりは、低所得者の保険料支払いをいかにして実現するかという点にあることがわかる。保険料の減免措置はその一つの解決法であるが、もう一つの対応策として、「正社員のための社会保険」の適用対象を非正規雇用等までに拡大することもあり得る。この方向で実現したのが、２０１６年の適用拡大であった。

年金や健康保険における未納の原因とその帰結を見たうえで、未納への対応として、減免措置の拡大や非正規雇用への適用拡大が進んでいる現状を確認するところまでたどり着いた。ここまで暗黙に前提としてきたのは、適用拡大等によって「漏れ」の箇所を塞《ふさ》ぐことができれば、「皆保険」はその本来の姿を取り戻すということであった。

だが、それは本当だろうか。本章の最後に、適用拡大によって生じ得ることに触れておきたい。それは、今後、さらに適用範囲を拡大する際の帰結を予測することにもつながる。

わが国の社会保障の給付が本当に手厚いかどうかは議論の余地があるとしても、とりあえず一通りの給付が揃っている現状では、給付内容が選別されたり、制限されたりする状況を想像することは難しい。特に、健康保険においてはそうだろう。

だが、たとえば米国の映画やドラマなどを観ていると、しばしば診療行為の選択肢が保険会社によって握られている場面に出くわす。保険に加入していること（すなわちある個人に保険が適用されていること）と、給付の手厚さや給付範囲、あるいは給付要件とは別物であるということだ。

もちろん、日本で被用者保険（健康保険組合・協会けんぽ）の適用範囲を非正規にまで拡大したからといって、新たに適用された者たちの給付を従来の加入者とは区別して制限しようといった議論は一切ない。とはいえ、適用範囲を拡げていくことには、いくつかの重大な影響も伴うことに留意が必要だ。

たとえば、被用者保険の適用範囲を短時間労働者にまで拡大することは、負担面のみならず、給付面においても変容をもたらす可能性があることは忘れてしまいがちだ。短時間労働者は、年齢や所得等において、従来適用されていた者たちとは異なっており、保険リスクが高い、すなわち健康状態が悪いといったこともあり得る。それは当然、健康保険組合の財政に影響を与えることになる。

実は、2016年の適用拡大に関しては、短時間労働者は健康状態が悪い傾向にあるが、本人が被用者保険にすでに加入している、あるいは被用者保険の被扶養家族として（被用者保険に）加入しているかのどちらかであることが多く、適用拡大をしても当面は影響が無いと予測する研究もあった(15)。ただ、国民健康保険には、健康を害した結果として、被用者保険を外れた者もいる可能性があることを考えれば、被用者保険の適用範囲のさらなる拡大は、今後はなんらかの影響を与えることはあり得る。

あるいは、年金のような拠出した額が給付額に反映される仕組みにおいては、適用拡大を進めていった結果、生涯賃金がかなり低い者まで厚生年金に取り込まれることになれば、結局、その者たちの給付額は少なくなってしまう。厚生年金が適用されても、給付額が少なく老後に困窮してしまうならば、政府は保険料を補助するか、安い保険料である程度の給付を保証するしかないだろう。ここに、基礎年金のベーシック・インカム化、すなわち拠出原則の放棄と税財源化といった発想が出てくるのである。

そもそも非正規雇用は断続的な就業をしがちだから、被用者保険に入ったとしても保険料納付は不安定になりやすい。

いずれにしても、「適用さえされれば救済される」わけではないのである。より多くの者が保険に適用されていることをもって「皆保険」が達成されているとしたところで、給付が十分でなければセーフティーネットの機能を果たしていることにはならない。特に、年金においては、現役期の就業の格差が老後にまで保蔵される仕組みとなっている事実が、「適用拡大」というあたかもすべてを解決するかのような一つの手段によって覆い隠されてしまいかねないことには注意が必要だ。

むしろ、給付の設計や、給付要件こそが重要になってくる。そして、このことは年金のような老年期のセーフティーネットに限った話ではないのである。次章では、現役期の重要なセーフティーネットである雇用保険を例に、適用と給付要件の関係について考えてみたい。

第1章【注】

（1）「被扶養者」の基準は、年収が130万円未満であること。
（2）先行研究については、酒井（2009）による整理を参照のこと。
（3）1986年に家計経済に関する調査研究を主目的として設立された研究所。家計行動に関するパネルデータの開発などで成果をあげたが、2017年末をもって解散。
（4）本章で分析したデータの期間よりも後のこととなるが、2005年からは、就業移動による種別変更に伴う届出勧奨後も届出が行われない場合には、職権によって強制加入させられている。
（5）小塩（2012）。
（6）ただし、どの程度の滞納で被保険者資格証明書に切り替わるかは自治体によって基準がまちまちであり、財政状況の厳しい自治体ほど資格証明書の交付世帯数が多いことが知られている（大津［2014］）。
（7）厚生労働省「平成28年度 国民健康保険（市町村）の財政状況について」。
（8）大津ほか（2014）。なお、同研究によれば、前年に高額な医療給付を受けている（＝重篤な疾患を有している）短期被保険者証の所持者には被保険者資格証明書の交付は行われておらず、行政が配慮していることが示唆される。
（9）「烙印効果」については、第7章を参照。
（10）若年層における不安定就業が将来どの程度の低年金・無年金をもたらすかについては、たとえば高山・白石（2012）の試算などがある。
（11）小塩（2012a）。
（12）田近・八塩（2008）。
（13）Mankiw（2007）。
（14）2017年4月より労使合意に基づいて申請する場合には、500人以下も同様。
（15）泉田（2015）。

第2章　雇用の流動化が社会保険に突きつける課題②

——雇用保険の受給実態

人によっては、会社等の都合によって職を失い、すぐには次の仕事が見つからないことがある。社会保障とは、つまるところ「働けない」というリスクに対応するものであると述べたが、失業はまぎれもなく「働けない」リスクである。このような失業というリスクに直接的に対応するセーフティーネットが失業保険であり、わが国では雇用保険制度がその機能を担う。

雇用保険は、比較的早い時期から「非正規雇用」を被保険者として取り込んできた。その意味で、雇用保険は適用拡大のフロントランナーと言える。しかし、雇用保険の受給実態を見れば、適用拡大さえすればセーフティーネットが完結するわけではないことがわかる。雇用保険の問題は、非正規雇用への救済のあり方の難しさを典型的に示していると言える。この章では、雇用保険を通して、セーフティーネットの綻びを見る。

1　失業保険とは何か

現代では、就業者の約9割が他の者に雇われて働いている。雇用者（被用者）は、みずからの労働力を使用者に提供することで、対価としての賃金を得て、経済生活を営んでいる。しかし、このようなかたちでの就業は、「『失業』という労働者にとって非任意的な事故に絶えず脅かされ」ることになる[1]。そこで、職を失った（元）雇用者に対して、社会保険の仕組みによって公的な所得保障を提供するのが失業保険である。失業保険は、およそすべての先進国で見られる制度である[2]。

失業者に対して所得保障が行われなければならない理由は、失業した時になんらの所得保障もない状況を考えてみればわかりやすい。労働者が失業して次の仕事が見つかるまでの間、もしみずからの蓄えがなければ、生活水準を著しく下げなければならないだろう。また、もし失業時の所得保障がなければ、人々は離職することを過度に忌避するようになり、その結果として必要な労働移動は行われず、産業構造の転換が起きにくくなるかもしれない。そのことが、ひいては経済の発展を阻害することは言うまでもない。

失業保険の細かい仕組みは各国で異なっているが、①一定の保険料拠出の実績（勤続経験に近似）に基づいて、②失業前賃金の一定割合の現金給付を③一定期間行う、という点は共通している（とはいえ、上記の性質を有さない場合もある）。数ある社会保険の中で、失業保険は、不就業の事実そのものに対して直接的に対応するものであると言える。

日本では、「雇用保険」が他国における失業保険に該当する。この章では、海外における失業保険の研究についてもやや詳しく紹介していくことになるが、制度に関する知識があると理解しやすい。それには、日本の雇用保険の仕組みを念頭に置くのがよいので、まずはその仕組みについて説明する。

2　雇用保険の仕組み

雇用保険法第一条は、雇用保険の目的として、労働者が失業した場合（もしくは雇用の継続が困難となった場合）に必要な給付を行うことで「労働者の生活及び雇用の安定を図るとともに、求職活動を容易にする等その就職を促進」することを挙げている。すなわち、給付は、生活を安定させるために行われるが、同時にその結果として、求職活動に資することが目標とされている。求職活動期間の生活を支える所得保障が失業給付であり、雇用保険制度におけるその他の諸給付も、仕事に就くため（あるいは就き続けるため）に行われるさまざまな活動に対応しようとするものであると理解できる。逆に、職がなくても求職活動が行われないならば、その救済は雇用保険以外の社会保障制度の役割となる。このことは、雇用保険の役割を考える際に常に立ち返ってみなければならない点である。

図２－１は雇用保険の各事業と各種給付を示したものである。通常、雇用保険の給付としてわれわれが話題にすることが最も多いのは、失業等給付における求職者給付のうちの「基本手当」についてだが、そのほかにも傷病に対する手当や、教育訓練に係る給付、また、失業を未然に防ぐために行われる企業に対する助成事業等が雇用保険制度には含まれていることがわかる。

図２－１　雇用保険制度の概要

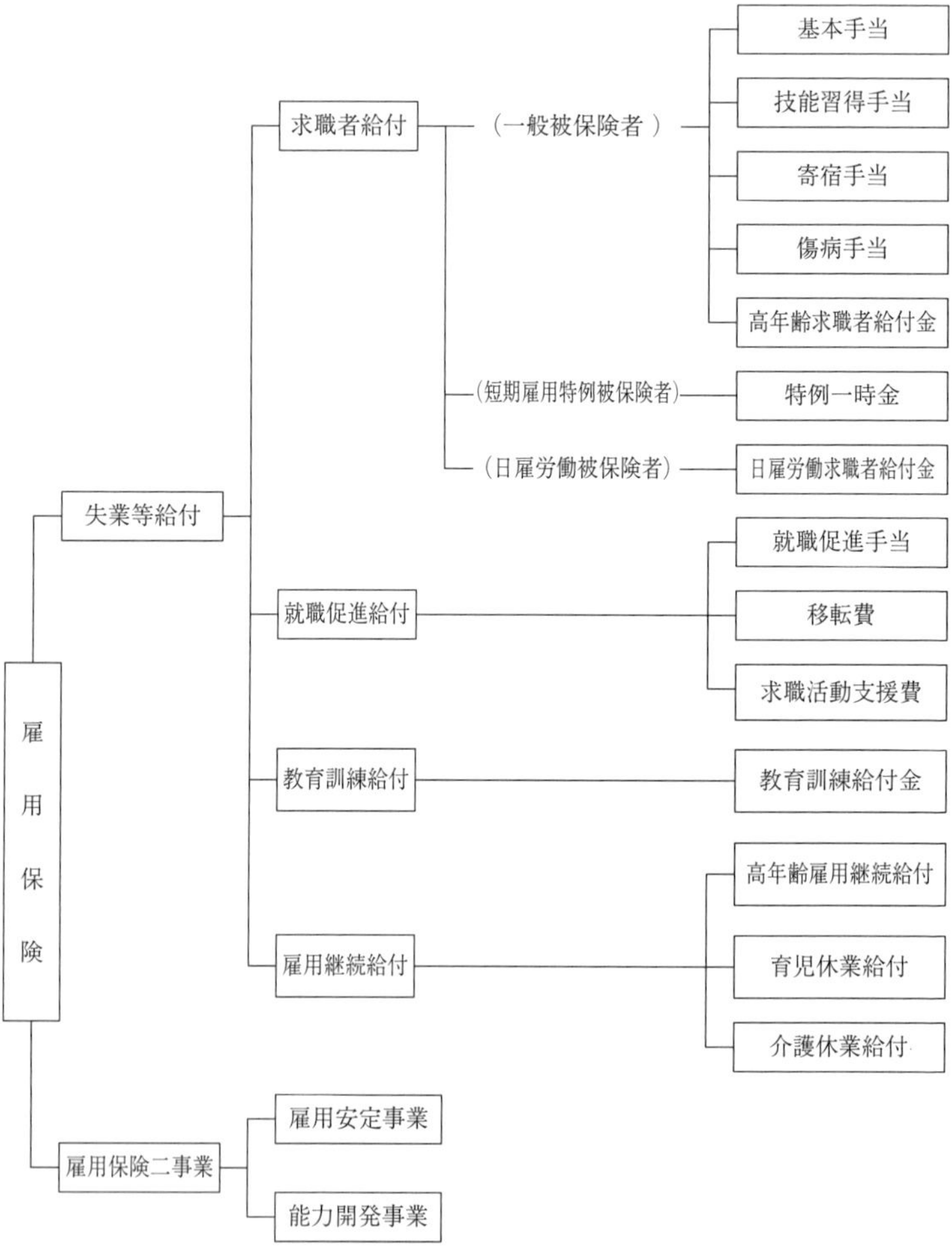

出所： 厚生労働省ホームページ「雇用保険制度の概要」

本章の以下では、失業給付という言葉を多く使うが、基本手当を指していると考えて差し支えない。

(1) 社会保険としての雇用保険

雇用保険の保険者は政府（国）であり、保険料の徴収業務は各都道府県の労働局が、受給に関わる手続き等は公共職業安定所（ハローワーク）が担う。各種の給付（事業）を説明する前に、雇用保険が社会保険の一つであるという事実を強調しておきたい(3)。

失業に対するセーフティーネットが必要だというのならば、失業を使用者の責任に帰して、使用者に直接的に所得保障を行わせればよいという考え方もあるのではないか。しかし、実際には失業のすべてを使用者の責任のみに帰すことは難しい。失業は、景気循環の中で個々の企業ではどうにもならない力によって生じる可能性もある。その際には個々の企業自体も倒産してしまい、失業者への所得保障どころではなくなってしまうかもしれない。しかも、失業は一度に大量に発生する可能性があり、個々の企業が失業者の所得保障の支払いに備えておくのは大変である。そこで、保険制度を活用することが有効になる。

保険とは一定の確率で生じるリスクに備えて資金をプールしておく仕組みであり、個々の主体がリスクに備えて預貯金を行うよりも効率的な仕組みとされる。つまり、リスク発生時により確実に必要な資金を得やすい。しかし、一般に、保険者が被保険者のリスク確率を知り得ない場合、リスクに応じた保険料を課すこともできず、結果としてリスクの高い者ばかりが保険に加入しようとする「逆淘汰」が生じてしまうため、任意加入の民間保険は成り立ちにくいとされる。

雇用保険に当てはめるならば、保険者にとって、どの企業が失業を発生させやすいか（あるいはどの被用者が失業しやすいか）は基本的にわからない。このような場合、強制加入というかたちですべての雇用者（被用者）を保険に加入させてしまう社会保険が対応策として有効になる。すなわち、雇用保険が社会保険であるということは、（保険者からは観察できないが）失業発生確率が潜在的に異なる使用者（あるいは被用者）が同率の保険料の下で包摂されているということであり、そこには必然的に失業確率の低い者から高い者への所得再分配が伴うことになる。

しかし同時に、保険であるがゆえに、雇用保険は「モラルハザード」を伴うことにもなる。[4] また、各個人や各企業によるリスクに備えるための自助努力（self-insurance）を抑制している可能性もある。雇用保険の社会保険としての側面には、税方式による所得保障との対比から光を当てることもできるかもしれない。いずれにしても、所得保障としての雇用保険は、元来はファイナンスの手段であり、その限りで失業対策を規定するものではない。極端なことを言えば、所得保障を効率的に行い得たとしても、職業紹介が機能していなかったり、教育訓練の機会が十分でなかったりすれば、失業対策としては十分でない。

失業対策は「失業者の所得保障」と「職業紹介や教育訓練」という両輪を必要とする。そして、実際に、現下の雇用保険には、これらの「両輪」が含まれているのである。

(2) 求職者給付

雇用保険では、事業所に雇われて働く者は、事業所規模に関係なく、所定労働時間が週20時間以上でかつ31日以上の雇用の見込みがあれば一般被保険者となる。自営業の者や公務員は雇用保険の被保険者になれない。また、学生も基本的に被保険者とならない。失業手当のうち最も一般的なものは求職者給付の基本手当（65歳以上の一般被保険者の場合は高年齢求職者給付金）であるが、これは、一般被保険者であった者が一定の被保険者期間を満たしたうえで失業した場合に受け取ることができる。

求職者給付（基本手当）を受給するためには、居住地を所轄するハローワークに出向き、求職申込をする必要がある。基本手当を受給する最も肝心な要件は、申請者が「失業の状態」にあることである。すなわち、就職しようとする積極的な意思を持って求職活動を行っており、いつでも就職できる能力があるにもかかわらず、仕事に就くことができない状態にあることが要件となる(5)。失業していても、被保険者期間がない（あるいは足りない）者は受給することができない。たとえば、学卒無業者は、求職活動を行っていても、被保険者期間がないため受給できない。

受給のために満たすべき被保険者期間は、離職理由によって異なっている。倒産・解雇等によって離職を余儀なくされた者（特定受給資格者という）や、期間の定めのある労働契約が更新されなかったこと等によって離職した者（特定理由離職者という）の場合には、離職日以前の1年間に被保険者期間が通算して6カ月以上あることが要件となる。それ以外の理由によって離職した場合は、離職日以前の2年間に被保険者期間が通算して12カ月以上あることが要件となる。

基本手当の額は、離職した日の直前の6カ月に（賞与等は除いて）毎月決まって支払われていた賃金の平均の50～80％となっており、離職前の賃金が低いほど高い率が適用される（上限額と下限額がある）。離職前の給与（保険料等控除前）が平均して月額15万円程度の場合は支給月額はおおむね11

図2−2　雇用保険（基本手当）受給の可否

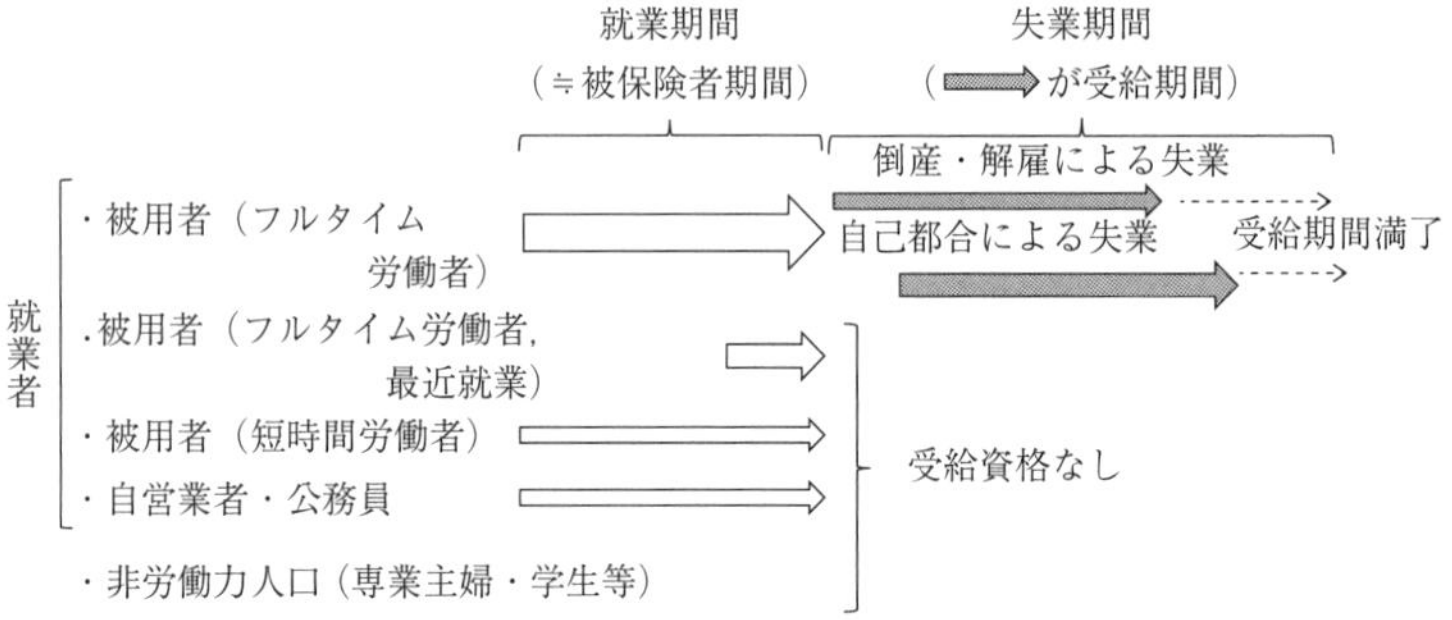

万円程度、離職前給与が月額20万円程度の場合は支給月額は13万円程度、離職前給与が月額30万円程度の場合は支給月額は16万円程度となる（いずれも60歳未満の場合）。

基本手当の所定給付日数（最大給付日数）は、離職理由や被保険者期間、また年齢によっても異なり、90日〜360日の間で決定される。基本的に、求職準備をする余裕がないと考えられる倒産・解雇等による失業の場合のほうが、給付期間が長くなるように設計されている。

また、被保険者期間が長いほど給付期間が長くなっている。倒産・解雇等による失業の場合は、年齢が高いほど給付期間が長い[6]。基本手当の給付は、原則として、受給資格決定日から7日間の待期期間を経て開始されるが、自己都合により退職した場合や自己の責めに帰すべき重大な理由によって解雇された場合は、待期期間終了後、給付開始までさらに3カ月間待つ必要がある（給付制限）。時期によっても異なり得るが、2015年度では、受給者のおよそ7割が自己都合による失業者（特定受給資格者以外の資格者）となっている。また、受給者のうちおよそ4割の者が受給期間中に再就職先を見つけているとされる[7]。

受給の可否をまとめたものが図２−２である。

なお、日本の雇用保険の給付額は給付期間を通して一定であり、一部の国に見られるように受給中に給付額が漸減していくといったことはない。ただし、早期に再就職した場合には就職促進給付というかたちで一時金が支払われるため、実質的には受給期間によって給付額が変わる仕組みになっていると言えなくもない。

(3)　雇用保険制度の変遷

後の議論にも関連するので、給付の変遷についても、主に適用範囲（カバレッジ）の観点から見ておくことにする。現在の雇用保険法の前身である失業保険法が成立・施行されたのは、戦後の１９４７年のことである。制定当時の失業保険は、６カ月以上の被保険者期間を受給要件とし、給付日数は一律１８０日という、今よりも簡素な設計となっていた。

１９７５年4月より名称が「雇用保険法」に改められ従前の賃金が低い者ほど高率の代替率とし、年齢の高い者ほど給付日数が長く設定された。その頃、政策担当者の一つの懸念として、女性の結婚退職時における「退職金的受給」が相当の割合を占めていることがあった[8]。

そこで１９８４年の改正では、自己都合退職による給付制限期間が、それまでの1カ月から3カ月へと改められた。同改正では、年齢によるちがいに加えて、受給可能期間が被保険者期間にも依存するようになった。

１９８９年の改正では、パートタイム労働者への適用を念頭に、一般労働者の所定労働時間の４分の3未満かつ2分の1以上の労働者を、短時間労働被保険者として適用拡大した。

2001年には、倒産・解雇等による離職者（特定受給資格者）とそれ以外の離職を分けて、給付日数を別々に設定した。

2007年には、短時間労働被保険者という概念はなくなり、所定労働時間が一般労働者の2分の1以上であれば、1年以上雇用が見込まれることをもって雇用保険が適用されるようになった。同時に、受給要件の被保険者期間が、それまでの6カ月から12カ月（＝1年）となった。ただし、特定受給資格者については6カ月のままである。

2009年には、特定受給資格者でなくても非正規労働者が雇い止めなどによって離職を余儀なくされた場合には、特定受給資格者と同様に扱い、被保険者期間が6カ月以上あれば受給できるようになった（特定理由離職者）。同時に、適用基準として、雇用が見込まれる期間を1年以上としていたのを「6カ月以上」に改めた。これは、2010年にさらに「31日以上」へと改正された。

同じく2009年には、雇い止め等による特定理由離職者も特定受給資格者と同様に扱われることになった。その背景には、リーマン・ショックの発生を契機に、非正規雇用ほど解雇されやすいとの認識が広がり、それらの者へのセーフティーネットの充実が要請されたことがあった。

このように雇用保険は、初期には、濫給を防ぐために受給要件を厳しくする改正を行った一方で、いわゆる「非正規雇用」に対して早くから適用拡大を行ってきたと言える。(9)

なお、65歳以上の被保険者が失業した場合には上記の給付日数とは異なり、被保険者であった期間に応じて30日分（被保険者期間が1年未満の場合）もしくは50日分（被保険者期間が1年以上の場合）の基本手当が支給される（高年齢求職者給付金）。この給付は、65歳以前から雇用されていた被保険者が65歳に達した日以降の日に離職した場合のみに支給されるものだったが、高齢者就業の進展に併せ、２０１７年1月より65歳以上の者についても一般被保険者として適用されるようになったことで、65歳以降に就いた仕事から離職した場合にも受給できるようになった[10]。

(4) 求職者給付以外の給付[11]

求職者給付以外の失業等給付には、就職促進給付や教育訓練給付、また雇用継続給付といったものがある。就職促進給付には、所定給付日数のうち一定の期間を残して就職した場合に給付される再就職手当や就業手当が含まれる。また、教育訓練給付は、一定の被保険者期間を満たした被保険者を対象に、厚生労働大臣の指定する講座を受講した場合に一定の給付を行うものであり、一般教育訓練給付金や専門実践教育訓練給付金がある。

雇用継続給付には、高年齢雇用継続給付と育児休業給付、介護休業給付が含まれる。高年齢雇用継続給付は、雇用保険の被保険者であった期間が5年以上ある60歳以上65歳未満の一般被保険者が、60歳以降の賃金が60歳時点に比べて、75％未満に低下した場合に支給される。

また、育児休業給付は、被保険者が1歳（または保育所に入れない等の場合は2歳）未満の子を養育するために育児休業を取得した場合に、一定の被保険者期間等を条件に、休業開始前賃金の67％（育児休業の開始から6カ月経過後は50％）に相当する額を支給されるものである。育児休業給付は非課税となっており、また、育児休業期間中は社会保険料が免除されることから、休業前の税・社会保険料支払い後の賃金と比較した実質的な給付率は8割程度となる。

一方、介護休業給付は家族を介護するための休業をした被保険者を対象に、一定の被保険者期間等を条件に、支給対象となる同じ家族について93日を限度に3回までに限り、休業開始前賃金の67％に相当する額が支給されるものである。従来、就業を希望しながら働いていなかった人々は、なんらかの制約条件があったために働くことができなかったはずである。それらの制約を緩和する手段として、教育訓練給付や雇用継続給付は、政策の中でその役割を期待されていくことになる。

雇用保険制度には、失業等給付以外の附帯事業として、雇用調整助成金等の事業主への雇用助成を行う雇用安定事業と、職業訓練とその助成を行う能力開発事業がある（「二事業」と通称されている）。これらの二事業と失業等給付とは、雇用保険制度の目的上、補完もしくは代替し合っており、雇用保険をめぐる政策を議論するには、本来ならばこれらの二事業の果たしている機能についても一体的に考察しなければならない。しかし、紙幅の都合もあり、ここでは立ち入った議論は行わない[12]。

【コラム】雇用保険料と雇用保険財政

雇用保険料は、給与総額に雇用保険料率を掛けて算出される。失業等給付に関わる雇用保険料は事業主と労働者によって折半されているが、それ以外の二事業については事業主のみの負担となっている。保険料率はごく一部の産業[13]で異なる料率が適用されるが、基本的には業種にかかわらず、一律の保険料率となっている。現下の雇用保険料率は、２０１５年度時点で積立金残高が6兆円を超えていることもあり、過去最低の0・9%となっている。[14]なお、日本の雇用保険制度においては、離職の実績に応じて事業主ごとに異なる保険料率が適用されるメリット制は採られていない。

当然のことだが、雇用保険の積立金残高[15]と受給者数の推移は、基本的に対照的な動きをしている。[16]これは景気が悪化した際の給付増のために、好景気時に蓄えているともみることができる。したがって、ある一時点の雇用保険財政の収支のみをもとに、望ましい保険料の水準を議論することは本来は適切ではない。

また、給付に占める国庫負担の割合は長らく13・75%だったが、上述のように積立金が潤沢なこともあり、財政支出抑制のため2017年度より3年間に限り2・5%となっている。

失業等給付の支給額の内訳を、1995年度と2015年度について比べてみた(図2－3)。1995年の年平均失業率は3・2%、一方、2015年の年平均失業率は3・4%であり、両年の労働市場の需給状況は似通っている。1995年度の支給総額は約1兆9000億円、2015年度の支給総額は約1兆5000億円である。両年とも一般求職者給付が最大を占めているのは当然だとしても、近年では、それに次いで育児休業給付や高年齢雇用継続給付が大きな割合を占めるようになっていることが見て取れる。両年に制度上のちがいはあるものの、いまや育児休業給付といった景気循環とはあまり連関しないと思われる給付が雇用保険給付の一翼を担うようになっているという事実は、今後の雇用保険財政の動向を占ううえで無視できないだろう。

図２－３　失業等給付の支給額の内訳

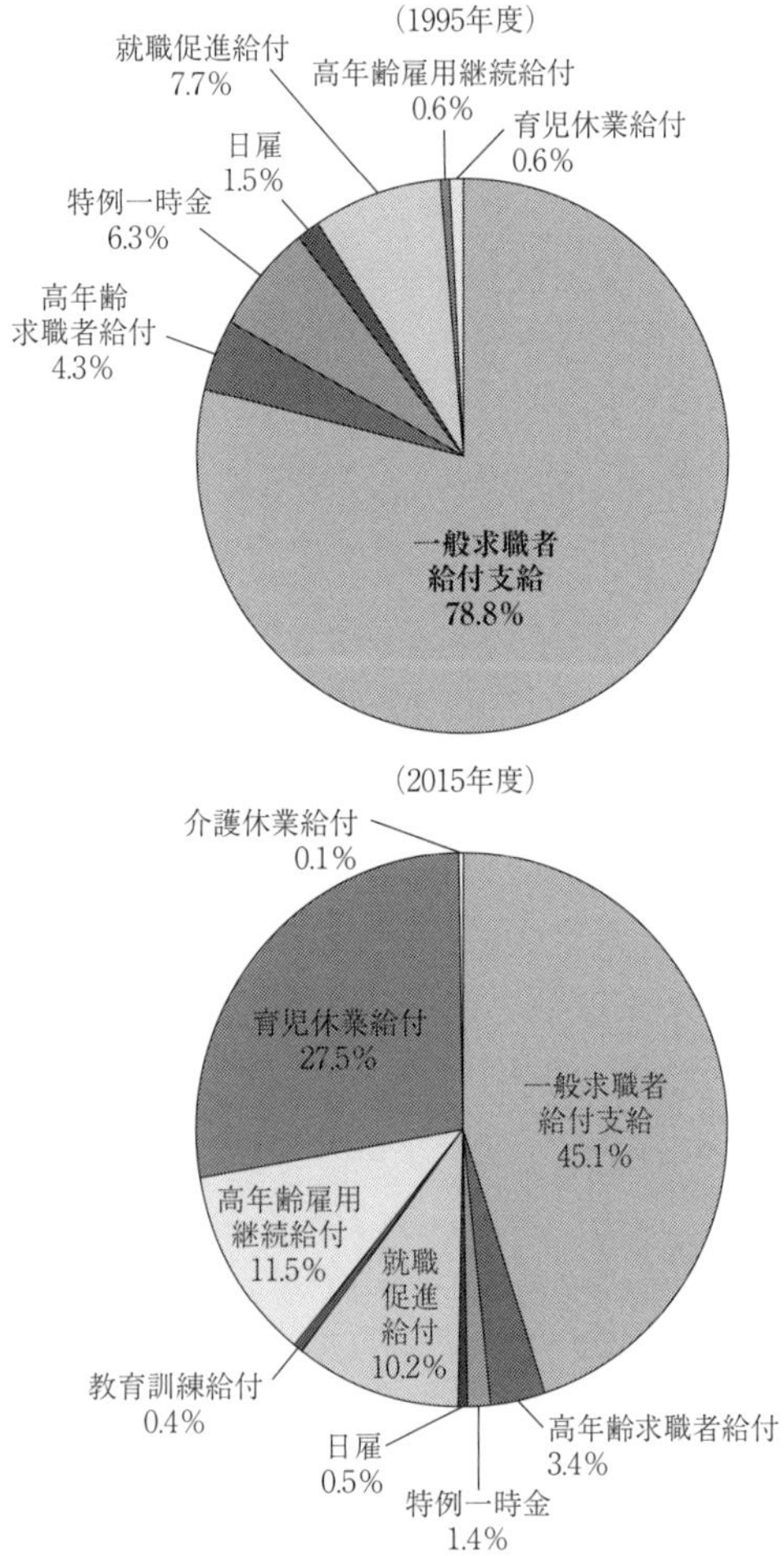

注：日雇以外は業務統計値。
出所：厚生労働省「雇用保険事業年報」

3　失業者は雇用保険によって救済されているか

(1)　長期的に低下傾向にある受給者の割合

それでは、失業保険は失業者を救済できているのだろうか。図２－４には、雇用者（被用者）に占める雇用保険の被保険者の割合が示されているが、非正規雇用割合が一貫して上昇してきた中で、被用者に占める被保険者の割合は一定の水準を保ってきたことが見て取れる。これは、前述したように、雇用保険制度が比較的早い時期から短時間労働者や雇用契約期間の短い者を被保険者として取り込んできたからにほかならない。それにもかかわらず、同図に示された失業者に占める基本手当の受給者割合（以下、受給者割合と言う）は低下してきている。[17] １９８０年代前半に60％近くあった受給者割合は、その後、一貫して低下傾向にあり、現在では３割を切っている。

なぜ日本の雇用保険の受給者の割合は長期的に低下してきたのだろうか。その理由によって、取るべき政策対応は異なってこよう。

失業状態にあるにもかかわらず雇用保険を受給していないケースには、原理的には大きく分けて①雇用保険の受給資格がない場合、②雇用保険を受給していたが給付期間が終了してしまっている場合（もしくは、給付制限期間にある場合）、③その他の理由から申請自体をしていない場合、の三つがあると考えられる。

①の受給資格がない場合については、さらに細かいケースに分けることができる。たとえば、失業前に被保険者でなければ雇用保険は受給できないし、被保険者であっても一定の被保険者期間を満たしていなければ、やはり受給することはできない。学卒無業者は、そもそも被保険者でなかったケースに当たる。したがって、働いてはいても被保険者でない者や被保険者であっても受給資格期間を満たさないような者が増えれば、受給者割合は低下することになる。また、長期失業者が増え、給付を切らしてしまう者が増えても受給者割合は低下することになる。もちろん制度変更によって、受給要

図２－４　雇用保険の被保険者割合と受給者割合の推移

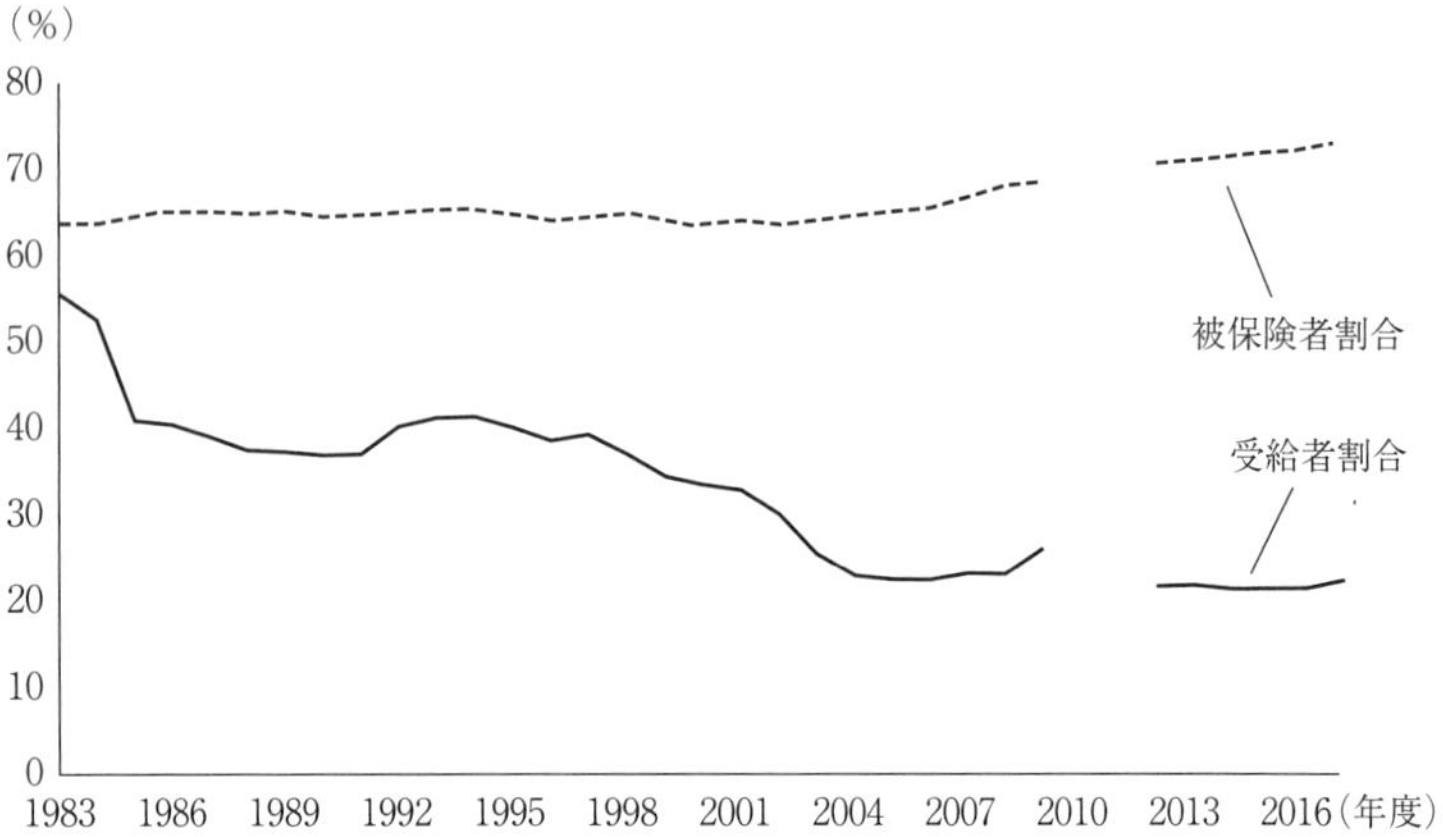

注：受給者割合＝基本手当受給者実人員／失業者数（15-64歳）、被保険者割合＝被保険者数／雇用者数（年齢計）。東日本大震災の影響で2010年度及び2011年度の「労働力調査」の値が変則的なため、両年度については除いた。

出所：厚生労働省「雇用保険事業年報」、総務省「労働力調査」「労働力調査 特別調査」「労働力調査詳細集計」

件が厳しくなっても受給者割合は低下する。

筆者は、時系列データに基づいて、この受給者割合の低下がどのような要因によってもたらされていたかを検証した(18)。具体的には、受給者割合の推移が、長期失業者割合や離職失業者割合等のうちどの要因によって説明されるかを調べた。その結果、受給者割合の低下は主に、自己都合離職の給付制限期間を1カ月から3カ月に延ばした１９８４年の制度変更のほか、非正規雇用の増加と長期失業者の増加によってもたらされていたことを明らかにした。また、２０００年代の都道府県別のデータに依拠して同様の分析を行った場合も、受給者割合の低下が非正規雇用の増加と長期失業者の増加によってもたらされていたことを確認したが、

表２－１　離職者の雇用保険受給割合

		離職時の雇用保険受給	（参考）倒産・人員整理・契約満了
前職	正規雇用	19.3%	0.7%
	正規雇用以外	8.3%	2.0%

出所：「消費生活に関するパネル調査」（家計経済研究所）

特に前者の影響が大きかったことが示唆された[19]。

非正規雇用の割合が上がることで、失業時に雇用保険の受給資格がない者が増えている可能性がある。被保険者割合が決して低下していないという先の事実と考え合わせて述べるならば、雇用保険の被保険者ではあるが、受給要件を満たしていないために失業時に受給できない者が増えているということだ。

だが本当に、非正規雇用者は、失業した際に雇用保険を受給するのが難しいのだろうか。公益財団法人家計経済研究所の実施した「消費生活に関するパネル調査」によって、（女性が）失業した際に雇用保険を受給したかどうかを確認することができる（表２－１）。

これを見ると、失業時に雇用保険を受給した者の割合は、前職が正規雇用であるほうが有意に高い。非正規雇用は失業する確率自体が高いことに加え、失業しても雇用保険を受給することが難しい実態が明らかになった。雇用の不安定な者はセーフティーネットも脆弱であるということが、適用拡大を進めてきた雇用保険においてすら当てはまるのである。適用拡大をしただけでは、セーフティーネットは機能しない。

(2) 「第二のセーフティーネット」としての求職者支援制度

それでは、雇用保険から漏れ落ちた者をどのように包摂すればよいのだろうか。一つの方向性としては、(所定の被保険者期間等の)受給要件をさらに緩和するというやり方があり得よう。ただし、その場合、拠出と給付が何らかのかたちでリンクする形式を維持する限り、結局のところ貧弱な給付しか行えない可能性もある。

そこでもう一つの方向性として、拠出に関係なく給付を行うということがある。しかし、拠出とのリンクを断てばより福祉に近いものとならざるを得ず、そこにはモラルハザード対策等、福祉特有の課題への対策が求められることになる。

前身の基金訓練を引き継ぐかたちで、2011年10月より、雇用保険に加入できなかった者、雇用保険を受給中に再就職できないまま支給終了した者、雇用保険の加入期間が足りずに雇用保険を受けられない者、学卒未就職者の者等を対象として、求職者支援制度が開始された。[20] これは①「求職者支援訓練」または「公共職業訓練」を(無料で)受講し、②訓練期間中および訓練終了後もハローワークによる積極的な就職支援が行われるものである。

さらに③収入、資産などの一定要件を満たす者には、訓練期間中、月額10万円の「職業訓練受講給付金」が支給される(雇用保険の附帯事業)。端的には、従来の雇用保険から漏れ落ちていた者を対象に、訓練への参加を条件に金銭給付と就職支援を行う制度と言える。

ただ、職業訓練がどんな失業者にも適しているとは限らず、有効な解決策とならない場合もある。就職支援としての職業訓練が重要であるとしても、リーマン・ショック時のように労働需要が圧倒的に不足している時にあって、求職者支援制度が「第二のセーフティーネット」として機能するかどうかについては慎重な評価が求められよう。

近年、職業訓練等の受講を条件とした就労支援を「ワークフェア」と言うのに対して、より無条件に近いかたちでの就労支援を「アクティベーション」と言うことが多い。その区分に従えば、求職者支援制度は「ワークフェア」に分類されることになる。大不況時には、職業訓練よりも、雇用調整助成金のような労働需要側を支援する対策のほうが即効性があるかもしれない。その意味で、セーフティーネットとしての雇用保険制度における各種給付と各種事業は、その「使い分け」こそが重要であり、一体的に評価されるべきものである。

ところで、雇用保険のセーフティーネットとしての機能を高めていくうえで、「モラルハザード」への対策が必要になる可能性があると述べたが、本当に雇用保険における「モラルハザード」は深刻なのだろうか。実は、経済学者による失業保険の研究の歴史は「モラルハザード」に関する研究の歴史であると言っても過言でないほど、数多くの研究が蓄積されてきた。

(3) 失業保険がもたらす「モラルハザード」——失業からの退出に与える影響

失業保険をめぐる実証研究として内外を問わず最も盛んに行われてきたのは、失業保険が失業からの退出行動（outflow）に与える影響に関する分析である。すなわち、失業保険が給付水準や給付期間において手厚いほど失業期間が長くなるとする仮説を検証する一連の研究群である。

長期間の失業給付は、職探しのインセンティブを抑制することで失業期間を長くするが、同時に失業期間が長期化することで技能の陳腐化が起き、そのことがさらに再就職確率を低下させる可能性がある。また、失業給付額が高い場合も、所得効果を通じて、失業期間を延ばす可能性がある。つまり、

失業給付をもらうために無駄に長く職探しをするという「モラルハザード」が引き起こされているかもしれないのである。(21)

実際に、失業保険の給付水準が高いと失業から脱け出す確率が下がり、また失業給付期間が終わる直前に失業から脱け出す確率が高まるといった事実が、国や推計手法を換えて、近年に至るまで繰り返し確認されている。(22)(23) さらには、生活時間調査に基づいて、失業保険受給者の1日の求職活動時間が、受給できなかった者よりも短く、給付期間の満了時期近くになって増えることを確認したものもある。(24)

図2－5は、それらの研究の典型的な例を示したものである。失業からの退出確率は、所定給付日数が12カ月に定められていた際には12カ月付近にピークがあるが、所定給付日数が6カ月に改められると、それに合わせて退出確率のピークも6カ月付近に移動することが見て取れる。

この事実から単純に予測され得るのは、失業給付の所定給付日数が短ければ短いほど、人々の失業期間も短くなるのではないかということだ。逆に言えば、失業給付こそが人々の失業期間を長くしている元凶であり、失業給付など要らないということになる。

このように先行研究は、失業給付の手厚さと失業期間の間におおむね正の関係を見出している。(25) だが、それは本当に「モラルハザード」なのだろうか。

多くの研究によって確認されてきたこれらの「定型化された事実」をめぐって、比較的近年に「モラルハザード」とは別の解釈が提示された。一つは、失業給付水準（もしくは給付期間）と失業期間との間に見られる正の相関を「モラルハザード」とはみなさず、流動性制約による影響と考えるものである。すなわち、人々は失業給付を受給するために不必要な職探しをしているわけではなく、生活

図２－５　失業保険の所定給付日数と失業からの退出確率
（スロベニアの例）

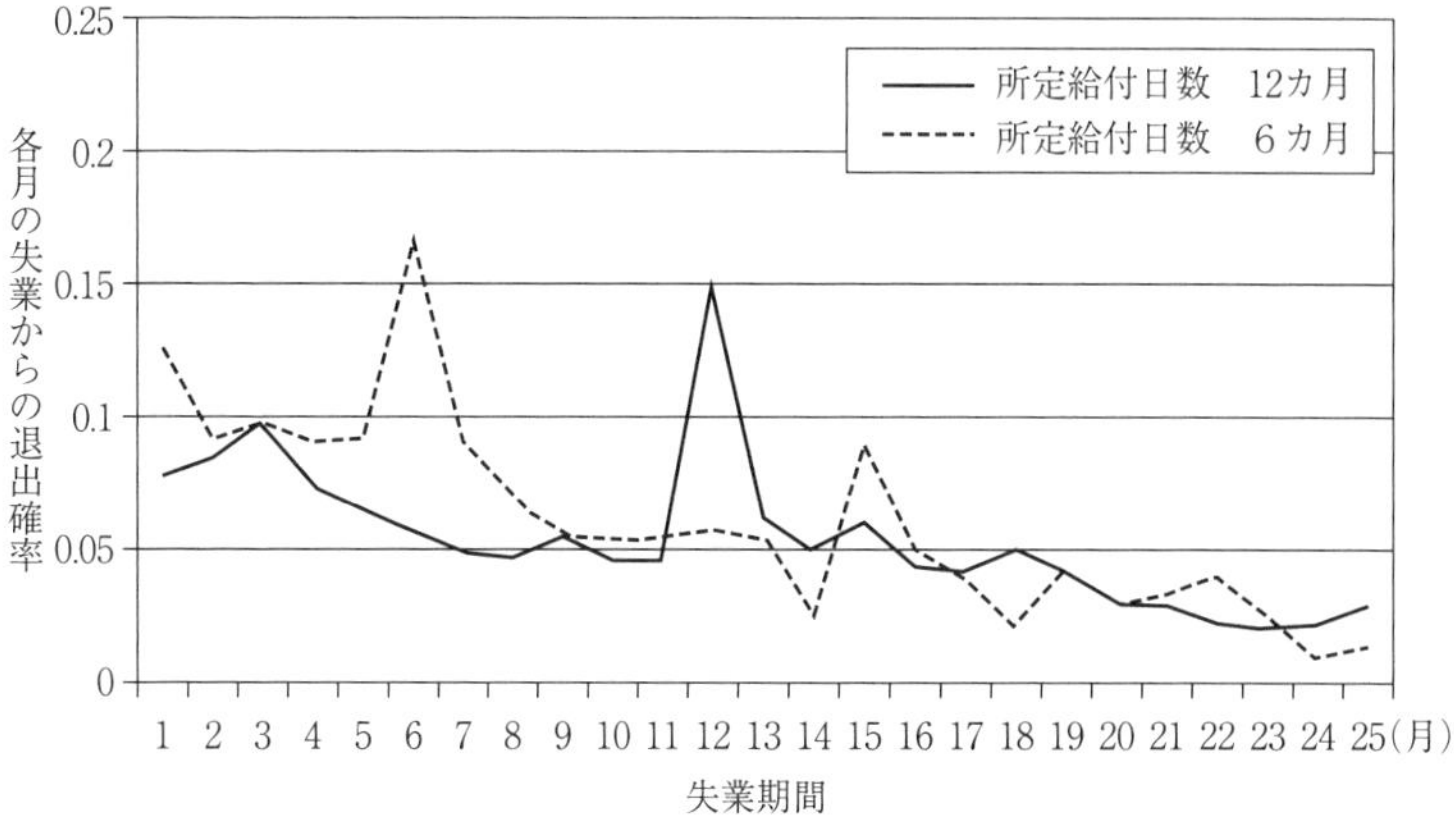

出所：van Ours and Vodopivec (2006) Figure 2

を賄うだけのお金が手元にないために所定給付日数に対応した期間しか求職活動ができないというのである。実際に、米国の研究では、資産の少ない家計ほど、給付期間の延長が失業の長期化に結びつきやすいことが見出されており、失業給付によって失業期間が延びる影響のうち60％が流動性制約によるものであるされている[26]。

もう一つの解釈は、「失業期間」の定義に関わるものである。既存研究で「失業期間」とされていたものは、「届け出られた失業」の期間であり、必ずしも「再就職までの期間」という意味での失業期間を示すものではないというのである。既存研究を再検討した研究では、「届け出られた失業」については、給付期間の終了間際に離脱する確率が高まるのは事実だが、再就職確率については、終了間際に必ずしも高まっていないことが示されている[27]。このように見れば、これまでの多くの研究は失業給付に付随する「モラルハザード」を、過大に見積もってきた可能性がある。

このように、手厚い失業給付の存在が「失業」からの退出を遅らせている可能性については単純に「モラルハザード」とみなせない側面もあり、慎重な解釈が必要だ。とはいえ、一定数の研究は、再就職確率であっても給付期間の終了間際に高まることを見出しているなど、手厚い失業給付と失業期間との間に見られるとされてきた関係が崩れ去ったわけでもない。

4 失業給付は何の役に立っているのか

失業給付が手厚いと失業期間が長くなってしまうというのであれば、そもそも失業給付は何の役に立っているのだろうか。雇用保険の目的には所得保障という役割が第一に掲げられていることを思い出そう。経済学的に言えば、失業保険があることで消費が平準化され得るということになる。実際に、失業保険の給付水準（所得代替率）が高いほど消費の落ち込みが少ないことが確かめられている。[28]
同時に、この所得保障が必要なのは職探しのためでもあった。それは、失業給付があることで人々はみずからの労働力を売り急ぐことなく、自分に合った仕事を見つけることができるという意味だ。逆に、失業給付がなければ、人々は自分に合う仕事を十分な時間とコストをかけて探すことができない。その結果として、失業者が再就職したとしても、その仕事の賃金は低かったり、（その労働者にとっては）キツい仕事だったりするかもしれないのである。
そうだとすれば、失業給付の機能を評価するのにあたって重要になるのは、給付期間が長かったり給付額が手厚かったりすると本当に質の良い仕事に就けているのかという点である。既存の研究は、仕事の質として、主に①再就職後の賃金と、②再就職後の勤続年数（もしくは離職率）を考え、それらが失業給付の期間や手厚さに影響を受けるのかどうかを検証してきた。このうち①の再就職後の賃金については、失業給付が影響を与え得る経路として、ⅰ失業保険が留保賃金（それ以下の額では就業をしない賃金）を引き上げた結果、賃金の高い仕事のみを選ぶようになるという効果と、ⅱ失業給付があることで仕事とのマッチングの質を高めることができ（すなわち自分に合った仕事を見つけることができ）、賃金が高まるという効果の二通りの可能性が考えられる。

しかし、海外で行われた実証研究の結果はまちまちであり、手厚い失業給付が再就職後の賃金や勤続年数にプラスの影響を与えたかどうかは明確でない[29]。いや、手厚い失業給付は再就職後の賃金や離職率にプラスの影響を与えていないとする研究のほうが多いほどである。限られた数ではあるが、日本における実証研究でも、失業給付の受給が再就職後の賃金や勤続年数にプラスに影響することを見出しているものはない[30]。

「失業者の生活を支える」ということと「失業者の就職を促す」ということの雇用保険の二つの目的は、手厚い失業給付によって自分に適した仕事を見つけることができるようになる半面、就職意欲が阻害される可能性もあるという意味でジレンマに晒されているとする見方がある。しかし、右のような実証結果を見る限りは、ジレンマですらないのである。失業給付の受給可能期間に応じて失業期間自体が変わるという事実がモラルハザードとは言えないとしても、長い受給可能期間が「良い仕事」への就職をもたらしていないという事実は重い。

ただし、平均的に見れば失業保険の受給が仕事とのマッチングを向上させていないように見えたとしても、個別には失業給付が効果を持つ場合もある。[31] 先にも触れたように、流動性制約に直面している個人に限ってみれば、失業保険が受給できることで十分な求職期間を取ることができ、再就職後の仕事の質を向上させることにもつながるかもしれない。

5 失業保険がもたらすその他の「モラルハザード」

雇用保険が「失業からの退出」へもたらす影響を見たが、受給要件の緩和をめぐって注意すべき「モラルハザード」は、むしろ「失業への流入（inflow）」に関するものかもしれない。失業給付が手厚ければ、失業期間が延びるだけではなく、人々が離職自体を安易にする可能性がある。

たとえば、米国とカナダの国境で隣接する州であるメイン州（米）とニューブランズウィック州（加）を経時的に比較した研究では、失業保険給付の手厚かったカナダの州では、（隣の米国の州に比べて）年間を通じて就業しない男性労働者（part-year workers）の割合が高かったことが報告されている。[32] また、失業保険の受給には（離職前の）一定の雇用期間が必要となるが、受給に必要となる期間を満たした直後に離職率が上がるとするカナダにおける研究もある。[33] 雇用保険の受給要件を緩和すれば、離職を早めるといった影響が出てくる可能性が予想される。[34]

雇用保険の存在は、人々の自助努力にも影響を与え得る。雇用保険がなければ、たとえそれがファイナンスの手段として非効率であったとしても、人々はみずから何らかのかたちで失業時に備えることになるだろう。逆に言えば、雇用保険があることでこの「個人による備え」が減る可能性がある。そのような「個人による備え」の典型的なものとしては、預貯金があろう。失業給付の水準が低下すると、保有する金融資産が増えるとする報告がある[35]。

また、雇用保険がなければ、失業時には他の世帯員が労働時間を長くするなどによって乗り切ることも考えられる。これを追加的労働力効果（added worker effect）というが、米国では夫の失業給付の受給額が１ドル増えると、妻の稼得収入は約70セント減るとする研究もある[36]。

また、各自の備えではないが、他の社会保障給付との代替的な受給の可能性もある。たとえば、障害保険（disability insurance）と失業保険はしばしば代替的に利用されることが指摘されている[37]。このような状況で、一つの社会保障給付の受給要件が厳格化されるなどのことがあれば、それは他の社会保障の受給を増やすことになるかもしれない。このように、失業給付が「個人による備え」や他の公的給付を押し退ける（crowd out）可能性については、失業保険の給付水準や要件を変更する際にもっと意識されてよいだろう。

6　雇用保険が抱える課題

雇用保険が失業時の所得保障として重要な役割を果たすことは言を俟《ま》たないだろう。しかし、本章で見てきたように、雇用保険は他に先駆けて非正規雇用への適用拡大を進めてきたにもかかわらず、失業時に雇用保険を受給する者の割合は決して高くはなく、セーフティーネットとして十分に機能しているとは言えない。適用範囲が拡げられても必ずしも雇用保険の受給につながっていない実態を前に、解決策としてすぐに思い浮かぶのは、（広い意味での）受給要件の緩和であり、それは端的に言えば、拠出と給付の関係を弱めることにほかならない。

受給要件の緩和が間違いなく必要であるとしても、前節で見たように、雇用保険をめぐってはさまざまな「モラルハザード」が確認されていることも事実である。そのような「副作用」が散見されるのであれば、受給要件を緩和する際にはエビデンスに基づいた慎重な設計が求められる。従来の雇用保険から漏れ落ちる人々を救済する手段として導入された求職者支援制度も、「モラルハザード」には厳しく対処している。

とはいえ、もとより求職者支援制度は教育訓練制度であり、普遍的な意味での「第二のセーフティーネット」を企図したものではないと考えられる。求職者支援制度にさらなる役割を期待することは必ずしも妥当ではない。

「モラルハザード」があったとしても、それを相殺するような便益が雇用保険にあればよいが、内外の実証研究の多くは、失業給付の受給の有無は再就職後の仕事の質とは関係がないとしている。今後、雇用保険制度を改めていく際には、まずもって失業給付がもたらす便益と費用についての正確な計測が求められることになる。そのうえで、そのような便益と費用の双方に目を配った調整が肝要になるだろう。現行の制度における「モラルハザード」を防ぐ仕組み（罰則やインセンティブ）についての評価も重要だ。たとえば、就職促進給付の効果について一度、丁寧に評価してみることは必要かもしれない。

また、他の公的な給付との関係や家族機能との関係にも注意が必要となる。社会保障財政の逼迫を背景に多くの社会保険給付が抑制される傾向にある中で、他の社会保険給付の抑制が雇用保険受給のインセンティブを高めるといったことが生じるかもしれない。このような、受給における「代替」の可能性についてはもっと配慮されてよい。

また、単身者が増え、家族機能が低下してきているということは、失業時のインフォーマルな保険機能が低下しているということでもある。その意味では、失業時の公的なセーフティーネットの役割がますます重要になっていると言えなくもない。もちろん、雇用保険自体がインフォーマルな保険機能を弱めてきた側面があったとしても。

主に適用と受給要件という観点から雇用保険のあり方を見てきたが、雇用の流動化が進む中で、雇用保険料の事業主負担の不公平を指摘する声も（経済学者を中心として）ある。もし一部の事業主から多くの離職者が発生しているにもかかわらず、離職の実績に関係なく一律の雇用保険料が事業主に課せられるならば、それは離職者の少ない企業が離職者の多い企業の雇用保険給付を賄っているとも考えられるからである。

そこで、（米国の失業保険のように）事業主負担分の保険料を離職実績に応じたメリット制にすることが提案されることがある。こうすることで、事業所間の公平性が保たれ、企業にとっては離職を抑制するインセンティブともなり得るというのである。

しかし、雇用保険においてメリット制を採用することに懸念もないわけではない。もし離職率が高いほど保険料が高くなるような仕組みを採用すれば、一般に離職率が高いとされる女性や若者の採用を躊躇する事業主が出てくる可能性もあるからである。[38]

現役世代にとっての代表的なセーフティーネットである雇用保険は、近年、細かな改正を重ねてきた。しかし、良好な雇用環境によって煙幕が張られてしまっているが、現状は雇用者に「安心」を提供できるものには程遠い。特に、非正規雇用のセーフティーネットとしてはいまだ脆弱であると言えるだろう。

第2章【注】

(1) 「雇用保険法コンメンタール」。

(2) 失業時の所得保障としては福祉としての「失業扶助」もあるが、日本では厳密に失業扶助に当たるものはないこともあり、本章では主に失業保険を念頭に話を進める。

(3) 日本では雇用保険と労災保険を併せて労働保険とするが、これは広義の社会保険に含まれる。

(4) 失業保険をめぐる一連のインセンティブの歪みを「モラルハザード」と呼ぶべきかどうかについては、後にも述べるように議論の余地があるが、本書では便宜的に(鍵括弧付きで)「モラルハザード」と総称することにする。

(5) ここでいう求職活動には、具体的には、求人への応募、ハローワーク(もしくは認可された民間機関)が行う職業相談・職業紹介、公的機関等が行う各種講習・セミナー、個別相談ができる企業説明会等の受講などが該当し、単に職業紹介機関へ登録したり、ハローワークやインターネット等で求人情報閲覧したりしただけでは求職活動の実績とはみなされない。受給を継続するには、4週間に1度、ハローワークに出向き、失業と認定される必要がある。

(6) 所定給付日数の変遷については、酒井(2012)を参照。

(7) 労働政策研究・研修機構(2017)。

(8) 濱口(2010)。

(9) 雇用保険制度の変遷については、金井（２０１０）や濱口（２０１８）に詳しい。
(10) また、季節的に雇用されている者や日雇い労働者が失業した場合については、一般被保険者とは区別して、受給の要件と給付額・給付日数が定められている（それぞれ、特例一時金と日雇労働求職者給付金という）。
(11) 本節は、雇用保険が直面する課題を考えるにあたり、その全体像を掴む目的から記述しているが、読み飛ばしても構わない。
(12) 二事業を併せて３９００億円程度の支出である（２０１５年度）。これらの二事業に関する経済学的な見地からの分析事例は決して多くはないが、雇用安定事業については、中馬ほか（２００２）や神林（２０１２）があり、能力開発事業については黒澤・佛石（２０１２）がある。
(13) 農林水産業・清酒製造業及び建設業。
(14) ２０１７年3月の法改正により原則の保険料率を1・2%から1・0%に引き下げたうえで、弾力条項を適用した料率。なお、雇用保険財源の動向については藤井（２０１４）などが参考になる。
(15) この積立金には、その他の二事業は含まれない。
(16) 厚生労働省 職業安定分科会雇用保険部会（第１１８回）資料。
(17) ただし、この受給者割合を算出するにあたって、分子（「雇用保険事業年報」）と分母（「労働力調査」）の出所が異なっている点には注意が必要である。
(18) 酒井（２０１２）。
(19) 酒井（２０１３）。これらの分析では、前述の③のケース（受給資格があるにもかかわらず申請をしていない場合）については明示的に検証していない。だが、実際には、受給資格を有しながら申請を行っていないケースも存在すると見られる。それらについては、先延ばし行動等の行動経済学的な観点からの解釈が有効であるとされる（大竹［２０１９］）。また、これらの研究においては、２００９年と２０１０年の制度改正の効果については明示的に分析されていない。図２‐４を見る限り、受給者割合の長期的な傾向に変化はないように見えるが、この制度変更が受給者割合にもたらした影響については、今後、精緻に検証していく必要がある。なお、２００９年・２０１０年の改正をめぐる関連した研究として戸田（２０１７）がある。
(20) 求職者支援制度導入の経緯については厚生労働省（２０１２）第2章が、その評価については金井（２０１５）や玄田（２

０１５）等が参考になる。

（21）単純な静学的労働供給モデルは、失業給付の存在は労働供給を減らすことにはなるが、その限りでは失業期間の延伸を予測せず、サーチ理論の枠組みが必要となる。Boeri and van Ours（２０１３）の Chapter 11 を参照のこと。

（22）紙幅の都合上、ここではそれらをすべて紹介することはしないが、Tatsiramos and van Ours (2014) に詳しい。そこに掲載されたもの以外としては、Jurajda and Tannery (2003) や Farber and Valletta (2015) などがある。

（23）個々人の失業保険の受給可能期間と彼らの実際の失業期間との間に正の相関が観察されたとしても、それをもって失業給付の存在が失業を長引かせているとは必ずしも結論できない。たとえば、失業時に仕事が見つかりにくいと考えられる中高年者ほど給付期間も長く設定されていれば、受給可能期間と実際の失業期間の間に見られる正の関係は必ずしも前者から後者への因果関係を表していないことになる。近年は、因果関係を正確に特定するために、差分の差分法や回帰不連続デザイン等、準実験アプローチに基づく研究が多くなっている。

（24）Krueger and Mueller（2010）。

（25）とはいえ、そのインパクトにはかなり幅がある。また、人々は失業給付水準（賃金代替率）の引き上げよりも給付期間の延長に対してより大きく反応することも指摘されている（Lalive *et al.* [2006]）。また日本でも、給付と失業期間の間に正の関係を見出した小原（２００２）や小原（２００４）の研究があるが、比較的最近の Machikita *et al.* (2013) では、年齢や離職理由、被保険者期間によって所定給付日数が異なることを利用した分析の結果、給付期間が延びることは失業期間の長期化につながらないとしている。

（26）Chetty (2008)。

（27）Card *et al.* (2007a)。

（28）East and Kuka (2015)、Gruber (1997)、Browning and Crossly (2001) など。

（29）Addison and Blackburn (2000)、Centeno (2004)、Card *et al.* (2007b)、Tatsiramos (2009)、Caliendo *et al.* (2013) など。

（30）Kohara *et al.* (2013)、田中（２０１５）。このことは厚生労働省の資料によっても確認できる。職業安定分科会雇用保険部会（第１１８回）の資料には、支給終了後に就職した場合よりも受給期間中に就職した場合のほうが賃金が高いことが示されている。

（31）Tatsiramos and van Ours (2014)。
（32）Kuhn and Riddell (2010)。
（33）Baker and Rea (1998)。
（34）ただし、日本の雇用保険について、雇用見込み期間の短縮が離職を促したかどうか検証した戸田（２０１７）は、その傾向は必ずしも見られなかったとしている。
（35）Engen and Gruber (2001)。
（36）Cullen and Gruber (2000)。
（37）Koning and Lindeboom (2015)、Lindner (2016)。
（38）保険料が労使折半で負担されることを前提とすれば、メリット制を採用すると労働者の保険料まで離職実績に連動してしまうことになり、それを正当化することは現実的には難しいという面もある。

第3章　セーフティーネットとしての両立支援策

保育をめぐる問題が喧《かまびす》しい。保育とは、文字通り、子ども（乳幼児）を保護して育てることを指す。保育を支援する政策が保育政策であり、仕事と育児の両立を図る「両立支援策」の一つということになる。両立支援策には、保育サービスの提供だけでなく、育児休業の付与や短時間勤務等も含まれる。両立支援策は極めて今日的な政策課題であると言える。マクロ的な政策目的の観点のみから仕事と育児の両立の問題を矮小化することは適切ではないかもしれないが、序章でも述べたように、この国で一人あたりが享受できる豊かさを維持するためには、女性の労働参加が欠かせない。一方で、根本的な問題として、中長期的な労働力人口の維持も必要であり、出生数の回復は最重要課題である。したがって「出産・子育て」と「就業」がトレードオフの関係になってしまわないために、両立支援策が重要となるのである。

個人の立場からすれば、公的な保育サービスをはじめとする両立支援策はセーフティーネットである。ひとり親家庭にとってそれが死活問題であることは言うまでもないとしても、両親《おや》家庭においても、もし安価で質の高い保育園に子どもを入れることができなければ、（子どもを保育園に入れることができた世帯との間で）世帯間の所得格差が拡がる可能性がある。このように公的な保育サービスの提供には所得再分配としての側面があるが、保育サービスというセーフティーネットにも働き方のちがいなどによって偏在が見られる。

だが、より問題だと思われるのは、保育サービス、あるいは両立支援策全般の単純な量的拡大が、仕事と育児のトレードオフの解消には結びつきにくい点であり、政策対応の難しさが浮き彫りになっている。

このように、保育サービスや育児休業等の両立支援策は、社会保険によって提供されているわけではないが、受益者が偏っており、その解消が一筋縄ではいかないという意味において、他の社会保険と類似する構造を有したセーフティーネットと考えられるため、本書が扱うテーマとなる。

この章では、女性を中心とした仕事と育児の両立の現状を見たうえで、保育施策が難しい所以を経済学的に検討する。さらに、両立支援策全般についても考察する。特に、結局のところ、何が子育てと仕事の両立にとって有効なのかという観点から、この問題を考えてみたい。

1　仕事と育児の両立の現状

日本の女性が直面している仕事と育児の両立の困難さを端的に示すものとして、長らく用いられてきたのが、いわゆる「M字カーブ」である。M字カーブとは、女性の年齢階層別の就業率をグラフにすると、30代頃に結婚や出産のために仕事を辞める者が多く、結果として就業率が低くなるため、アルファベットのMの字のような形になることを言う。

図３－１　年齢階層別に見た女性の就業率（M字カーブ）

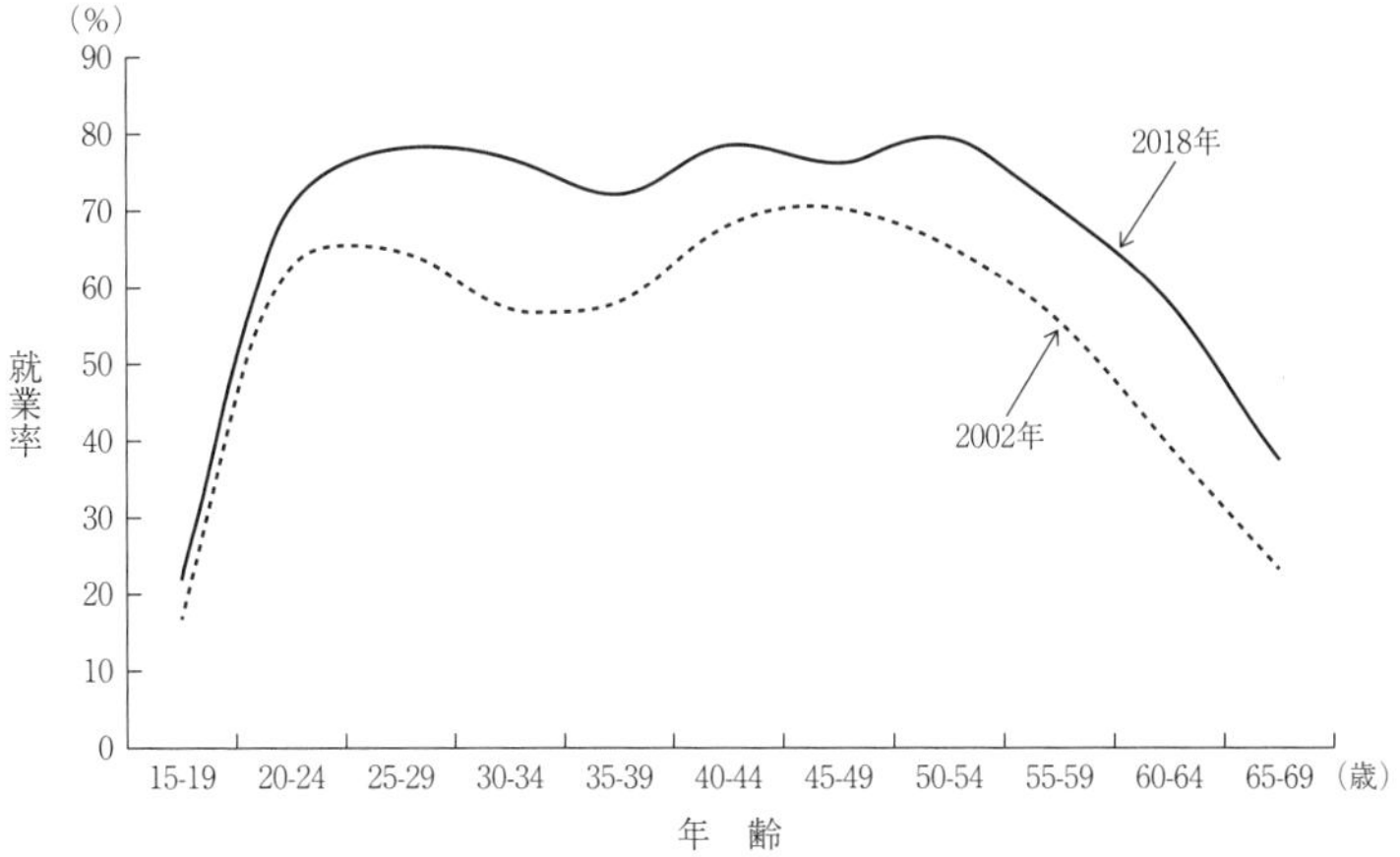

出所：総務省「労働力調査」

図３－１は、２００２年と２０１８年のM字カーブを見たものであるが、最近では30代の就業率が上昇しており、Mの字は消失しつつある。

ところが、この女性の年齢階層別就業率を、単純な就業率から正規就業率（当該年齢階層の人口のうち正規雇用として就業している者の割合）に換えてあらためて眺めてみると、まったく異なった様相が見て取れる（図３－２）。いずれの年も、正規就業率は20代をピークにして、年齢とともに下がる傾向にある。正規就業率も30代以降の年代でたしかに上がってはいるが、就業率で見た時ほどではない。

つまり、30代以降の女性の就業率の上昇は、正規雇用以外での就業によるところが大きいということである。女性は、学校を卒業後、正規雇用として就職するが、結婚や出産を機にその仕事をいったん辞め、パートタイマー等の非正規雇用として再就職する。要は、女性が結婚や出産を機に正規雇用の仕事を辞めることは以前と変わらないが、その後、再就

図3－2　年齢階層別に見た女性の正規就業率

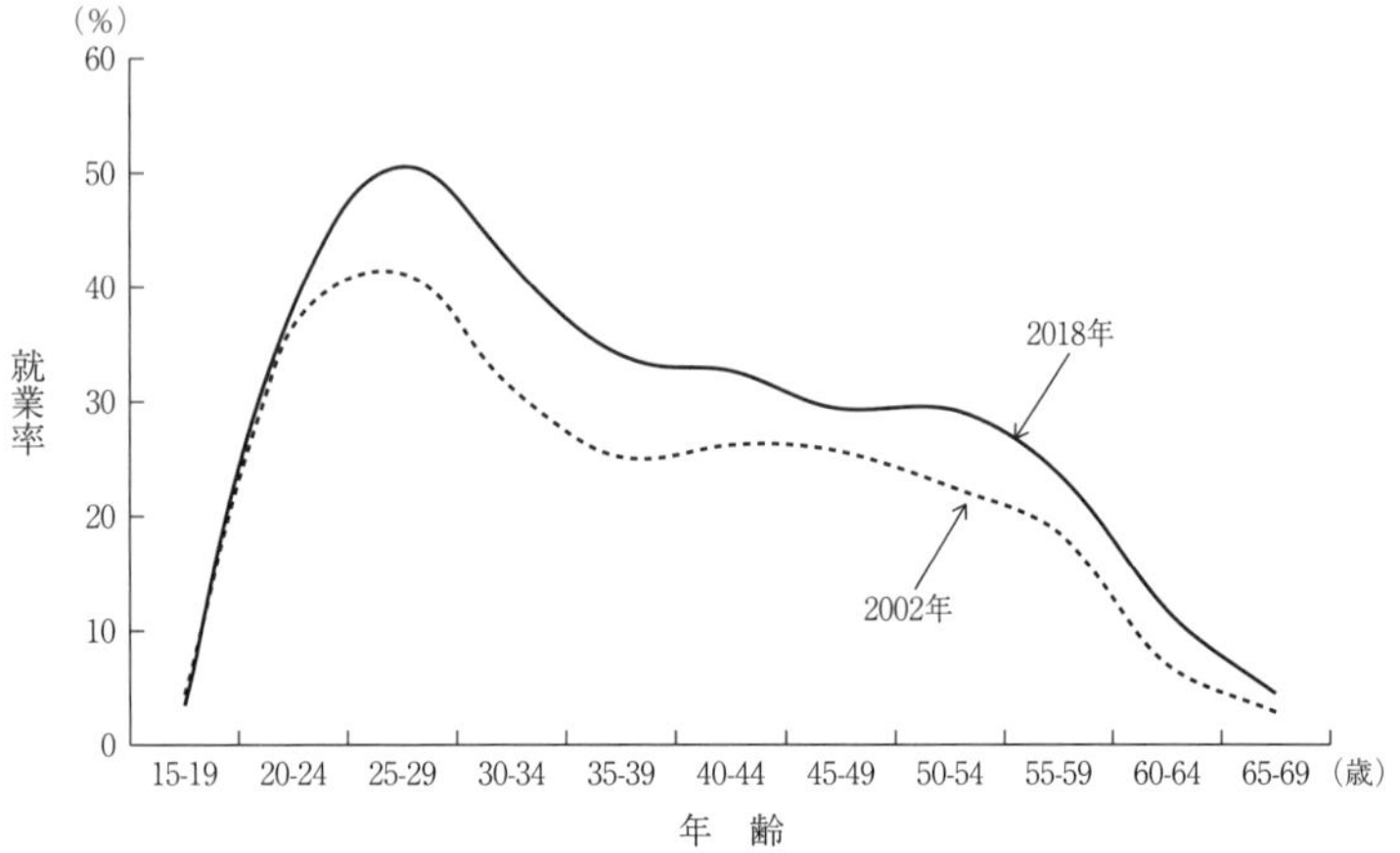

出所：総務省「労働力調査（詳細集計)」

図3－3　第一子出産後に継続就業している女性の割合

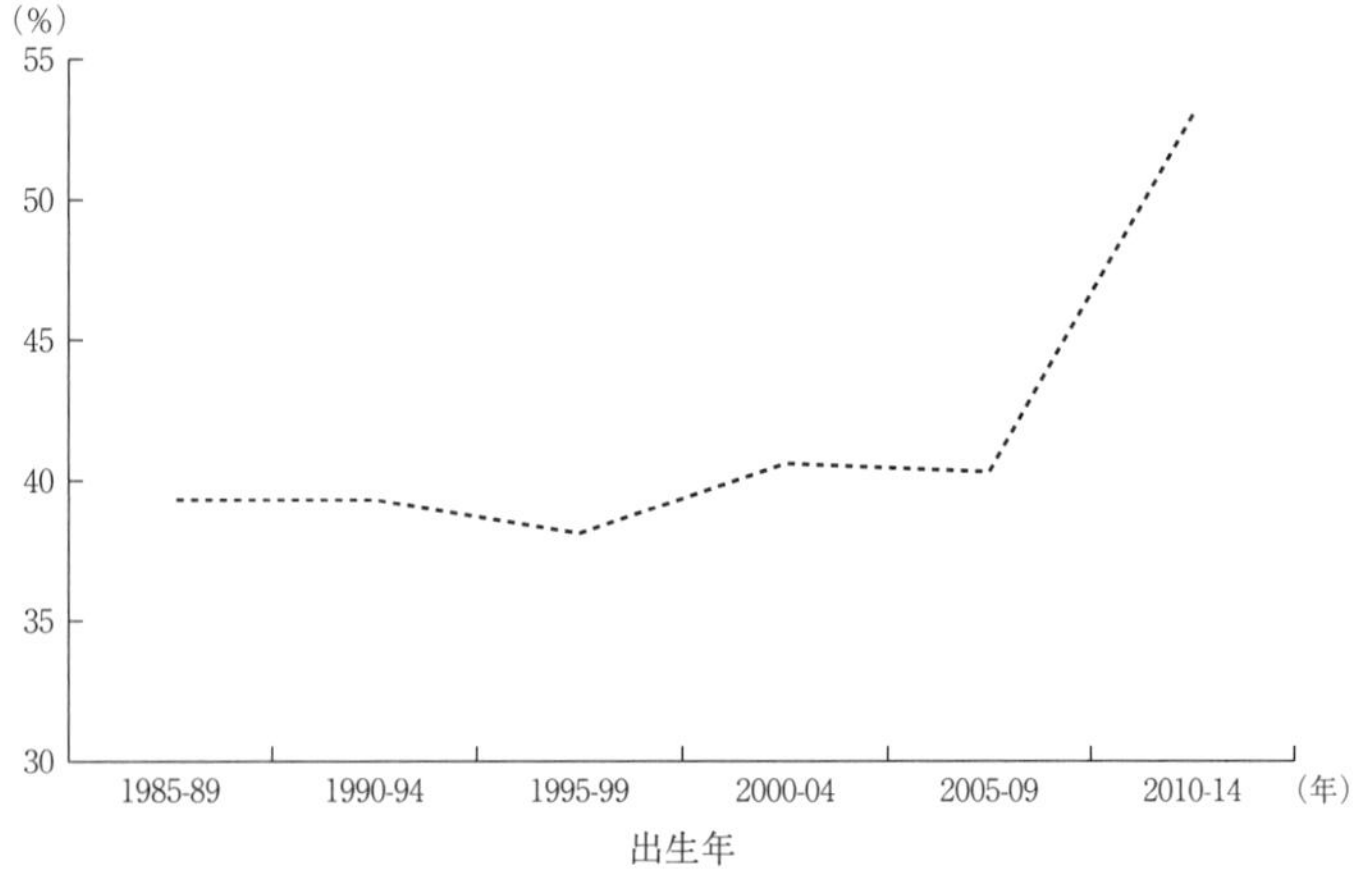

出所：国立社会保障・人口問題研究所「出生動向基本調査」

表３－１　配偶者の有無別に見た女性の就業率 (%)

	①未婚	②既婚	①－②
就業率	62.6	54.6	8.0
正規就業率	34.6	16.9	17.7

出所：総務省「労働力調査（詳細集計）」2019年１～３月

職する者自体が増えてきているということである。

近年の30代における正規雇用就業率の上昇にしても、晩婚化・非婚化によるところが大きいとの指摘もある。[1] 女性は結婚しない限りは正規雇用として働き続けることが多いからだ。筆者らの研究によっても、１９８６年に施行された男女雇用機会均等法によって大卒女性の結婚時期が遅くなったことが明らかにされている。[2] ただし、最近になって、出産を経ても辞めずに、継続就業する女性が増えていることを示す調査結果も出ている（図３－３）。

もっと直接的に、配偶者の有無別に女性の就業率を見た場合にも、既婚女性の就業率は未婚女性に比べて低いが、正規雇用に限定すれば、さらにその差は大きくなることが見て取れる（表３－１）。また、女性の就業者の平均労働時間を年齢階層別に見ても、30代以降は短い労働時間で働く者が多い（図３－４）。総じて、子育て期にある女性は以前に比べれば就業するようになっているものの、制約の多い中で働いていることが窺《うかが》える。

このように見ると、就業する女性が増えることは、出生を減らすことになるようにも思える。だが、ＯＥＣＤ諸国全体では、合計特殊出生率（ＴＦＲ）と女性の就業率との間に負の相関は見られないことが早い時期から知られている。[3] 日本でも、県ごとの合計特殊出生率と女性の就業参加との間になんらかの明確な関係を見ることはできない（図３－５）。

図3－4　年齢階級別に見た女性就業者の週間就業時間（2018年）

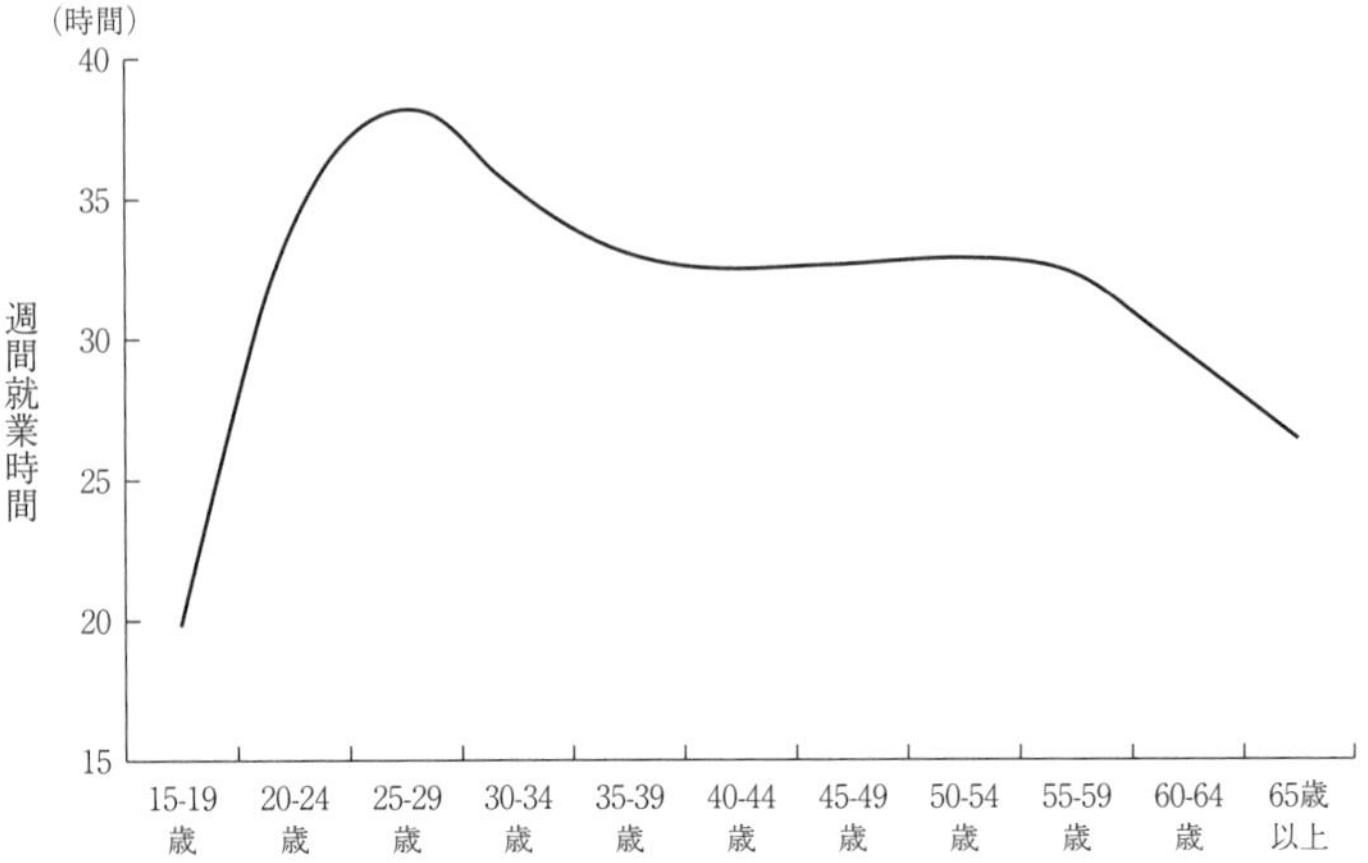

出所：総務省「労働力調査」

図3－5　女性の労働参加と出生率の関係（県別データによるプロット）

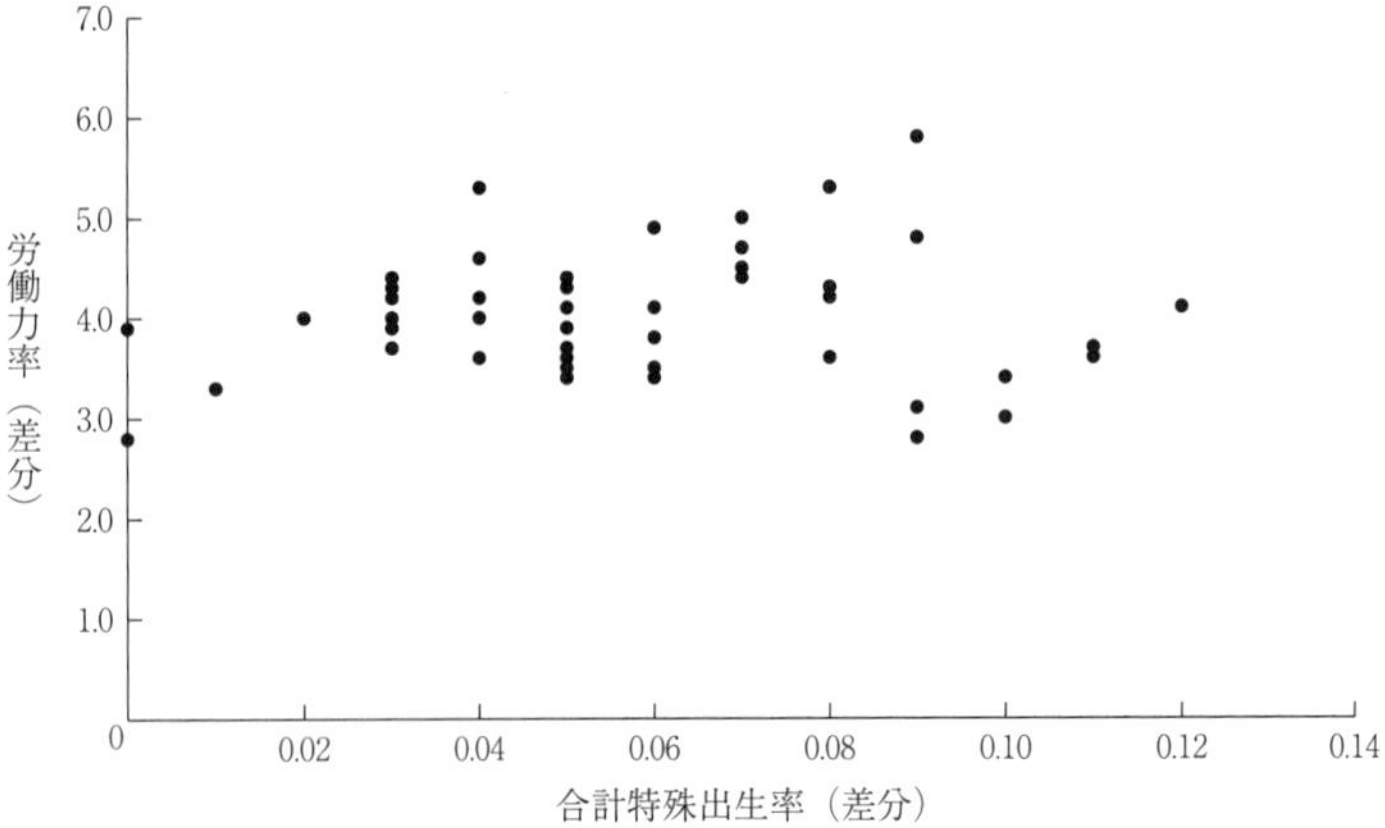

注：30～44歳の女性の労働力率と合計特殊出生率について、2010年と2015年の差分を取り、プロットした。

出所：厚生労働省「人口動態統計」、総務省「国際調査」

図３－６　雇用共稼ぎ世帯の割合

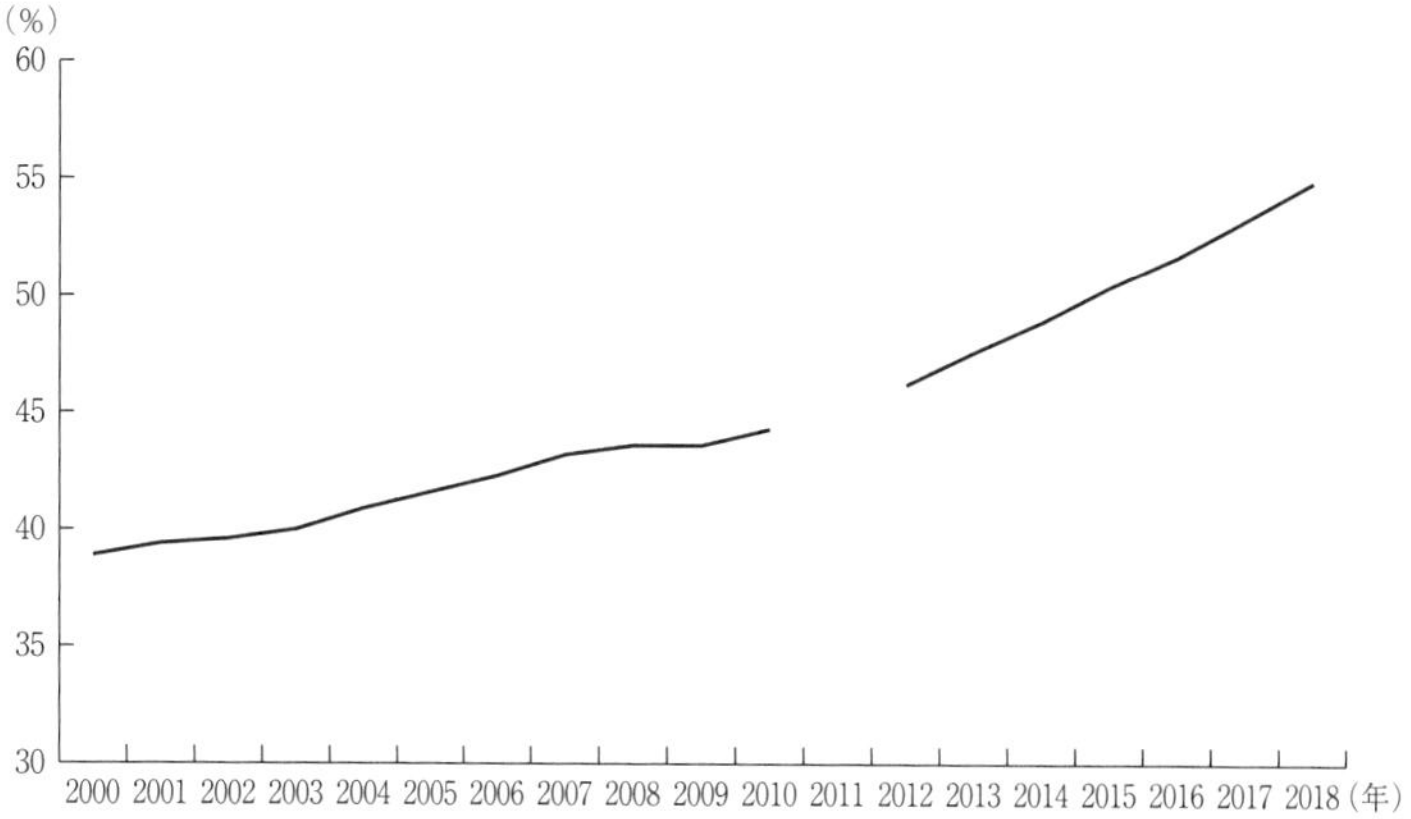

注：１）高齢世帯の増加等の影響を除くため、夫が労働力人口である夫婦世帯数のうち、夫婦ともに非農林業の雇用者である世帯の割合を「雇用共稼ぎ世帯の割合」としている。
注：２）2011年の値は東日本大震災の影響により変則的なため載せていない。
出所：総務省「労働力調査（基本集計）」

仮に出生と就業との間に多少のトレードオフの関係が見られたとして、それを割り引いたとしても、保育への潜在的な需要はこれまでにないほど高まっていることを示す兆候がある。雇用共稼ぎ世帯(4)の増加である。高齢世帯の増減の影響を除くため、夫が労働力人口である夫婦の世帯に限ったうえで、そのうちに占める夫婦ともに非農林業の雇用者である世帯の割合を「雇用共稼ぎ世帯割合」として計算してみると、一貫して上昇してきていることが見て取れる（図３－６）。雇用共稼ぎ世帯の増加は、妻が非正規雇用に就くというかたちで進んだ(5)。それでは、このような保育ニーズの高まりの下で、実際は誰が保育を行っているのだろうか。

２　誰に子どもを預けているのか

後にも触れるように、誰かが子どもの面倒を

表３－２　各歳別の保育者等の状況（父母ともに働いている場合）（単位：％）

	総数	父母	祖父母	保育施設	保育施設：認可保育所	保育施設：認可外保育施設	保育施設：認定こども園	幼稚園	その他	不詳
全年齢	100.0	23.9	7.5	67.3	53.6	3.3	10.4	14.9	2.0	2.3
0歳	100.0	70.3	12.5	27.5	22.9	1.5	3.1	－	4.6	3.1
1歳	100.0	29.5	11.1	73.5	59.5	5.9	8.1	－	3.9	2.9
2歳	100.0	23.9	10.5	79.2	64.0	4.5	10.7	－	2.9	1.9
3歳	100.0	15.2	5.3	77.6	61.1	3.7	12.8	15.6	1.0	1.0
4歳	100.0	12.6	4.5	70.3	55.3	2.1	12.8	27.4	0.6	1.6
5歳	100.0	12.6	5.1	65.4	51.8	2.1	11.5	31.4	0.5	2.7
6歳	100.0	14.6	3.1	66.7	52.1	2.1	12.5	27.1	1.0	6.3

注：複数回答のため各保育者を合計しても100％にはならない。
出所：厚生労働省「国民生活基礎調査」（2016年）

見なければならないのは乳幼児に限った話ではなく、就学後の子どもについても大人によるなんらかの世話が必要である。とはいえ、やはり時間においても手間においても、完全な見守りを必要とするのは就学前の子どもである。そこでまず、乳幼児に限って、親が働いている間に誰が子どもの面倒を見ているかということを確認したい。

厚生労働省の「国民生活基礎調査」（２０１６年）によれば、子どもが１～３歳の場合、就業している母親の７割以上が保育施設に子どもを預けている[6]。それでも、同年齢層のおよそ１割の子どもは、祖父母が面倒を見ているという事実は興味深い。また、０歳児の７割が父母に面倒を見てもらっているのは、父母のどちらかが育児休業を取得しているからである（表３－２）。

このように、子どもの面倒を誰が見るかという問題には複数の選択肢があり、それらは代替的な関係にある。たとえば、育休期間が長くなれば、低年齢

図3－7　保育園と育児休業の相違

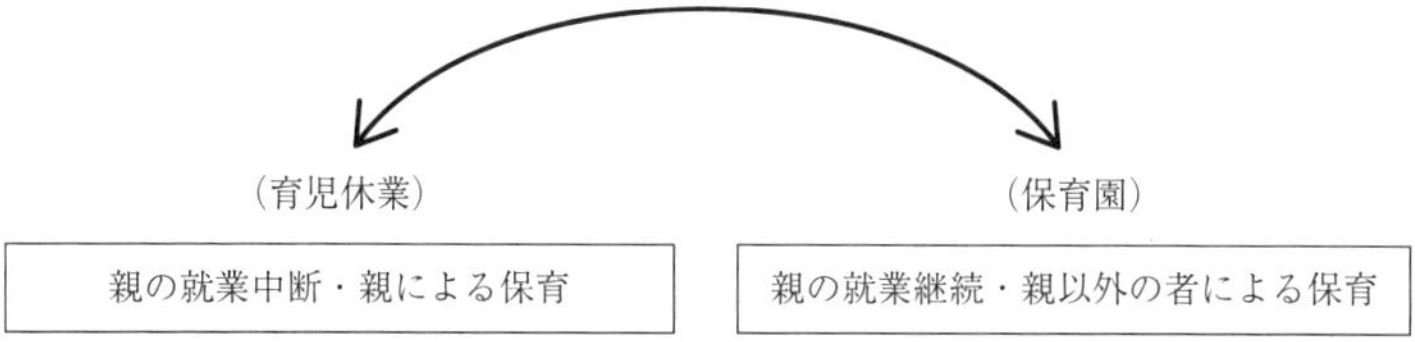

で保育園に預けられる子どもは少なくなる可能性がある。同じように、保育園や育休の利用が困難であれば、祖父母やベビーシッターに預けられる子どもが増えるだろう。

もちろん、育休も利用できず、いかなる預け先も利用できないならば、就業を断念せざるを得なくなる。逆に、人々の世帯構造が変わり、祖父母との三世代同居や近居が少なくなれば、保育園に対する需要が高まる可能性がある。このような観点から保育施策を考えずに、「保育園の問題」を解決することだけに目を奪われれば、予期せぬ結果をもたらしかねない。もちろん、各選択肢の代替可能性だけでなく、それらの相違にも注意が必要だ（図3－7）。

保育園の代わりに育休を手厚くするといったことは、親の仕事におけるスキルアップの機会を妨げている可能性もある。同じことが、祖父母が保育者となる場合にも言え、本来であれば働けたであろう高齢者の就業機会が妨げられている可能性があることも、同時に考慮されるべき課題であろう。

行政側からすれば、育児休業給付を公的に行う場合の費用と保育園を整備する場合の費用の比較が重要になる。

3　保育園問題の現在

(1)　保育園の仕組み(7)

それでは、保育施策の中心である保育園の仕組みはどのようになっているのだろうか。世の中で「保育園」と呼ばれているものには、いくつかの種類がある。だが、まず保育園とは、保育の必要性がある子どもだけが入園できる施設であることを押さえておきたい。端的には、両親が就業していたり、病気といった理由で、親自身では物理的に子どもの面倒を見ることができないことが認められた場合に入園することができる。その点が、親自身が子どもの面倒を見ることができたとしても、教育機関として子どもを預けることができる幼稚園とのちがいである。

大きく分ければ、保育園には、認可保育園と認可外保育園とがある（図3－8）。認可保育園とは、国によって定められた設置基準（職員数や施設面積・給食設備等）を満たした施設型保育であり、公立（基礎自治体）によるものと私立によるものとがある。基準を満たしているのだから、人員配置等は手厚く、また公費によって補助されているために（公立・私立を問わず）保育料は安い。

認可保育園に入園する場合、契約は（保育園とではなく）自治体との間で行うことになる（図3－9）。自治体側は入園希望者の申請に基づき、保育の必要性の度合い等（利用指数）に応じて入園の可否を決める。これは、保育園側からすれば、みずからが入園者を選ぶことができないということである。入園希望者に対して認可保育園の定員が少なければ、利用指数に応じて「割り当て」が行われ

図３－８　保育園の種類

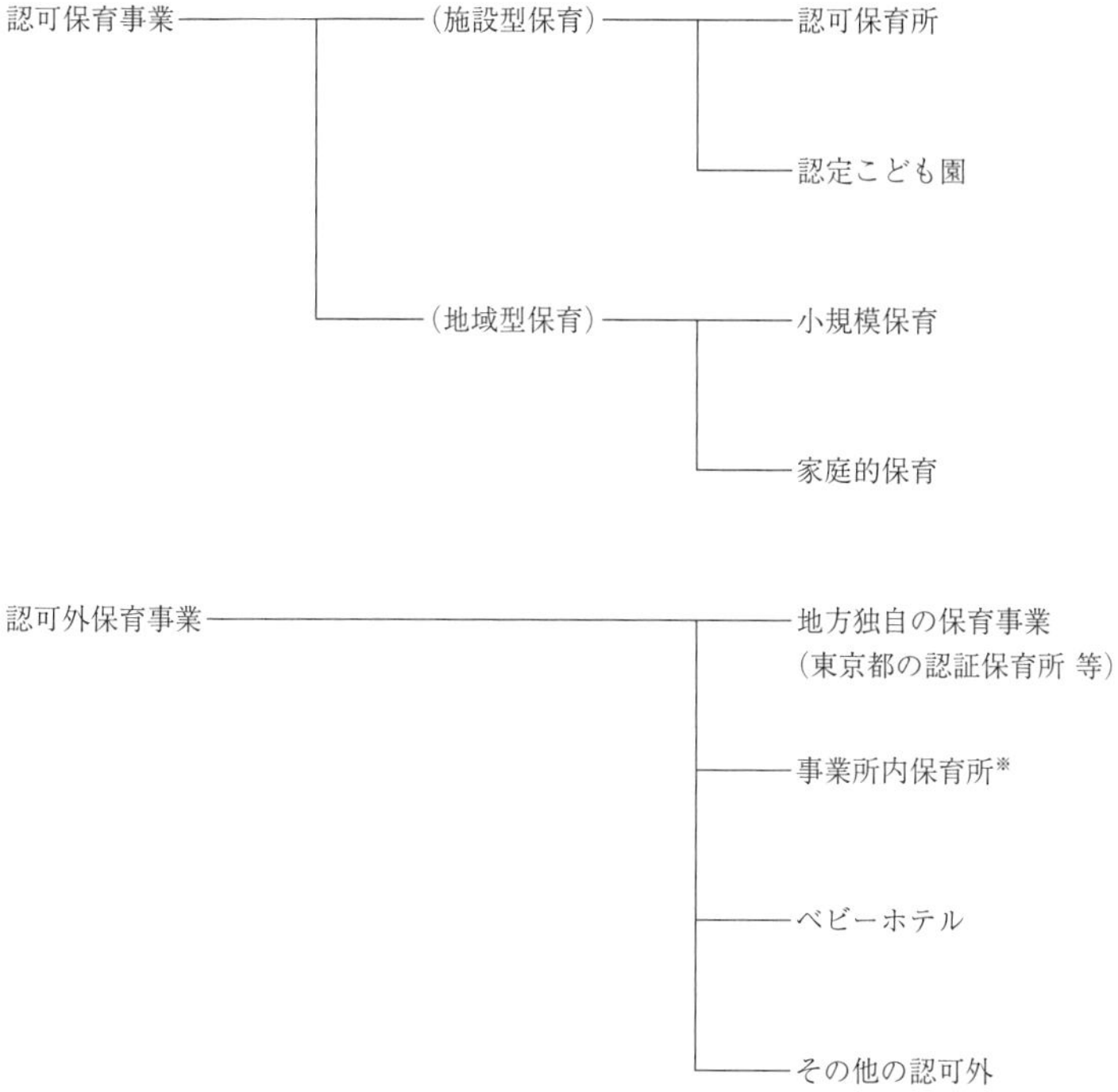

※　当該企業の職員だけでなく地域住人にも利用できるようにした場合、認可保育所となることがある。

図３－９　認可保育園の契約関係の仕組み

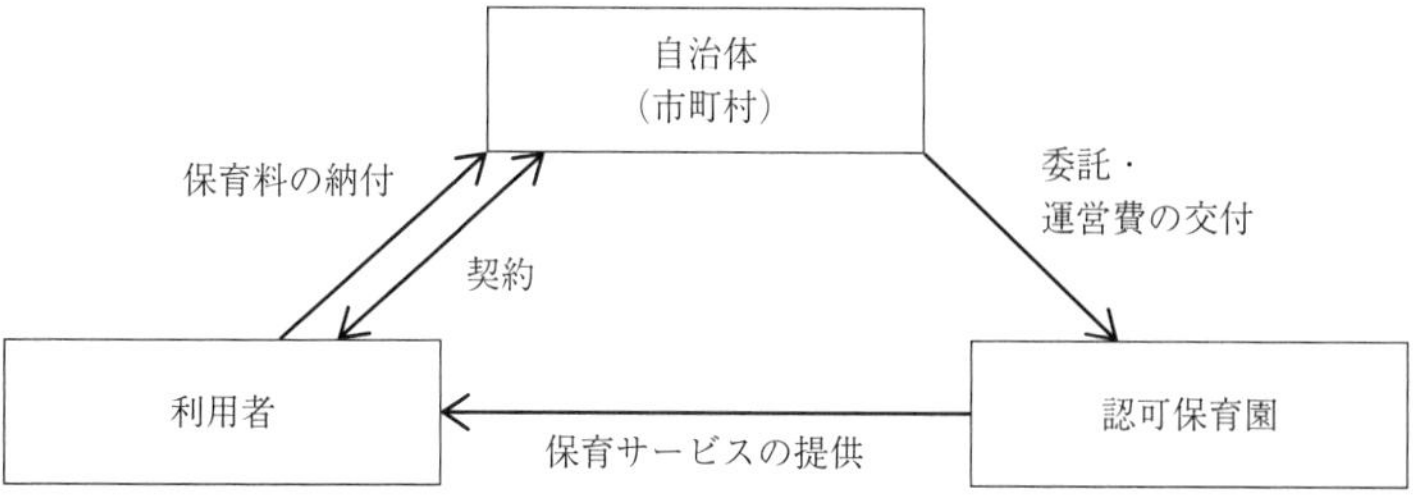

ることになる。認可外の保育園よりも認可保育園を希望する親は常に多く、実際の利用児童数も認可保育園のほうが圧倒的に多い。認可保育施設には、小規模保育と呼ばれるものもある。少ない定員で、家庭に近い雰囲気で保育を行う施設とされる。

また、認可外保育施設は、字義通り、児童福祉法に基づく都道府県知事などによる認可を受けていない保育施設のことであるが、そこにはいわゆるベビーホテルや事業所内託児所（当該事業所の職員の子どものみを預かっている託児所）も含まれる。東京都の認証保育所など、地方単独保育事業の施設も分類としては認可外保育園に入る。認証保育所とは、認可保育園ほど厳しい設置基準（面積等）は満たしていないものの、認可保育園に準ずるかたちで運営されている保育所であり、利用についての契約は、直接保育所と保護者の間で行われるが、多くの自治体で保育料に対する補助がある。

一方で、認定こども園という幼稚園と保育園の機能を併せ持つ施設も登場している。その背景には、保育園が不足する中で、保育園と似たような機能を有する既存の幼稚園を活用できないかという狙いがある。認定こども園は増えてはいるが、思惑通りには幼稚園からの移行が進んでいないとも言われる。

認定こども園等を含む保育園の利用児童数は、少子化が進む中にあっても、この10年間で50万人以上増えている。保育利用率（就学前児童数に占める保育所利用者数の割合）を見ても、２００９年の31％から２０１８年の44％へと10％ポイント以上も上昇している。[8] 保育サービスのニーズは急速に拡大している。

図3－10　需要 - 供給曲線による待機児童の解釈

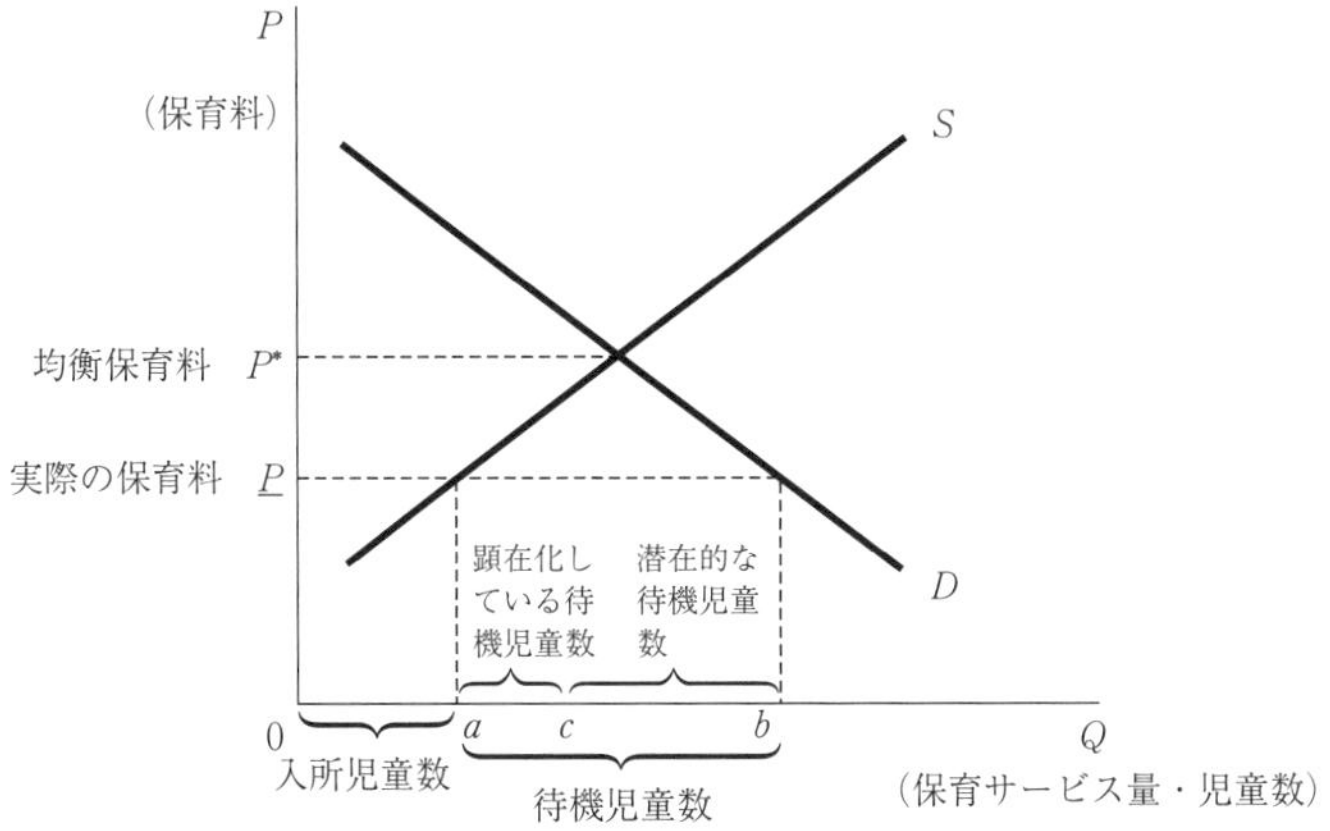

出所：周・大石（2005）図2より引用

(2) 保育園問題の論点――待機児童問題

現下の保育園の問題として、真っ先に挙がるのは待機児童の問題である。待機児童とは、保育園への入園を希望しながら入園がかなわなかった子どものことである。待機児童の問題については、以前から議論が盛んだったが、女性の就業参加がさらに推し進められる中で、最近、再びクローズアップされるようになっている。あたかも就職活動をするかのごとく、少しでも入所選考時に有利になるようにさまざまな活動を行う「保活」という言葉も知られるようになった。

経済学的に言えば、待機児童問題とは保育サービス市場における超過需要にほかならない。図3－10は、横軸に保育サービス量（保育を受ける子どもの数）を、縦軸に保育サービス価格（保育料）を取って、お馴染みの需要曲線と供給曲線を示したものである。

図3－10より、実際の保育料が均衡価格より下回っているために超過需要（すなわち待機児童）が生じる

図3－11　供給拡大による待機児童の解消

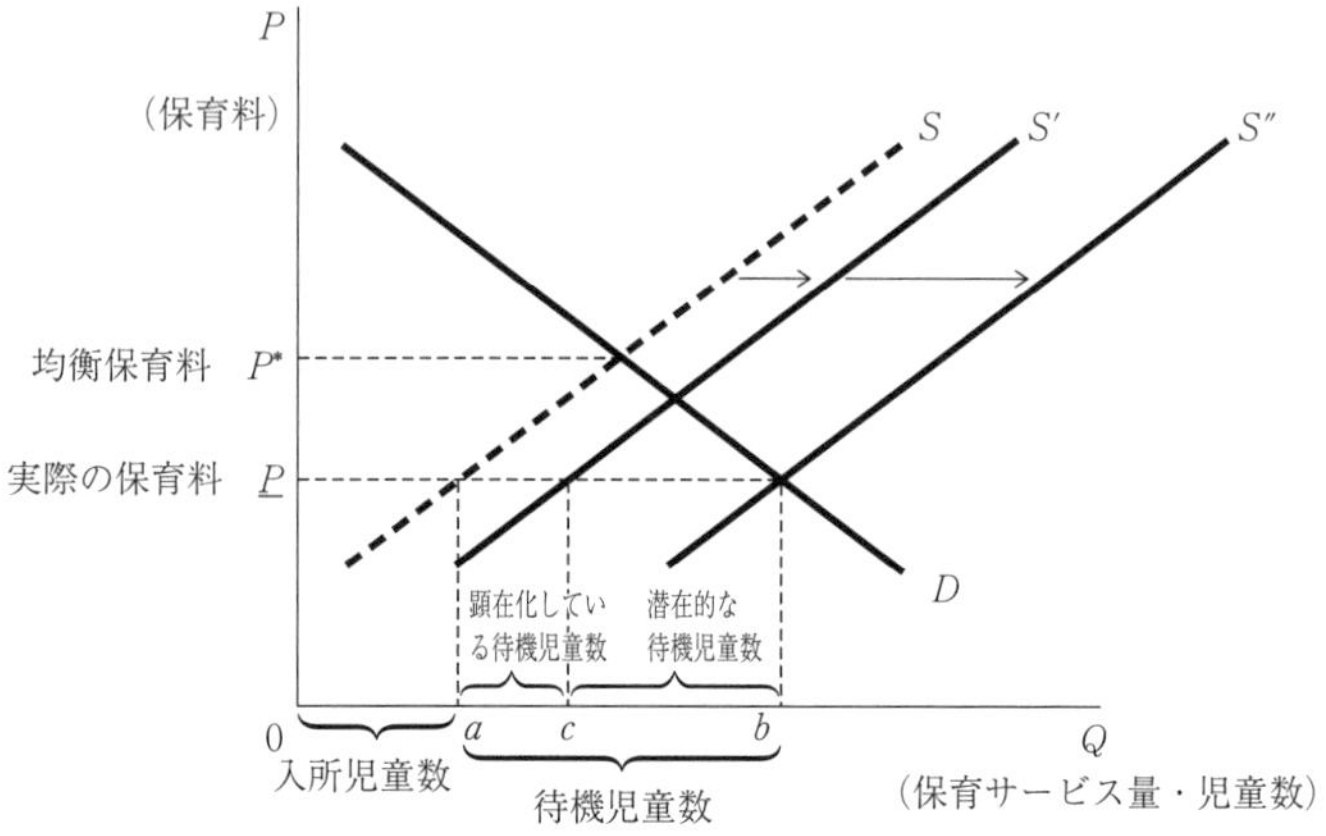

出所：周・大石（2005）図2を参考に筆者作成。

図3－12　全国の待機児童数の推移

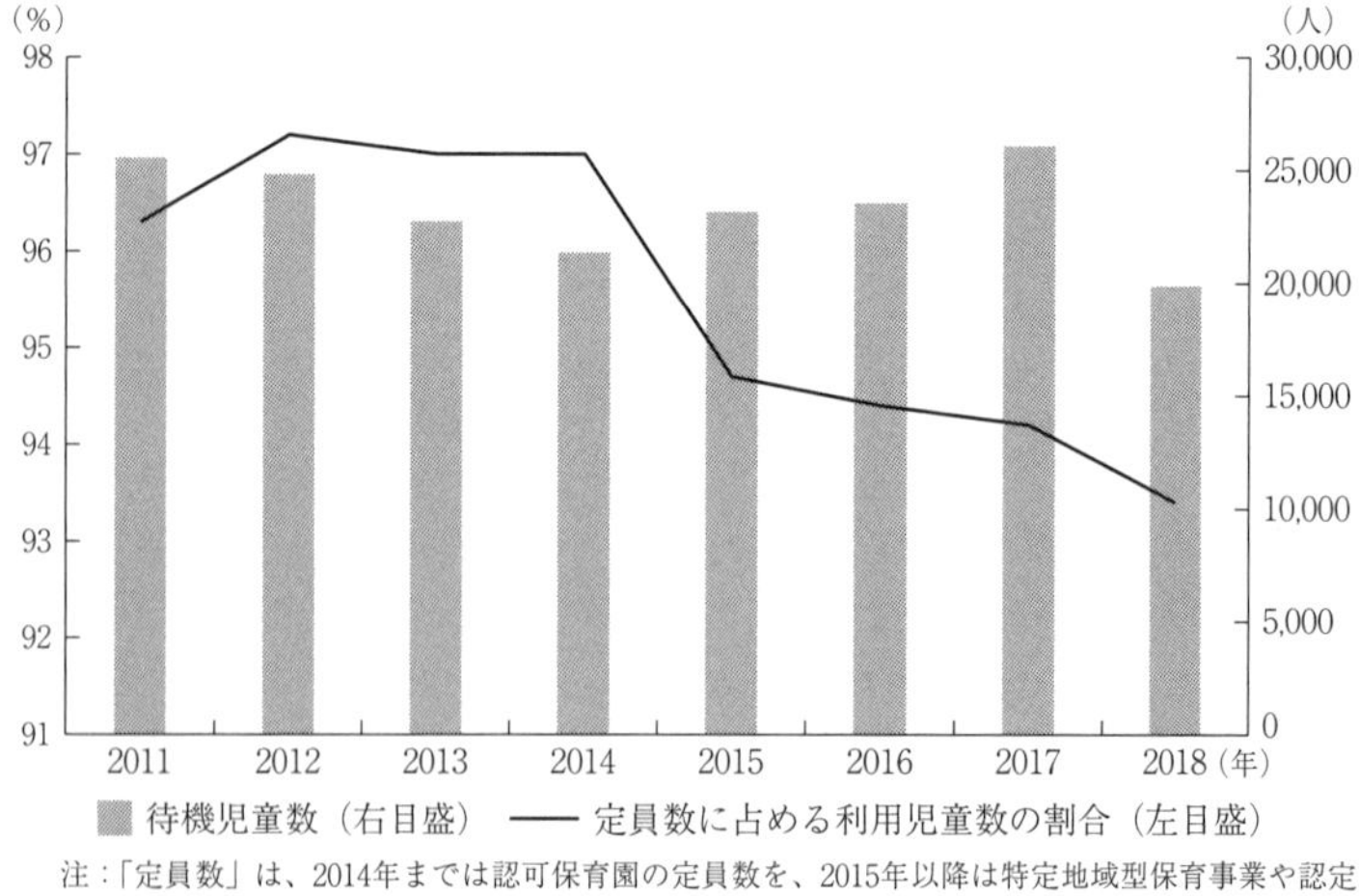

注：「定員数」は、2014年までは認可保育園の定員数を、2015年以降は特定地域型保育事業や認定こども園を含んだ値を利用。
出所：厚生労働省「保育所等関連状況取りまとめ（平成30年4月1日）」

ことがわかる（線分 ab の部分）。事実、認可保育園の保育料は実際にかかっている費用の２～３割程度とされ、一応、保育料が応能負担になっていることを考慮しても、補助が入っていない認可外保育園の場合に比べて圧倒的に安い。保育料を無償化すれば、実際の価格は均衡価格をさらに下回るので、超過需要（待機児童）は今以上に増えることが予想される。

経済学者がこのように需要－供給曲線を用いて説明すると、市場原理的な主張かと訝《いぶか》しまれて抵抗感を示されることがある。しかし、ここでは、決して「待機児童を解消するために保育料を自由化すべきだ」と主張しているわけではないことに注意してほしい。母親の就業拡大という達成すべき目標があり、高すぎる保育料を忌避するコンセンサスが社会にあるならば、需要－供給フレームワークから言えることは、（価格調整ではなく）数量調整でしか待機児童の問題は解決できないということである（図３－11）。そして、実際に行政はそれを行ってきた。

それでは、そのような数量調整による行政努力にもかかわらず、なぜ待機児童の問題はいまだに注目を集めているのだろうか。

よく知られているように、日本全体で見た場合、保育園の定員数は実際の利用児童数を常に上回って推移してきており、その意味では定員割れし続けている。しかし、それとは裏腹に、図３－12に示す通り、全国の待機児童数は減っていない。

(3)　地域や年齢によってばらつきがある待機児童率

マクロで見れば供給が超過しているにもかかわらず、待機児童が発生し続けていることをどう解釈

図3－13　県別の待機児童率

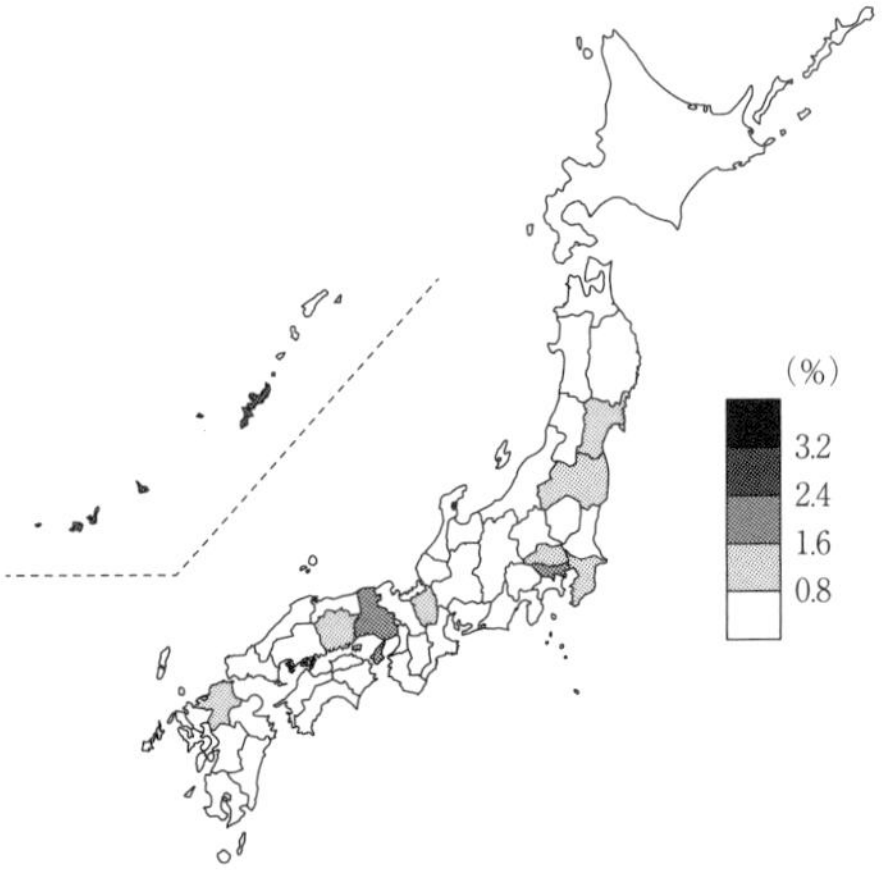

出所：厚生労働省「保育所等関連状況取りまとめ（平成30年4月1日）」

すべきだろうか。

　これまで、いくつかの種類の「ミスマッチ」が指摘されてきた。まず、地域によって保育園の需給状況が異なっている点だ。待機児童数は、首都圏（埼玉・千葉・東京・神奈川）、近畿圏（京都・大阪・兵庫）の7都府県（指定都市・中核市含む）とその他の指定都市・中核市で、全待機児童の7割を占める[9]。待機児童率（保育所に入園を希望した総数に占める待機児童数の割合）で見ても、右記の都市圏では0・86％だが、その他の県では0・54％と低い（図3－13）。待機児童問題は、大体において都市部での問題であると言うことができる。

　これは都市部のほうが、就学前の子どもを持つ雇用共稼ぎ世帯が多いためではない。むしろ、東京都などの都市部のほうが共稼ぎ世帯は一貫して少ない。要は、都市部では保育所の供給がもともと不足しており、加えて需要（＝子どものいる共稼ぎ世帯の増加）に供給の増加が追いついていないのだ。

図３－14　保育園の立地と送迎のイメージ
（駅から遠くに建設されがちな認可保育園）

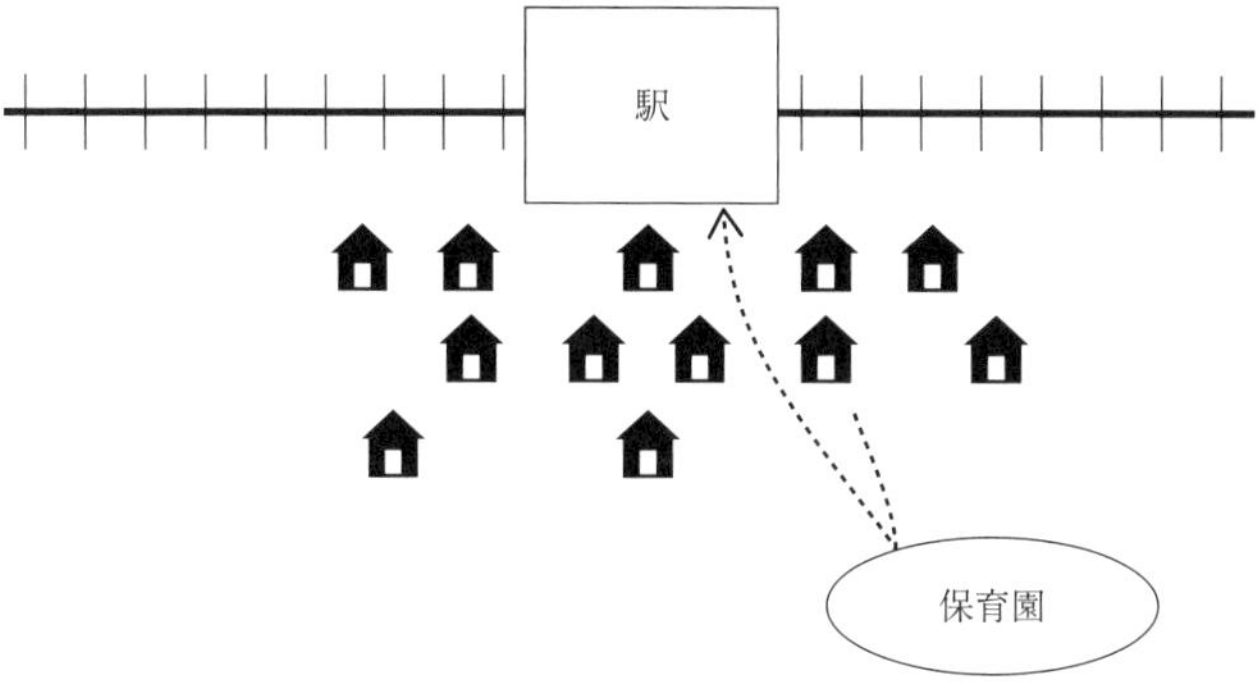

さらには、県レベルで需給の逼迫状況が異なっているだけでなく、もっと狭い基礎自治体内でもミスマッチは生じ得る。たとえば、子どもの送迎を考えると、保育園は駅の近くにあることが親の通勤にとっては望ましい。しかし、駅に近い場所は家賃が高く、保育園を建設しようとすれば園庭を設けられないなど、十分なスペースを確保することが難しい。そこで、保育園は駅から遠い場所に作られることが多い（図３－14）。この場合、保育園を量的に増やしても、新たに作られた保育園が親の希望にそぐわないことがある。

このような保育園の立地をめぐるミスマッチの問題を解消するとされるのが、小規模保育施設や駅型保育所の整備、長時間保育、自治体による送迎保育の導入といったことである。このうち小規模保育施設の整備は需給ギャップの解消には限定的な効果しか持たないが、送迎保育の導入は需給ギャップの解消に貢献する可能性が大きいことが示されている(10)。

もう一つ、しばしば指摘されるのは、子どもの年齢によって需給状況が異なっている点である。具体的には、３歳以上の子どもについては待機児童が少ないのに、３歳未満の子ど

表３－３　児童の年齢別に見た待機児童数

	利用児童数（人）［A］	待機児童数（人）［B］	擬似待機児童率（％）（［A］/（［A］+［B］））*
低年齢児（０～２歳）	1,071,261	17,626	1.6
うち０歳児	149,948	2,868	1.9
うち１・２歳児	921,313	14,758	1.6
３歳以上児	1,543,144	2,269	0.1
全年齢児計	2,614,405	19,895	0.8

注：利用児童数と待機児童数の和は、厳密には利用希望総数に一致しない可能性があるので「擬似待機児童率」としている。
出所：厚生労働省「保育所等関連状況取りまとめ（平成30年４月１日）」

もについては多くの待機児童が発生している（表３－３）。これは、３歳未満では人員配置基準が厳しいのに加えて、３歳以上になると幼稚園という手段も利用できるからである。就学前の子どもの数で見れば、供給（定員）が需要を上回っているように見えても、保育園に入れない子どもが特定の年齢層において出現することになる。

(4) 認可保育園の入所基準がもたらす世帯間格差

都市部と地方部における需給状況の差や、子どもの年齢による需給状況の差が、待機児童問題において指摘されてきた「古典的な」ミスマッチであるとするならば、近年、実証的に明らかにされつつあるミスマッチもある。認可保育園の割り当ての仕組みに由来するミスマッチである。この問題について少し丁寧に見てみよう。

最近、過去の保育所定員数の増加は、それに見合う母親たちの就業増加をもたらしていなかったとする実証研究が注目を集めている(11)。需要が超過しているにもかかわらず、保育所定員を増やしても、母親たちの就業が増加しないというのは奇異に聞こえるかもしれない。それが、地域や子どもの年齢によるミスマッチでないならばいったいどのようなミスマッチなのだろうか。

同論文の著者たちは、そのような結果の解釈として、祖父母に子どもを預けてでも働くような、もともと就業志向の強い母親が、保育所定員が増えたことで、祖父母から公的な保育サービスへと子どもを預け替えた可能性を指摘している。逆に言えば、認可保育園に預けられなかったとしても、彼女たちは、子どもを祖父母等に預けて働いていた可能性がある。その証拠に、三世代同居家族では保育所定員増の母親就業への効果が見られないものの、核家族世帯では効果が見られることを挙げている[12]。このような祖父母から保育園への預け替えという現象が起こり得る背景にあるのが、利用調整という認可保育園に入園できる順番を決める仕組みである。

認可保育園に入園を希望する者の数に較べて、保育園の定員数が少ない場合、親の就業状況等から保育の必要性を点数化し、点数の高い順に利用を認めていく。この点数を利用指数というが、その利用指数の決まり方は、たとえば東京23区のある自治体であれば表3－4のようなものである。

表3－4を一目してわかるように、さまざまな調整項目はあるものの、基本的には両親ともフルタイムで就業していると利用指数が高くなるようにできている。待機児童問題が深刻な都心部では、認可保育園に入園可能となるには、上記のような指数が両親合わせて最低でも40以上必要となることが常態化している。特に、0歳から2歳児に関してはこのような傾向が完全に当てはまる。すなわち、特別な事情で働けないといったことがない限りは、両親ともにフルタイムの共稼ぎであることが子どもを認可保育園へ入園させる前提条件となる。

表３－４　東京23区のある区における保育所の利用調整基準

保護者の状況	細目		指数
就労（外勤・自営）勤務１カ月以上	月20日以上	１日８時間以上の就労が常態（週40時間以上）	20
		１日７時間以上の就労が常態（週35時間以上）	19
		１日６時間以上の就労が常態（週30時間以上）	18
		１日４時間以上の就労が常態（週20時間以上）	14
	月18日以上	１日８時間以上の就労が常態（週35時間以上）	19
		１日７時間以上の就労が常態（週30時間以上）	18
	月16日以上	１日８時間以上の就労が常態（週30時間以上）	18
		１日６時間以上の就労が常態（週24時間以上）	16
		１日５時間以上の就労が常態（週20時間以上）	14
		１日４時間以上の就労が常態（週16時間以上）	12
	月14日以上	１日５時間以上の就労が常態（週16時間以上）	12
	月12日以上	１日８時間以上の就労が常態（週24時間以上）	16
		１日６時間以上の就労が常態（週16時間以上）	12
		１日４時間以上の就労が常態（週12時間以上）	10
	上記のほか、勤務の態様から保育できないと認められる場合		8

注：上記とは別に、妊娠・出産や疾病・負傷、心身障害、介護・看護、災害等によって、就労以外の理由からみずから保育ができない場合には８～20の加点がなされる。また、生活保護受給世帯やひとり親世帯の場合、すでに兄弟が入園している、すでに認可外に預けて働いているといった場合には、調整のための加点がなされる。

もちろん、兄弟がすでに入園している場合には加点があったり、指数が同一の場合には所得額の低い家庭のほうが優先されたりといった仕組みはあるものの、母親がパートタイマーとして働いているような場合には、なかなか認可保育園が利用できないことになる。このようなルールの下で認可保育園の「割り当て」が行われていると、認可保育園の定員が増えても、その恩恵にあずかりやすいのはフルタイムの共稼ぎ家庭ということになる。

フルタイムの共稼ぎ家庭では、認可保育園が利用できようとできまいと、就業を断念することはないと想像される。つまり、子どもを祖父母に預けたり、（一般に保育料が高い）認可外保育園に預けたりしてでも就業し続けると思われる。そのため、認可保育園の利用枠が増えても、そのようなもともと就業し続ける可能性の高い世帯から利用が認められてしまい、保育園が利用可能になることで初めて働くようになる世帯には恩恵が届きにくかったのだ。

実際に、保育所利用可能性が母親就業へ及ぼす効果は（現行の基準では）保育所利用が許可されにくいような家庭ほど大きいことが明らかにされている[13]。これもまた、保育園の需要と供給がミスマッチを起こしている例と捉えることができる。

だが、このことが提起しているのは、単に保育園の需要と供給にミスマッチが生じているといったことに留まらない。ひとり親家庭等の子どもが優先的に入所できる一方で、フルタイムの共稼ぎ家庭の子どもも入所しやすいような現行の入所基準は、認可保育所に子どもを預けている世帯の所得分布を二極化させているとの指摘もある[14]。

実際に、東京23区のいくつかの自治体について、認可保育園利用世帯の保育料の階層分布を見ると、単峰型ではなく、二峰以上の形状をしている。

利用率についても、筆者が公益財団法人家計経済研究所の「消費生活に関するパネル調査」を用いて計算してみると、保育園が不足しているとされる都市部では、就学前の子どもを持つ働く母親の認可保育園利用率は所得階層によって有意な差がないことがわかった。認可保育園に入れられないために就業を断念しているといった可能性もあるため一概には言えないが、セーフティーネットという観点からは、本来であれば、低中所得層の入所が優先されてもよいはずだ。高所得層と低所得層で認可保育所利用率が等しいという事実は重い。都市部で認可保育所利用率が必ずしも低中所得層で高くないということはかなり問題だと捉えるべきだろう。

もちろん認可保育園の保育料は応能負担であり、所得に比例している。しかし、保育士の数や施設の広さといった「質」の面を考慮して、認可外保育園と比較すれば、保育料が応能負担になっているとはいっても認可保育園のコスト・パフォーマンス上の優位は揺るがない。認可保育園は所得再分配の機能を有するが、右に見たように、現実の利用可否の状況は、むしろ所得分布に歪みをもたらしている可能性を示唆する。

現行の利用調整のルールに問題があることが事実だとしても、それを改めることも容易ではない。というのも、たとえば、もし就業時間が短いほうが子どもを認可保育園に入れやすいということになれば、就業を調整してしまうインセンティブが発生するからだ。やはり、より所得比例の度合いを高め、応能負担を徹底するというのが王道だろう。

(5) 定員が増えても待機児童が減らないもう一つの理由

保育サービスの供給が拡大しているにもかかわらず、待機児童が減らないのには、ミスマッチ以外の理由もある。いわゆる「待機児童数」として把握されているものは、超過需要のうち、あくまで顕在化されたものにすぎない。先の図3－10の需要曲線と供給曲線による説明では、それは線分acで示されるが、本当の超過需要は線分abである。供給曲線を右にシフトさせることで、顕在化された供給不足がいったんは解消されたように見えても、潜在的な供給不足が顕在化されれば「待機児童」

は減らないことになる。

待機児童とは、いわば待ち行列である。保育園が増えたことを見て初めて、行列に並ぶ（＝職探しを開始したり、保育園に申し込んだりする）親もいるということだ。待機児童が完全に解消するには、供給曲線が図３－11のように*s*″までシフトした時であるが、これには相当の供給拡大が必要となる。

顕在化していた待機児童が解消しそうになると、再び潜在的に存在した待機児童が顕在化されるということを繰り返すことになる。待機児童がゼロになったことを宣言した自治体が、その後、再び待機児童増に苦しむということがしばしば見られる。このような状況では、待機児童問題に取り組んでも取り組まなくても同じということになる。そこで、「待機児童の解消」という政策目標は適切でないとする主張も存在する[15]。

このように言うと、待機児童の解消を目指して努力する自治体に水を差すのかと思われるかもしれないが、そうではない。待機児童を解消したと思うたびに潜在的な待機児童が顕在化するとなるとイタチごっこになり、自治体としては待機児童の解消を目指しても目指さなくても同じということになり、インセンティブを失うことになる。したがって、自治体に保育園の不足を解決させるためには、待ち行列の長さを短くすることを目標にすべきではなく、就学前児童の何割を保育園に入園させるといった目標値の設定の仕方をすべきということだ。

(6)　定員増を阻む保育士不足

ここまで、保育所定員は十分であったが、ミスマッチによって待機児童が発生しているという見方を採ってきた。しかし、実際には、十分な定員増加が行われてこなかったという可能性もある。あるいは、圧倒的な供給量の増加があれば、ミスマッチによる「漏れ」が多少あっても超過需要は減少するという考え方もあるので、ミスマッチが解消していないのであれば、それはやはり定員増加が不足していると見ることもできよう。

定員増加を阻んでいるものがあるとすれば、それは何か。もちろん昨今は保育園建設に対する近隣住民による反対運動がクローズアップされるなど、ハード面での拡大にも支障がないわけではない。だが、定員増加がスムーズに進まない大きな理由の一つは、保育士を確保することが難しいということだろう。

それでは、なぜ保育士の確保が難しいのか。保育士として登録されている者の数はおよそ１２０万人に対して、現在、実際に保育士として働いている者は40万人以上とされ、その差の70万人超が、保育士として働く資格を持ちながら働いていないという意味で「潜在保育士」と言われる(16)。潜在保育士が働いていない理由については、主に私立保育園における低い給与が指摘されることが多く、そのことはおそらく間違いではない。ただ、潜在保育士の７割が子どもを持ち、そのほとんどが自身で保育しているという(17)。この現状から浮かび上がるのは、子どもを預けやすい環境にない、あるいは子どもを預けて働くには保育士としての業務内容・業務量が給与に見合っていないということだろう。その意味では、潜在保育士の問題は、日本の女性就業全般の問題と相似形を成す。潜在保育士に働いてもらうためには、逆説的に保育園の定員増が必要ということになり、鶏が先か卵が先かという議論になりかねない。結局、潜在保育士たちにはまず非正規の保育士として働いてもらうしかないという解決に落ち着くのも、女性就業全般の問題と同じではないか。

(7)　定員の増やし方に起因する問題

それでは、保育士が確保しにくい中で、国は保育所定員をどのように増やしてきたのだろうか。それは単純に言えば、人員配置基準等の定員要件を緩和することによってである。あるいは、事業所内保育所の推進といったことである。その事業所内保育所の推進は、有資格者の配置要件を下げるといったことによって行われる。このような定員の増やし方で懸念されることは、保育の質がなおざりにされないかということである[18]。有資格者の配置割合を下げたり、子ども一人あたりの施設面積を少なくしたりすることは、長期的な保育のアウトカム（たとえば、子どもの情動性等）に悪い影響を与える可能性も考えられるが、もっと目の前のことで言えば、保育中の事故につながりやすい可能性がある。

規制緩和するということは、認可保育所がより認可外保育園に近くなるということであるが、実際に保育の事故は、認可保育園よりも認可外保育施設で多いとされ、児童死亡率で見ても認可外のほうが高い[19]。また、自治体によっては、厳しい財政状況を背景に、保育園の運営を民間に委託することで定員を増やしているところもある。このような規制緩和や民間委託による定員増が保育の質に与える影響については、今後、精緻な検証を行う必要がある[20]。

認可保育園の定員が増えても、その枠はもともと（祖父母等に預けてでも）働いている人たちに利用されてしまうために全体としての就業の増加はあまりもたらされず[21]、さらには要件を緩和することで実現した定員増加は保育の質の低下ももたらす恐れがあるとなれば、子どもを預けて新たに労働市場に参加しようと考える女性にとって心強いセーフティーネットと言えるだろうか。

4 育児休業

仕事と子育ての両立を支援する公的な制度において、ここまで見てきた保育施策が一つの柱であるとすれば、もう一つの柱は育児休業制度である。

育児休業制度とは、具体的には、1991年に制定された「育児休業、介護休業等育児又は家族介護を行う労働者の福祉に関する法律」（以下、育児休業法という）を根拠とし、従業員が育児のために一定期間、休業することを保障するものである。また、育児休業期間中の所得保障として、雇用保険による育児休業給付がある。育児休業法も雇用保険法も、それらの目的が就業の継続にあることを明確にしており、仕事か育児かというトレードオフ（二者択一）を回避するという点で、育児休業制度もまた保育所施策と同様の機能を有する。

しかし、先にも述べたように、保育所施策が親族以外の者による育児を提供（あるいは支援）することで親の就労を保障するのに対して、育児休業制度は親自身に育児を行ってもらう代わりにその期間の不就労（休業）を認め、さらにその期間の所得減少を補償するものと捉えることができる。このように考えれば、両立支援策において育休施策の比重を大きくすることは、親が自身の仕事から離れる時間が増すことを意味し、逆に、保育所施策が手厚いということは、親自身の就労の断絶は少ないことになる。

一方で、子どもにもたらすものという観点からは、子どもの世話は個々のニーズのバラつきが大きく、それに応じるには親が最適なので、育休を手厚くすることは効率性の点では望ましいとも考えられるが、親に子どもの世話を任せてしまうことで、個々の家庭環境を反映しがちな側面もある。実際上は、継続就業を望む親は、子どもが最も小さい時期には育休を取り、その後、保育園に子どもを預けて就業を再開するという流れになる。したがって、保育所施策と育休施策の比重に変動があるとすれば、それは育休から保育所へ移行するタイミングの変化というかたちで出てくることが多いだろう。

それでは、育児休業制度と育児休業給付について、その変遷を簡単に見てみることにしよう。

(1)　育児休業制度と育児休業給付

育児休業法で認められる休業期間は、当初、子どもが１歳までと定められていたが、その後、保育所に入れない等の場合には延長が認められるように変わってきており、現在は２歳まで延長が認められる。育児休業制度に関して、本書で特筆すべきは、当初は認められていなかった有期契約労働者にも２００５年から育休取得が認められるようになっていることだ。

その取得にも、最初は①過去１年以上継続して雇用されていること、②子が１歳になった後も雇用継続の見込みがあること、③子が２歳になるまでの間に雇用契約が更新されないことが明らかでないこと、という三つの要件が必要であったが、２０１７年からは、過去１年以上継続し雇用されていることと、子が１歳６カ月になるまでの間に雇用契約がなくなることが明らかでないことという二つの

表3－5　育児休業給付金（雇用保険）の変遷

施行年月	育休給付金給付率 基本給付金	職場復帰給付金	計	育休の取得資格者
1992年4月1日	－	－	0％	期間に定めのない労働者
1995年4月1日	20％	5％	25％	期間に定めのない労働者
2001年4月1日	30％	10％	40％	期間に定めのない労働者
2005年4月1日	30％	10％	40％	期間に定めのない労働者＋一部の有期契約労働者＊＊
2007年4月1日	30％	20％	50％	期間に定めのない労働者＋一部の有期契約労働者＊＊
2010年4月1日	50％	0％	50％	期間に定めのない労働者＋一部の有期契約労働者＊＊
2014年4月1日	67％	0％	67％＊	期間に定めのない労働者＋一部の有期契約労働者＊＊

注：＊休業開始から7カ月以降は50％。＊＊2017年1月より、有期契約労働者の適用条件が緩和された。
出所：厚生労働省資料より筆者作成

要件さえ満たせばよいことになった。厚生労働省の「平成30年度雇用均等基本調査」によれば、在職中に出産した女性の有期契約労働者の育児休業取得率（前年に出産した者のうち、育児休業を開始した者の割合）は8割にのぼっている。

もっとも、育児休業法によって育休取得が認められても、その間の収入が失われるならば育休取得をためらうこともあるだろう。育休法自体は、使用者に対して一部であれ育休期間の所得保障をすることは規定していない。育休中に所得が失われることを、失業と類似の「事故」と捉えて、社会保険の枠組みによって所得保障を行うのが雇用保険の育児休業給付である。

当然、育休が失業と同じような保険事故と捉え得るかについては議論の余地があろう。育児休業給付は、当初、育休期間中に受給する「基本給付金」と、育休終了後に仕事に復帰して6カ月経った時点で受給する「職場復帰給付金」とから構成されていた。両給付の割合の変遷は表3－5に示される通りである。

後者の「職場復帰給付金」は、職場復帰とその後の一定期間の就業を給付の要件としており、雇用継続という目的に合致していると言える。しかし、その職場復帰給付金は２００９年改正時に廃止され、基本給付金に一本化されることになった。これは、育休給付を（雇用継続に対する支援というよりも）少子化対策として位置づけ直す流れであったと言われる。

たしかに育休期間中に全額を受給できたほうが、流動性制約がある場合等には、出産に伴う所得喪失に対する保障としての意味合いがより高まるかもしれない。ひいては、出産のインセンティブともなろう。ただし、育休期間中の給付へと一本化したことが、本当に出生力の改善に寄与したかどうかは、確固たるエビデンスがあるわけではなく、わからない部分もある。育休給付を少子化対策と位置づけるのであれば、その出生への効果を厳密に検証してみる必要があるだろう。

基本給付が少子化対策になっているかどうかは不明だとしても、そもそも職場復帰給付金が職場復帰のインセンティブにはなっていなかった可能性もある。職場復帰給付金の水準に変更があった２００１年や２００７年の前後の母親の就業率の変化を調べた研究は、職場復帰給付金の引き上げが母親の継続就業にほとんど貢献していなかったことを報告しているのだ[22]。

(2)　育児休業の所得再分配としての側面

先にも述べたように、有期契約労働者にも育休取得が認められるようになっているが、緩和されたとはいえ、雇用が将来も継続することを条件としている。有期契約労働者（女性）の育休取得率は８割と高いように見えるが、あくまで在職している者における取得率である。有期契約労働者の離職率が高いことを考えれば、出産を控えた全有期契約労働者のうち、実際に育休を取得した割合はかなり低いかもしれない。給付額も従前の所得に比例するため、有期契約労働者の育休給付は手厚いとは言えない。

また、給付額が少なければ、育休の取得期間自体が短くなる可能性もある。有期契約労働者は雇用が打ち切られるといったことを恐れて、十分な育休期間を取らないことも考えられる（もちろん、本当に育休取得を理由として企業が雇用契約の更新をしなければ違法となる）。

育休取得期間の要因を分析した研究によれば、勤続年数が長い者ほど育休取得率が高く、期間も長めに取る傾向があるという[23]。その企業でしか価値を持たない技能（たとえば、その企業独自の機械の操作方法等）を企業特殊的人的資本と言うが、日本ではこの企業特殊的人的資本を重んじる傾向が海外の企業に比べて強いことが指摘されてきた。企業特殊的人的資本の蓄積が大きいと、賃金は勤続年数とともに大きく上がることになるが、その場合、転職することは労働者にとって不利益になる。なぜなら、労働者が身につけた技能は他社では役に立たないからだ。ということは、勤続年数が長い者ほど、その会社を辞めてしまわずに、育休をきちんと取得して継続就業したほうがよいことになる（日本で女性の就業支援として育休施策が重視されてきた背景もここにある）。

このように見れば、育休取得にも格差が存在することになる。すなわち、雇用が安定していて、勤続年数が長く、給与も高い者のほうが、育休を取得しやすく、育休を取得した場合の期間も長く、育休給付額も多いということになる。育休もまた一つのセーフティーネットであるはずだが、もしそのような傾向があるならば、保育施策と同じように、むしろ所得格差を助長する方向に働いていることになる。保育所と育休は、その機能において代替的であると述べたが、保育園に子どもを入れるにしても、育休を取得するにしても、雇用が不安定な者たちが不利な立場に置かれている可能性がある。
とはいえ、これ以上踏み込んで、正規雇用と非正規雇用の育休格差を是正することができるかどうかは疑問だ。制度上、育休取得が可能な期間や育休給付額について、正規雇用と非正規雇用の間に差が設けられているわけではない。育児休業可能期間を延ばすことは、むしろ就業復帰を妨げるとする海外の研究もある(24)。

そもそも、法的に認められている育休期間は、日本は先進各国でもかなり長い部類に入る。有期契約の場合に、なんらかのかたちで雇用継続の見込みを（育休取得を認める）要件とすることも、それがなければ企業の負担が過度に重くなってしまい、不当なこととは言えないだろう。この問題は、本来的には、正規雇用と非正規雇用の間にある雇用の安定性や賃金水準のちがいに帰着するのだが、それを解決することは本書の射程を超える課題となる。

仕事と育児の両立が難しいのは、子どもが就学前の期間に限った話ではない。保育園という公的な預け先がある程度整備されている就学前の期間以上に深刻なのは、放課後保育が不足する小学校入学後であるともされる。これは、俗に「小１の壁」と言われて知られていたが、最近の研究では、子どもが小学校に入学すると母親の就業率が10％程度低下することが統計的にも確かめられている(25)。保育施策と育休施策をどれだけ手厚くしても、両立支援策としては十分ではないという見方もできる。昨今、妊娠期から出産・育児へと「切れ目のない支援」の必要性が言われるが、そこには就学後までも含めることができるかもしれない。

一方で、両立困難の解決策を母親（妻）への支援ばかりに依存して求めるのはおかしく、本来であれば、父親（夫）の長時間労働とその帰結としての育児への不参加こそ改められるべきことと言われることもある。フルタイム雇用者の夫婦において、6歳未満の子どもがいる場合でも、夫の家事・育児時間は妻の家事・育児時間の5分の1以下であるとの報告がある[26]。男性の働き方が改められないままに女性の労働参加が進んだ結果、出生率が犠牲となるのである。実際に、男性の育児参加が進んでいない国ほど、女性の就業と出生率の間にトレードオフの関係が見られるという[27]。ここでも、雇用慣行のほうが両立困難の犯人とされるのである。

たしかにそれはその通りなのだが、他方で、男性の働き方は社会環境の結果であるとも筆者は見ている。夫が稼ぎ主として長時間働き、妻が育児を一人で担うという「均衡」は、女性の社会進出が不可避になるに連れ、新たな「均衡」に移らざるを得ないが、それには多少の時間を要する。逆に言えば、時間が経てば、雇用慣行のほうには変化が生じ得る。

だが、その前に、セーフティーネットとして可能なことはないだろうか。そもそも、保育施策と育休制度という二つの柱に留まらず、何が両立支援のために本当に有効なのだろうか。そのことをまだ議論していなかった。

5　本当に必要な両立支援策

(1)　難しい個別の両立支援策の効果の検証

仕事と家庭（育児）の両立を支援する制度は、公的な制度としての保育園や育児休業に留まらず、企業が独自に行っている、育児のための短時間勤務制度やフレックスタイム制度、法定を超える育児休業制度や企業内託児所といったものも含まれる。これらのうちで両立には何が有効かという検証をすることは、必然的に誰にとって何が有効かを理解することにつながるという点でも有意義なのだ。正規雇用と非正規雇用とでは、有効な両立支援策は異なっているかもしれない。

とはいえ、そのエビデンスは多くないと認識している。両立にどのような制度が効くかを精密に特定するのは、一筋縄ではいかないからだ。

たとえば、個々の労働者が利用可能な各種の両立支援制度と、その労働者が出産後に就業を継続するかどうかの関係を見るとしよう。つまり、育児のための時短制度が利用可能だった場合に、その労働者が出産後にも継続就業するかどうかといったことだ。このことを統計的に検証しようとする場合、両者に相関が観られたとしても、それが、「時短制度」が「継続就業」に与えた真の効果を表しているとは限らない。というのも、もともと継続就業するつもりの者が時短制度を利用可能な会社を選んで就職しているといった可能性があるからだ。

このような場合、両立支援制度の効果は過大に見積もられがちになる。したがって、なんらかの工夫によって両立支援制度の持つ真の効果のみを抽出しなければならないが、これが容易ではない。そもそも、ある労働者はどの両立支援制度も利用することができるが、別の労働者はどの両立支援制度も利用することができないといったことが多く、そのような個別の両立支援制度の効果を抜き出して、比較することが難しい。

(2) どの制度が賃金と引き換えにしてでも重要か

ところで、経済学には補償賃金格差という考え方がある。これは、要は、市場では、危険な仕事やキツい仕事には高い賃金が補償され、逆に、安全な仕事やユルい仕事には低い賃金しか付与されないということである。この時、観察される賃金は、仕事におけるさまざまなアメニティ（amenity＝快適さ）あるいはディスアメニティ（disamenity＝不快さ）の関数となることから、ヘドニック賃金関数とも呼ばれる。ヘドニック賃金関数を推定できれば、どのような（ディス）アメニティに対して、どのくらいの賃金プレミアムあるいは賃金ペナルティーが生じているのかがわかる。どの両立支援策が賃金に反映されているか、すなわち、どの両立支援策であれば賃金の引き下げが受け容れられるのかが特定できる。

しかし、ヘドニック賃金関数の推計についても、先に述べたのと似た推計上の困難さから逃れることができない。たいていは、能力の高い労働者はそうでない労働者よりも、賃金においても、賃金以外のアメニティの面でも、より多くのものを享受している傾向がある。そのような場合には、良い仕事（快適な仕事）に就いている者ほど高い賃金を得ているという関係が見出されてしまうことになる。

したがって、ヘドニック賃金関数の精確な推定には、労働者の能力（特に、単純には観察されにくいような能力）の統御が必須となる。

ここでは、ヘドニック賃金関数を精確に推計する一つの方法を、女性が就いている仕事の属性と賃金との関係に適用してみた結果を紹介する。この推計方法のポイントは、今の仕事よりも快適さが失われるような仕事に自発的に転職する場合には必ず賃金が上昇するはずであるが、かなりの賃金上昇が見込まれない限り、転職自体が行われないという点である。逆に言えば、実際に今よりも快適さの面で劣る仕事に転職した者たちの賃金上昇を平均すると、それはアメニティに対する賃金プレミアムの上限を表していることになる[28]。

宮里尚三・日本大学教授と筆者は、公益財団法人家計経済研究所の「消費生活に関するパネル調査」に右記の方法を適用して、女性の仕事における（金銭以外の）どの側面が賃金プレミアムを生じさせているかを検証した[29]。ここで取り上げた仕事の金銭以外の側面は、「通勤時間」、「会社独自の育児休暇制度」、勤務体制の柔軟性等の指標としての「企業規模」である。結果は、通勤時間のみが賃金プレミアムを生じさせているというものであり、その賃金プレミアムにしても、パートタイマーの既婚女性によるものであった（図３－15[30]）。育休制度等は、既婚女性であっても賃金の引き下げを受け容れる要素とはならないが、通勤時間の短さは賃金に換えても重要であるということだ。

この結果から、職住近接を促し通勤時間を短くすることこそが、仕事と家庭の両立を実現させる最善の策であるなどと主張するつもりは毛頭ない。たかだか、仕事の属性に関してデータ内で利用可能な変数を用いた結果にすぎないからだ。ただ、この分析からだけでも、さまざまな仕事の属性のうち

図３−15　通勤時間の増加と賃金プレミアムの関係

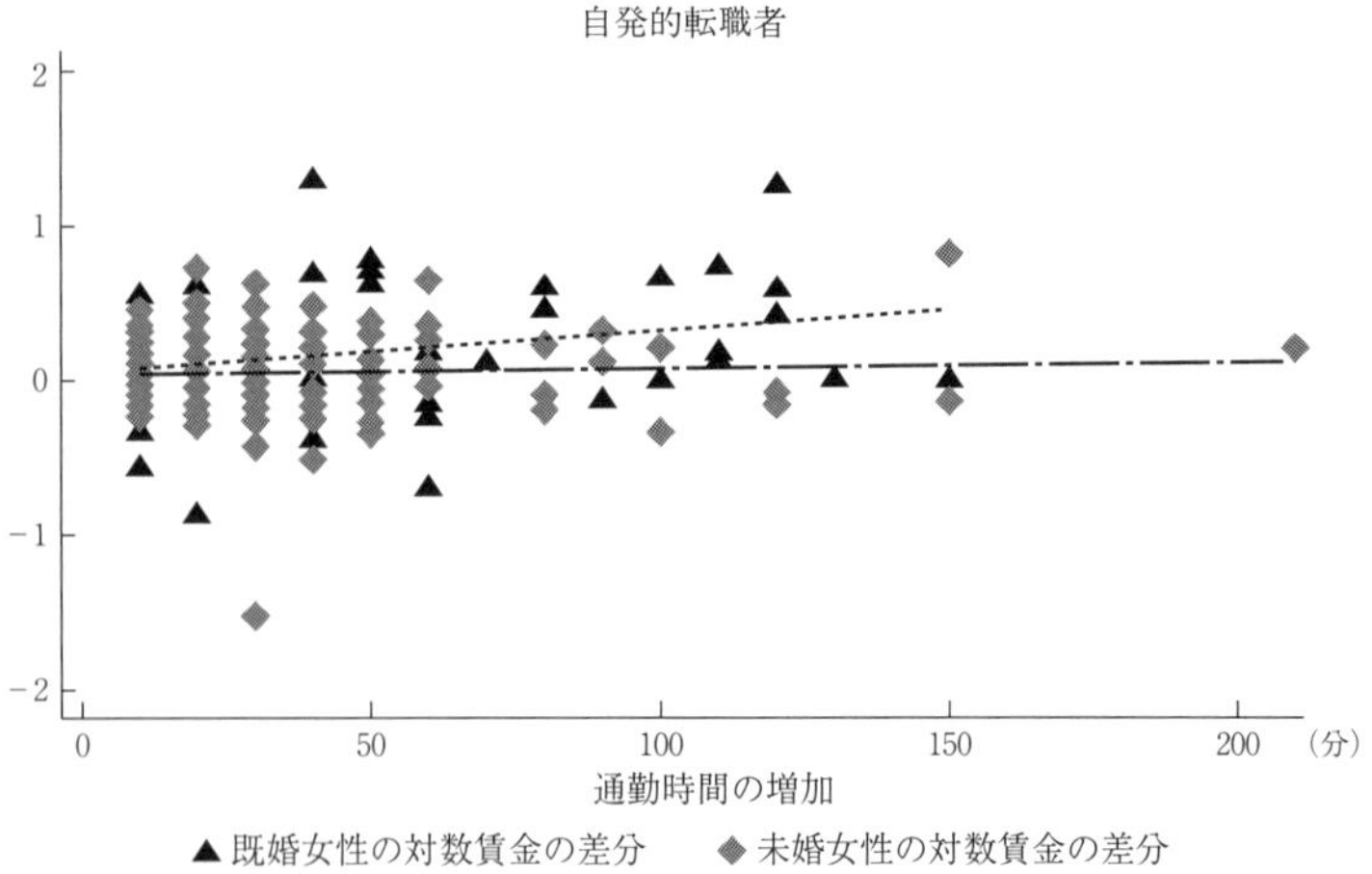

出所：Sakai and Miyazato（2014）Figure 1より引用

でも高く評価され得るものとそうでないものがあることがわかる。また、何が賃金を引き換えにしてでも大切であるかは、雇用形態や婚姻状態によっても異なっていることがわかる。

同じような観点に立ち、女性の出生に影響を与え得る制度を特定することもできる。労働組合に対して行った調査に基づいた研究では、各種の両立支援制度を統計的手法によっていくつかにグルーピングしたうえで出生への影響を見たところ、「会社による託児所利用の支援」「勤務地限定制度」「結婚・出産退職者のための再雇用制度」といった制度を含む施策群のみが出生率を有意に引き上げていることが見出されている[31]。逆に言えば、「法定を上回る育児休業制度」「育児等のための短時間勤務制度」「時間外労働の免除」といった制度は出生に対して影響を与えていないのである。

さらには、出生に有意な影響を及ぼしていた施策群に関しても、所得が相対的に高い世帯のみに有効であったという。所得の高い世帯のみが比較的コストのかかる制度の恩恵を受けているということであれば、これらの施策は格差を拡大する方向に寄与していることになる。この分析もまた限られた調査対象者に基づく結果なので、決定的な結論とは言えないかもしれないが、所得再分配という観点から示唆に富むものと言える。両立支援策を議論するにあたっては、どの施策が誰にとって有効なのかという検証作業が、今後の対応を考えるうえで不可欠であろう。

そのような検証過程の中で、過去には有効だった制度が、現在では有効でないという制度も見つかるかもしれない。あるいは、雇用形態によって有効な制度が異なるという事実が見出されるかもしれない。たとえば、そもそも企業特殊的技能にはなじまない非正規雇用にとっては、同一企業での継続就業を目的とする育休制度を拡充してもたいして有り難くないかもしれない。そのような場合には、むしろ持ち運び可能な技能への投資に助成したり、離職者の再雇用支援をしたりするほうが有効であるといった示唆が得られるかもしれない。

保育園や育休制度などの子育てを支えるセーフティーネットは、形式的には、正規雇用と非正規雇用の間でアクセスに大きな差はなくなっている。しかし、待機児童のように需要が超過している状況で、その割当の仕組みはフルタイムの労働者に有利に働いている可能性がある。現下の政策の傾向を見る限り、その解決策は、保育サービスの量的拡大に帰着しているようだ。しかし、保育所定員の拡大も、質が疎かにされては、親たちは安心して子どもを預けることができず、結局は就業の拡大につながらないかもしれない。

また、単にアクセスが担保されていても、実質的な負担や給付において差が生じている可能性もある。その意味では、序章で紹介したような複数の評価軸によって子育て支援策を再点検する必要がある。子育て支援策を少子化対策として位置づけることに筆者はまったく反対しないが、そのためにはまず公平なセーフティーネットとして機能させることが大切だと考える。

【コラム】　なぜ少子化対策が必要なのか

保育政策は、戦後、困窮世帯への福祉としての役割を担ってスタートした。それが、少子化対策としての意味合いを持ち始めたのは1990年代のことであり、2000年代以降になって本格的に少子化対策として位置づけられることになったという[32]。育児休業法についても、1991年の制定当初は、雇用継続を促進することで男女の雇用均等の実質化を図ることを目的としていたが、その後、少子化が進行する中で数次の改定を重ねるうちに少子化対策として位置づけられていったという[33]。

それでは、少子化対策はそもそもなぜ必要なのだろうか。少子化が労働力人口の減少等を通じて、社会経済にマイナスの影響を与えることが事実だとしても、なぜ政策として介入しなければならないのかというのが、ここでの質問の意図である。

まず、社会保障制度（特に公的年金や医療保険）のない社会を考えてみよう。そのような社会では、老後の生活を成り立たせるためには個人で蓄えるなどの自助努力が不可欠であるが、もっと直截《ちょくせつ》的な解決方法は、自分の子どもに将来養ってもらうことである。したがって、そのような社会では、子どもを持とうというインセンティブがある。

だが、現代の日本のように社会保障制度が発達した世の中になると、自分自身が子どもを持たなくても、賦課方式の仕組みによって、制度を通して現役世代に養ってもらえばよいことになる。これは、子どもには正の外部性があるということだ。社会全体で子ども（すなわち次世代）は必要であるが、自身で子どもを持つインセンティブはなくなる。

一方で、すべての者が同じように考えて、子どもをみずから持とうとするインセンティブを失ってしまえば、社会全体にとっても必要な次世代が誕生しないことになる。自分は子どもを持たないが、他の人が子どもを作ってくれることにフリーライド（ただ乗り）した結果、社会にとって必要なだけの子どもが生まれないことになるのである。それは結果として、社会保障制度を持続不可能なものとしてしまう。ここに少子化対策を政策として行う意義がある。だが、自助や共助を補うために発達した社会保障制度を通じてフリーライドが発生し、少子化が促されるというのは皮肉なことのように思える。

もっとも日本の出生率の低下の原因は、結婚の減少にほかならないということも長らく指摘されており、その意味では、結婚減少を食い止める対策こそが必要なのかもしれない。もちろん、保育施策や育休施策も、育児のコストを下げることで結婚に踏み切りやすくするという効果が期待されるが、もっと直接的に結婚自体を増やす施策も必要であろう。ただ、戦前の介入主義的な人口政策への反省もあり、結婚にしても出産にしても、各種の施策には中立的な立場を保とうという姿勢も常に見える。いずれにせよ、少子化対策には広い視野が求められる。

第3章【注】

（1）Abe（2011）。
（2）Edwards *et al.*（2019）。
（3）Ahn and Mira（2002）。
（4）序章で指摘した通り、かつては女性は自営業の家族従業者として働いていることが多く、夫婦で就業していることは珍しくなかった。それらとは区別する意味もあり、ここでは「雇用共稼ぎ」という言葉を用いる。
（5）大石（２０１７）。
（6）ここでの保育施設とは、認可保育所、認可外保育所、認定こども園を合わせた値を指す。
（7）この章での保育園の仕組みやその論点については、前田（２０１７）に多くを負っている。
（8）厚生労働省「保育所等関連状況取りまとめ（平成三十一年四月一日）」。
（9）厚生労働省「保育所等関連状況取りまとめ（平成三十一年四月一日）」。
（10）宮澤・若林（２０１９）。
（11）Asai *et al.*（2015）。
（12）三世代同居が祖父母による保育を可能にしており、そのために祖父母の保育から保育所による保育という代替が起きていることで女性の就業増加が見られないということであれば、三世代同居が減ってゆくことが確実に予想される今後は、このような政策効果の「漏れ」が見られることは少なくなるかもしれない。
（13）Yamaguchi *et al.*（2018）。
（14）大石（２００５）。
（15）宇南山（２０１３）。
（16）厚生労働省「保育士等に関する関係資料」（２０１５年）。
（17）厚生労働省「潜在保育士の実態について〜全国潜在保育士調査結果〜」（２０１１年）。
（18）近藤（２０１８）。
（19）安藤（２０１３）。

(20) 保育の「質」は、形式的な質（施設や人員等）から子どもたちの相互関係における質、さらには子どもたちの将来の厚生まで多様に定義でき、一側面に偏らずに評価することが重要である。また、規制緩和等が「質」へ影響しているという場合、保育園に預けた場合に、預けなかった場合と比べてアウトカムに差があるという議論とは異なる。

(21) もちろん、認可保育園の定員が更に増えて行けば、「祖父母に預けてでも働いていた正規雇用の女性」以外にも、利用枠が行き渡ることにはなる。

(22) 朝井（２０１４）、Asai (2015)。

(23) 阿部（２００５）、深堀（２０１８）。

(24) Lalive and Zweimuller (2009)。

(25) 高久（２０１９）。

(26) 黒田（２０１０）。

(27) Feyrer *et al.* (2008)。

(28) この証明の詳細については、Villanueva (2007) や Sakai and Miyazato (2014) を参照のこと。

(29) Sakai and Miyazato (2014)。

(30) ただし、これは、パートタイマーの労働市場や既婚女性の労働市場が、他の女性の労働市場とは分断されているということを仮定している。

(31) 野口（２００７）。

(32) 李（２０１８）。

(33) 嵩（２０１７）。

第4章　高齢者の就業と社会保険

少子高齢化による労働力減少を補うために、2000年代以降、政府は高齢者の就業を促進する政策を打ち出してきた。それらは「現役世代」の範囲を拡大させる施策であり、従来の就業者の「縁辺」にいた人々を労働市場に取り込む（包摂する）という意味合いを持つ。

だが、「縁辺」にいた人々を就業者として包摂することには「コスト」も伴う。セーフティーネットも、主に給付の面で対応を迫られることになる。この章では、高齢者の就業が拡大することで生じ得る社会保険への影響の一つとして、労働災害の増加を検討する。さらに、高齢期になっても働かなければならない人とは誰かということを考えると、高齢期における労災というリスクもまたあまねく公平に分配されているわけではないことに気づく。

同時にこの章では、高齢者就業に影響を与え得る要因として家族介護の問題を取り上げ、介護保険制度との関係から論じる。そこでは、介護離職への対応のあり方が議論されることになる。

なお、「高齢者」とは一般に65歳以上の者を指し、55歳以上の者を指す「高年齢者」とは本来使い分けるべきとの考え方もあるが、煩雑さを避けるため、この章では55歳以上の者も含めてすべて「高齢者」と表記する。

1　高齢者の就業を促進する政策

(1)　超高齢社会を迎えて加速が進む高齢者の就業促進

２０００年代以降、政府は高齢者の就業を促進する政策を導入してきた。高年齢者雇用安定法の二度にわたる改正はその代表である。

２００４年の最初の改正（２００６年4月施行）では、（それまで努力義務にすぎなかった）従業員の65歳までの雇用確保が事業主に対して義務づけられることになった。具体的には、事業主は、①定年年齢の65歳への引き上げ、②65歳までの継続雇用制度の導入、③定年の廃止、のうちいずれかの措置を講じなければならないとされた。

続く２０１２年の改正（２０１３年4月施行）では、継続雇用制度を導入する場合に、労使で合意すれば対象者を限定できていた仕組みを廃止した。２０１２年の改正によって、雇用確保措置の「抜け穴」は塞がれたことになる。

前記の①から③のうち、①と③については、60歳以降も正社員としての雇用が継続することを意味する。それに対して②は、単純に雇用を延長する措置だけでなく、定年を据え置いたまま、従業員をいったん退職させた後に再雇用する制度をも含む。

企業にとって裁量の余地が大きいのが②であることは言うまでもないだろう。実際に、約８割の企業が定年年齢を64歳以下に据え置いたまま、②を選択しているとされる(1)。再雇用の際には雇用契約や賃金水準を大きく変更できることを考えれば、改正によって高齢者の就業率が上がるかどうかは必ずしも自明ではない。

そもそも、この高年齢者雇用安定法の改正の背景には、２００１年から始まった老齢厚生年金の支給開始年齢の引き上げという事情がある。それまで60歳であった老齢厚生年金の支給開始年齢は、２００１年より定額部分が段階的に65歳まで引き上げられた。２０１３年からは報酬比例部分についても支給開始年齢の引き上げが始まっている。このように60歳の定年と年金支給開始年齢の間にギャップ（所得のあてがない空白期間）が生じてしまったために、高齢期の所得保障として、企業に対して雇用確保を義務づける必要が生じたのである。

以上は、主に60代前半を対象とする施策だが、現在、政府はさらに、65歳以上の高齢者の就業を促進する取り組みも進めている。その一環として、２０１７年１月より、雇用保険が65歳以上の雇用者についても適用されるようになっている。

(2)　高齢者の就業はどのようなかたちで拡大しているのか

それでは、本当に高齢者の就業率は上がっているのだろうか。既存研究は、年金支給開始年齢の引き上げや改正された高年齢者雇用安定法が高齢者の就業率を高めていたことを、精緻な分析から明らかにしている。(2) 図４－１からは、２０００年代以降、60代前半だけでなく60代後半の就業率も上昇してきたことが見て取れる。

ただし、図４－１からは、全体の就業のうち正規雇用としての就業はそれほど増えていないという

図４－１　高齢者の就業率の推移

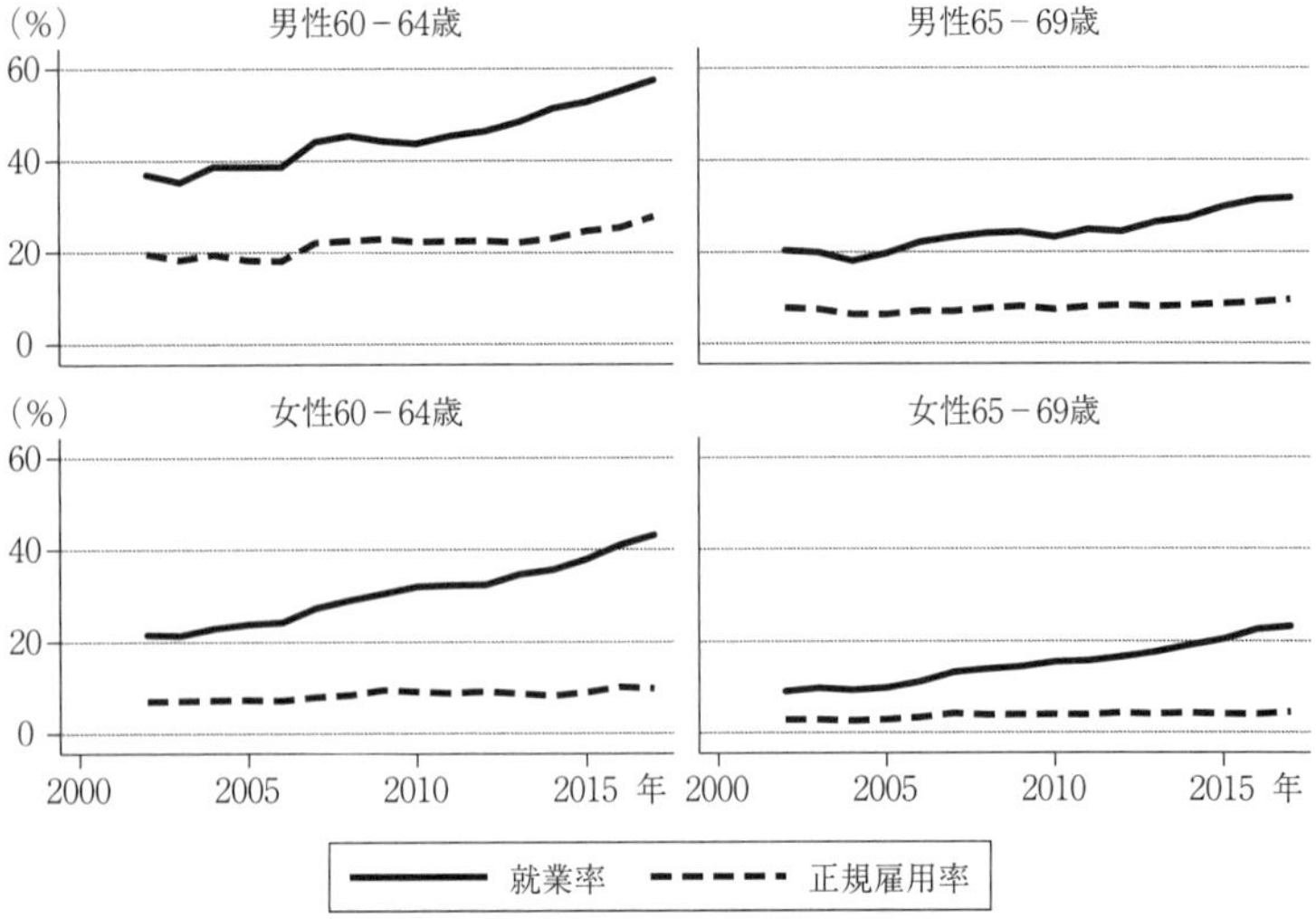

出所：総務省「労働力調査」

こともわかる。

この傾向は、特に女性や60代後半において顕著である。逆に言えば、高齢層においては非正規雇用というかたちで就業が拡大してきたと言える。これは、前章で見た女性の就業拡大と同じ構図である。

したがって、高齢就業者に対する各種の施策は、非正規雇用が中核を占めることを念頭に置いたうえで進める必要がある。

個々の雇用者においては、年金受給資格を得た後は、徐々に非正規雇用や引退に移行して行くことが知られている(3)。

2　就業者の高齢化の「コスト」――労働災害

(1)　年齢とともに高まる被災確率

高齢就業者が増加した結果として、就業者の高齢化が進んできた。非農林業における60歳以上の就業者の割合は、１９７５年の７・２％から２０１８年には19・４％まで上昇しているが[4]、雇用者の平均年齢も、１９８１年に36・９歳であったのが、２０１８年には42・９歳となっている[5]。就業者の高齢化は、政策目標が達成されていることの証左とみることができる一方で、そこには「コスト」も懸念される。その一つが、労働災害の増加である[6]。

一般的に、労働者の技能は年齢とともに熟練することから、中高年の労働者は、若い労働者に比べて、職場で労災事故に遭うことは少なくなるように思うかもしれない。だが一方で、加齢に伴って身体機能や認知機能が衰えたり、新規の機械等の扱いに対応しづらかったりすれば、被災しやすくなることも考えられる。あるいは、高齢になって労災事故を被災した場合には、若い時よりも重症化しやすいといったこともあるかもしれない。実際に海外の研究では、高齢になると労災が重傷や死亡につながりやすいことが明らかにされている[7]。このような影響が、技能の熟練によって労災罹災確率が低下する効果よりも大きければ、就業者に占める高齢者の割合が増えることは、必然的に労災（特に重度の労災）の発生率を高めることになる。

また、先に触れたような高齢者の就業を促す政策は、従来であれば引退していたであろう高齢者を労働市場に留まらせるという意味合いを持つため、以前に比べれば、あまり健康でない高齢者や、熟

図4－2　労働災害発生の動向

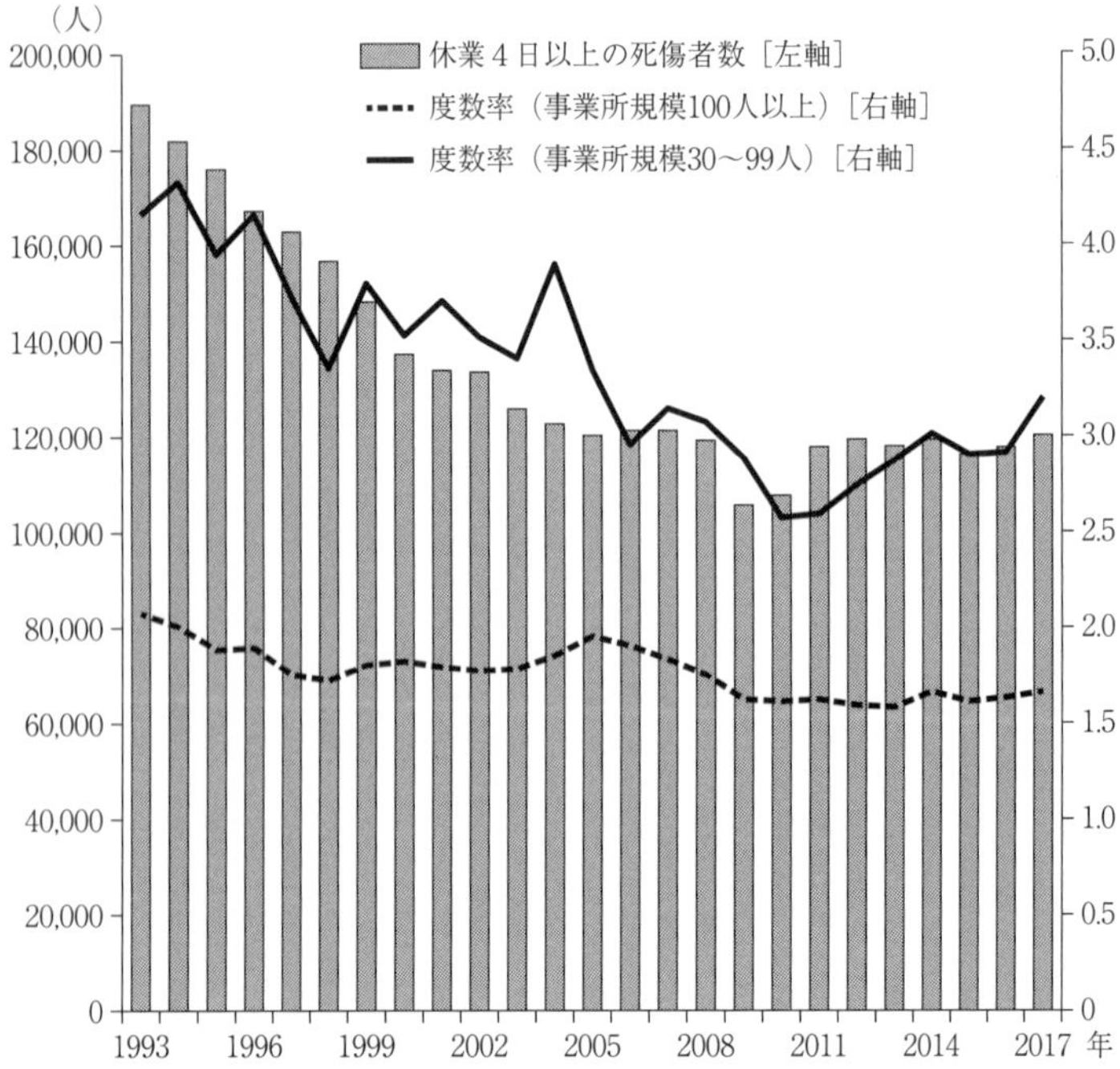

出所：厚生労働省「労働災害動向調査」「労働災害発生状況」

練度の高くない高齢者も就業するようになっている可能性がある。これも労災発生率を高める方向に作用することが考えられる。

　つまり、政策による高齢者就業の拡大が労災を増加させるとすれば、そこには二つの経路が考えられることになる。そもそも高齢者が若年者よりも労災罹災確率が高いために、高齢者の割合が高まることで労災が増えるという効果（構成効果）と、従来の高齢就業者よりも労災に被災しやすい高齢者が就業するようになることで同じ年齢であっても労災罹災確率が高まる効果（係数効果）である。

はたして本当に、高齢の就業者が増えることで、労災発生率が上昇したり、重度の労災が増えたりしているのだろうか。特に、高齢者の就業を拡大する政策が打ち出された２０００年代において労災はどうなっているのだろうか。

とはいえ、マクロ的に見た場合、労災発生率が長期的に低下してきていることもよく知られた事実である。たとえば、労災発生頻度を延べ労働時間あたりで見た指標を度数率というが、この度数率は、基本的には低下基調にある（図４－２）。死傷者数で見た場合も同様の傾向である。

この労災の長期的な減少傾向は、産業構造の変化によるところが大きいという。労災リスクの高い産業に代わり、労災リスクが低い産業に従事する者の割合が増えてきた結果だというのである(8)。なお、労災発生率は、事業所規模によってもはっきりとしたちがいが見られ、事業所規模が大きいほうが低い（図４－２）。したがって、高齢労働者の増加が労災発生にもたらす影響の真の大きさを捉えるには、このような産業構造や事業所規模といった要素を調整することが重要になる。

(2)　就業者の加齢が労災に及ぼす影響

長谷部拓也・上智大学准教授と筆者が行った研究では、産業や事業所規模といった要素を調整したうえでも、労働者の年齢が上昇すると労災発生率が高まることが示された(9)。この結果は諸外国における研究とも整合的である。

筆者たちの推計から得られた結果によれば、60歳以上の就業者の割合が10％ポイント上昇すると、

図4－3　年齢と被災事例に占める死亡事故割合の関係

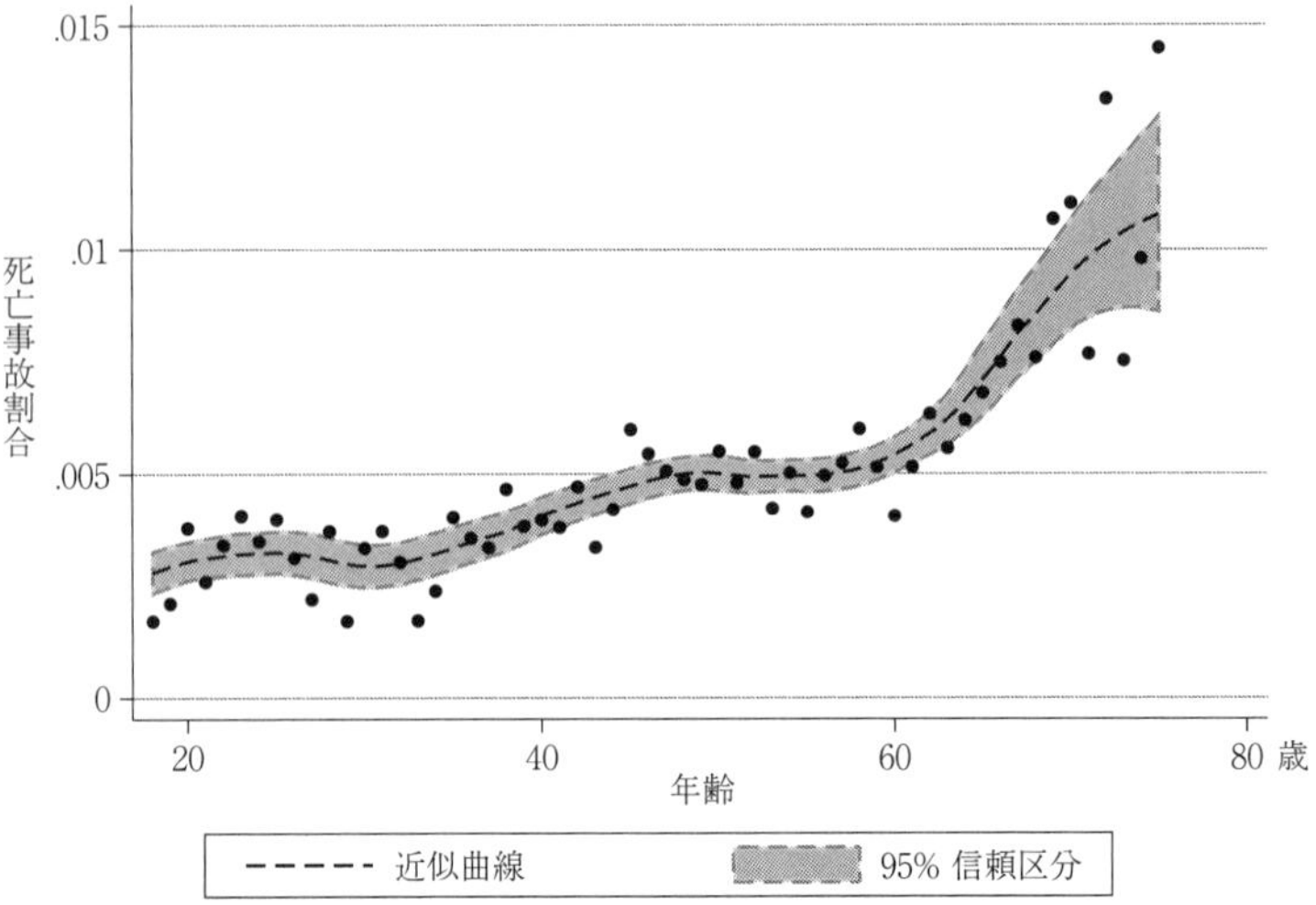

出所：厚生労働省「労働災害データベース」より筆者ら作成

その他の条件が一定ならば1000人あたりおよそ16件の労災が今より増えることになる[10]。不健康な者ほどすでに仕事を辞めてしまっている可能性もあることを考えれば、加齢が労災発生へ及ぼす本当の影響はさらに大きい可能性もある。ただし、加齢が労災発生率を高める効果は産業によって異なり、製造業で高い傾向を示した。すなわち、製造業における就業者の高齢化は、他の産業よりも労災発生につながりやすいということである。

また、労働者死傷病報告に基づく大規模データ（個票データ）を分析したところ、労災事故のうち被災者が死亡に到るケースは60代以降に急上昇することが見て取れた[11]（図4－3）。この結果は、産業や事業所規模を調整した場合にも同じだった[12]。

60代以降に死亡事故割合が急上昇すると

いう事実からは、60代以降の職場環境や雇用待遇の変化が労災の「質」に影響を与えているようにも思える。しかし、データを精査してみても、職場環境や雇用待遇の最も大きな変化が生じると考えられる60歳前後で、死亡事故割合が上昇するわけではなかった。職場環境や雇用待遇の変化だけが、労災を深刻なものにしているわけではないようである。

また、死亡事故割合だけでなく、脳・心臓疾患に到る事故の割合も加齢に伴って高くなっていることがわかった。中高年期には管理職に就く等、職場での役割も変わる。それらがもたらすストレス等の影響もあるのかもしれない。

だが、労災発生率にしても、死亡事故割合にしても、年々、加齢の労災に与える効果が大きくなっているといった事実は見出されなかった。政策によって高齢者就業が急速に進んだ２０００年代以降においても、労災を被災しやすいような高齢就業者が以前より増えているといったことはなさそうである。ただ、今後、65歳以降も含めて高齢者の就業がさらに拡大してゆくことになれば、この傾向が続くかどうかはわからない。

それでは、なぜ高齢者の労災は死亡につながりやすいのだろうか。高齢の労働者は、若い頃には遭わないような労災事故に被災しがちになるのだろうか。それとも、若い頃と同じような事故であっても、高齢者ほど重症化しやすいのだろうか。

たしかに、高齢になると転倒や転落といった事故が他の事故に比べて増えてくることがデータからも確かめられる。高齢期には下肢筋肉量が減少してくるため、若い頃と同じような仕事をしていたとしても転倒や転落といった事故につながりやすいとされる(13)。したがって、加齢に伴って、遭遇する事故の種類自体が異なってきている可能性がある。だが同時に、事故の種類を調整したうえでも加齢の効果が見られることから、若い頃と同じような事故でも、高齢期には重症化しやすいということも言える。いずれにせよ、高齢期の労災は引退につながりやすい可能性がある。

以上のように、就業者の高齢化は労災を増加させ、死亡事故も増やす方向に作用する。高齢期に働くということは、労災という観点からは、若い時に働くよりもリスクが高いものになっているのである。産業構造の変化に伴って長らく低下基調にあった労災は、今後は下げ止まる（あるいは反転する）可能性もある。[14] 逆に言えば、就業者の高齢化が進んでいなければ労災はもっと減っていたことになる。

(3) 高齢就業者の労災がもたらすもの

それでは、就業者の高齢化に伴って増加する労災はどのような影響をもたらすのだろうか。言うまでもなく、労災はまず被災者本人の生活に大きな損害をもたらす。高齢期になっても働くことを余儀なくされるのは、年金支給開始までの期間の生活を賄うだけの蓄えのない者や、あるいは低年金や無年金の者である。そのような者は、本書第1章で見たように、現役時代の就業状態が不安定であった可能性がある。

労災の増加は、企業に対しても影響を及ぼす。労災によって労働力が失われることは、生産活動に遅滞を生じさせたり、労働者への訓練投資を無駄にさせたりしてしまうことで、企業の経営にマイナスの影響をもたらす。また、高齢者の労災が増えれば、それに対処するために、企業は安全な職場環境を整備するための投資をしなければならなくなる。実際に、２０００年代以降、高齢者の就業が急速に拡大したにもかかわらず、加齢の労災発生への効果自体には変化がなかったという事実は、企業が安全投資を十分に行った結果なのかもしれない。

また、労災保険の保険料率は、産業ごとあるいは事業所ごとの労災発生実績を反映させるかたちで定められているので、高齢者による労災増加は労災保険料の上昇というかたちで企業に新たな負担を生じさせることにもなる。

もちろん、就業者の高齢化がもたらし得る今後の労災の増加に対して、政府も無自覚なわけではない。労働災害防止計画でも、高齢者の労災対策の必要性は繰り返し指摘されている。

なお、以上の事実は、高齢者は就業しないほうが健康になると主張するものではない。高齢になれば、就業の有無にかかわらず健康状態は悪化するが、就業者の加齢に伴う健康悪化と、非就業者の加齢に伴う健康悪化を単純に比較することはできない。非就業者の中には、健康状態が良くないために就業していない者などもおり、就業者と非就業者はそもそもの条件が異なっていると考えられるからだ。

3　労災保険のあり方

序章で概括したように、労働者災害補償保険（労災保険）は、業務上の怪我、病気、障害、死亡に対して給付を行うものであり、事業主の災害補償責任を社会保険によって支える仕組みであると解釈できる。適用対象はすべての事業所に雇われる者であり、給付の要件も雇用期間等によらない。その意味で、労災のためのセーフティーネットは、雇用保険のように正規雇用だけに手厚いといったことはない。事業主の補償責任が基本となっているため、他の社会保険と異なり、保険料は事業主だけが負担する。

また、保険料率は業種ごとに細かく設定されており、事業所ごとのメリット制（経験料率制）も採用されている。すなわち、その業種やその事業所で労災事故が多ければ保険料率は高くなるし、労災事故が少なければ保険料率は低くなる。

これは、労災保険が、使用者の過失の有無にかかわらず給付を行うことを前提としつつも、一方で使用者の努力による労災回避にもインセンティブを与えていると解釈できる。もし保険料率が労災発生実績とは無関係に一律に定められていたら、安全に配慮しない企業で発生する労災に対する給付を、労災の少ない企業が賄うことになってしまう。

とはいえ、メリット制の適用には事業所規模が１００人以上といった規定があり、実際にはメリット制が適用されている事業所は多くない（事務所や工場等の継続事業では４％程度）。業種分類についても、実際には、特定の業種の中に労災リスクが高い業種も低い業種も含まれており、労災リスクに対応した分類となっていないといった指摘もある。それでは、メリット制が適用される事業所の範囲を拡げ、基本となる保険料率についても労災リスクの近いグループで業種を再分類したうえで定めることが正しい方向性なのだろうか。

もちろん、労災発生実績に応じて保険料率を定めることは、公平性の観点からも労災の抑止という観点からも重要である。だが一方で、序章でも見たように、社会保険は本来的にリスクの異なる主体を包摂する仕組みである。特に、現行の労働政策は、高齢者の雇用を促す政策がそうであるように、従来は労働市場の外にいた人々を労働市場に「取り込む」政策が主体となっている。そのような労働市場の縁辺にいた人々が労災リスクという点で従来の労働者と異なり得ることは十分に考えられることである。労災発生実績に応じて労災保険料率を定めるという発想が行き過ぎれば、企業に、労災リスクの高い労働者の雇用をためらわせることにもなりかねない。

高齢者の就業が量的に拡大しており、高齢になるほど労災リスクが高まるという（二つの）事実が、加齢による健康リスク上昇の一部が医療保険から労災保険に移転される可能性を示唆していることにも注意が払われるべきだろう。高齢就業者の増加は、一面では医療保険への負荷を和らげることになるかもしれないが、代わりに労災保険への負荷を高めることになるかもしれないのである。ただし、就業することで、健康が維持改善する可能性も指摘されていないわけではなく、その場合には負荷の総量は減ることになるかもしれない。これらの点は、今後の検証が要請される。

従来は業務との関係が明確でなかった症例が次第に労災として認められるようになっていく過程が、近年の労災保険の流れである。このような流れを前提とするならば、今後も労災が適用される症例は増えこそすれ減ることはないだろう。その意味で、医療保険等との関係にも目を配りながら、高齢化の進展が労災事故及び労災保険に及ぼす影響を注視していく必要がある。

【コラム】雇用形態や業種と労災保険

労災保険は、労働者を使用するすべての事業に適用されるが、雇用保険等の他の社会保険と異なり、個々の従業員を「被保険者」とする考え方はない。労災を被災した労働者が、単に労災保険の「受給者」となるだけである。

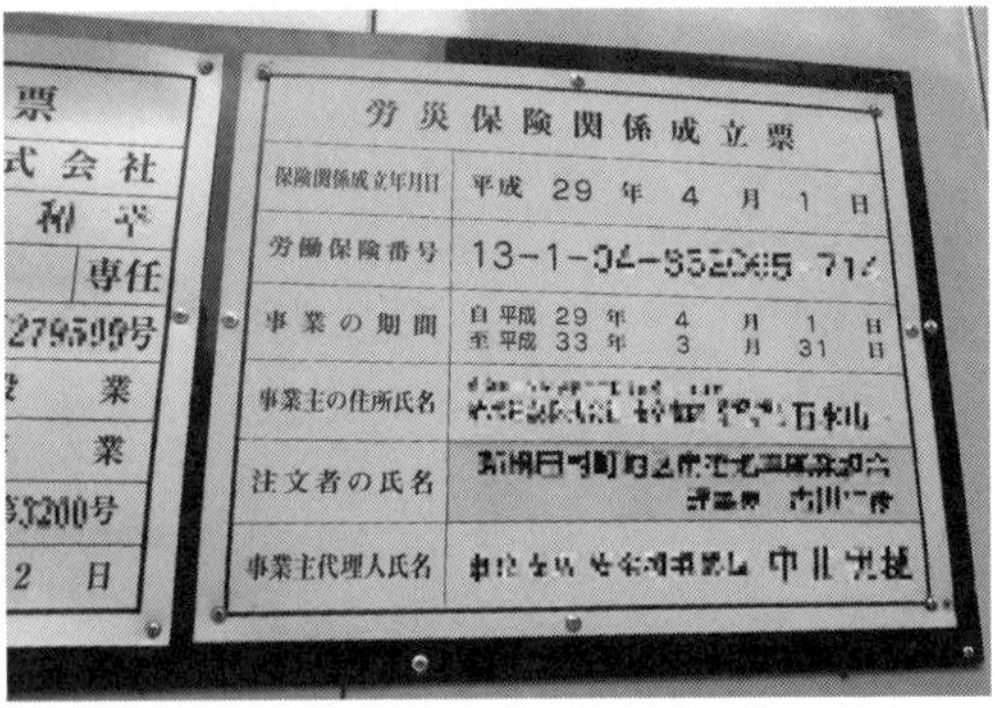

（筆者撮影）

建設現場で、上の写真のような労災保険関係成立票が掲げられているのを目にしたことがある読者も多いと思う。これは、この事業（建設工事）に労災保険が掛けられていることを示しており、建設事業者に義務づけられたものである。このように、労災保険関係のベースはあくまで「事業（場）」である。

労災保険において、次に鍵となるのは業種である。労災の保険料は業種ごとに大きく異なることを述べたが、労災事故の発生確率や発生した場合の事故の程度が業種によって明確に異なるならば、保険料負担の公平性の観点からは当然のことのように思える。しかし、一方で、そもそも社会保険はリスクが異なる主体を包含するものであることを考えれば、保険料に業種ごとの大きな差が設けられているのは必ずしも自明のこととは言えない。むしろ、理念としては、業種ごとに異なる保険料は、労災抑止のインセンティブを業種ごとに付与するという目的から解釈すべきと思われる。

だが、問題なのは、労災の業種区分が必ずしも労災抑止という目的に則った分類となっていない点である。現在の労災保険の業種区分では、「その他の各種事業」が全体の3割以上を占めるという歪《いびつ》なものになっている。業務内容や働き方も異なれば、労災リスクも相当に異なる集団が、一つの業種に含まれている可能性があるということだ。これでは、業界を通じた労災抑止というインセンティブは働きにくい。もちろん、このような歪な業種区分を改めることは労災保険の課題にも掲げられており、一部の業種を分離する検討が進められている[15]。

もっとも現実には、一つの企業体の下でさまざまな業種が運営され、逆に同じ業種でも同業者としての意識が稀薄になっているような昨今では、「業種ごとに労災抑止の努力をする」という発想自体が馴染まなくなっている可能性はある。究極的には、労災を抑止するという観点から、アイデンティティーを感じ得るグループを適切な規模で設定し、そのグループごとに保険料率を決めることが重要だろう。

本書の主な関心である雇用形態も、罹災確率に影響を与え得る要因として指摘されることがある。非正規雇用については、安全衛生等の教育が後回しにされがちで、正社員ほどには安全衛生が徹底されていない可能性がある。だが、海外の研究を眺める限り、有期雇用のほうが罹災確率が高いといった事実はそれほど見当たらない。日本において、雇用形態によって罹災確率に差があるかどうかは研究の蓄積を待つ必要がある。しかし、いずれにしても、高齢就業者の増加が非正規雇用の増加と表裏一体である以上は、高齢就業者の職場における健康問題への対策もまた非正規雇用を中核にして行うべきだろう。

4 高齢者の就業に影響を与える家族要因

(1) 介護の重圧

高齢者就業の拡大が労災というかたちで人々の健康に与えるコストを見た。とはいえ、労働力の確保のために高齢者の就業拡大が欠かせないことには変わらない。

それでは、そもそも高齢就業者は、政府の思惑通り、今後も増加していくのだろうか。高齢者就業の拡大を妨げる要素はないのだろうか。

ウェルズリー大学のコートニー・コイルは、人々の引退行動に関する経済学の研究論文を、労働供給側（労働者）に与える要因と労働需要側（企業）に与える要因に分けて整理している。労働供給側に与える要因としては、具体的には年金給付や資産、健康、また配偶者の就業といった家族要因が挙げられ、労働需要側の要因としては、年齢差別禁止法や景気といった要因が挙げられるとしている。(16)

日本でも、年金制度が高齢期の労働供給に与える影響については（先に触れた支給開始年齢の影響に関する研究を含めて）繰り返し分析されてきたし、健康の悪化が引退を促すことも実証研究によっ

表４－１　家族の介護のために離職した者の割合

（%）

	男性	女性
年齢計	1.0	2.4
20－24歳	0.2	0.4
25－29歳	0.2	0.4
30－34歳	0.1	0.4
35－39歳	0.2	0.6
40－44歳	0.9	1.6
45－49歳	1.4	2.9
50－54歳	2.0	6.1
55－59歳	3.4	8.7
60－64歳	2.1	7.1
65－69歳	1.3	4.0
70－74歳	1.6	3.7
75－79歳	1.7	2.4

注：過去１年間に離職した者のうち離職理由が「家族の看護・介護のため」であった者の割合。
出所：総務省「就業構造基本調査」（2017年）

て指摘されてきた[17]。また、労働需要側に与える要因としては、日本では高年齢者雇用安定法の改正が大きく、これもまた先に述べたように明確な影響が見出されてきた。

引退に影響を及ぼす要因として近年注目されているのは、家族に関わる要因である。超高齢社会をひた進む日本では、その中でも特に家族介護の問題が重要となる。家族内に介護を必要とする者が存在するために、その介護にあたる者の就業が妨げられることがある。

現在、６００万人とも言われる要介護者が、今後の30年間で１０００万人近くまで増加すると言われる中、介護によって就業を断念する人々が増え、労働力人口の減少にさらなる拍車をかけることが懸念される。この「介護離職」の問題は、昨今のマスメディアを賑わすキーワードの一つであり、政府が掲げる最重要課題でもある。だが、なぜこれが高齢者の就業と関わっているのだろうか。

表4－2　介護を理由とした離職者数の推移
（男女計）

	過去1年内の離職者総数（人）	介護離職者数（人）	割合（%）
2007年	6,674,000	144,800	2.2%
2012年	6,030,800	101,100	1.7%
2017年	5,454,700	99,100	1.8%

出所：総務省「就業構造基本調査」

２０１７年の「就業構造基本調査」（総務省）によれば、家族の介護をしている者の割合は全体で５・７％である。しかし、50代以上に限ってみれば、50～54歳で10・３％、55～59歳で13・８％、60～64歳で12・５％と10％を超えている。人々が家族の介護という事情に直面するのは、引退を考え始める時期と重なっており、その意味で介護離職は高齢者就業の問題にほかならないのである。実際、同調査によって、前職の離職理由を年齢別に見ると、「家族の介護・看護のため」を離職理由として挙げる者の割合は50代後半から60代にかけて最も高い（表４－１）。この傾向は、特に女性において顕著である。裏を返せば、高齢期の就業（特に高齢期の女性の就業）を考えるにあたっては、家族介護という要因への配慮が必要になってくる。

(2) 介護離職は本当に深刻な問題なのか

だが、本当に介護離職は、労働供給にブレーキをかける要因として懸念されるほど深刻なものなのだろうか。先の「就業構造基本調査」によれば、２０１７年に過去1年内に前職を辞めた理由として「家族の介護・看護のため」を挙げる者は９万９１００人であり、離職者総数に占める割合も１・８％にすぎない。過去10年間の推移を見ても、家族の介護・看護のために離職している者は、割合においても絶対数においても増加しているわけではなく、むしろ減ってすらいる（表４－２）。その間に要介護者の数が２００万人近く増えていることを考えれば、介護のために離職する者はもっと増えてもよさそうである。

もちろん、これは、「介護離職ゼロ」を目標として掲げる昨今の政策の効果が現れているとみなせなくもない。しかし、実際には、介護離職が政策課題として掲げられる以前から介護離職者は減っていたのである。

加えて、そもそもこのように主観的に挙げられた離職理由は真の理由とは限らないという見方もある。たしかに、介護をしていない者の就業率（60・３％）は、介護をしている者の就業率（55・２％）よりも高く、一見すると、家族介護という事情は就業を妨げる要因になっているように思える。しかし、介護者の就業率が非介護者の就業率よりも低いのは、就業していないから（あるいは就業するあてがないから）介護を引き受けているためかもしれない。これは、就業状態が介護を引き受けるかどうかの要因となっているという意味において、われわれが想定したものとは逆の因果関係である。同様に、介護を離職理由として答えている者の中には、もともと離職するつもりで介護という事情を言い訳にしているだけの者も含まれているかもしれない。

このように考えると、本当に介護が就業を抑制していると言えるのはどれくらいなのかという疑問がわく。研究者は、介護が就業を抑制する真の効果をさまざまな手法によって測ろうとしてきた。その結果、欧米では、先のような逆因果の可能性を考慮すると、真の意味での介護の就業抑制効果はほとんどないとする実証結果が相次いだ(18)。

図4－4　家族内に要介護者がいる場合の就業確率の低下

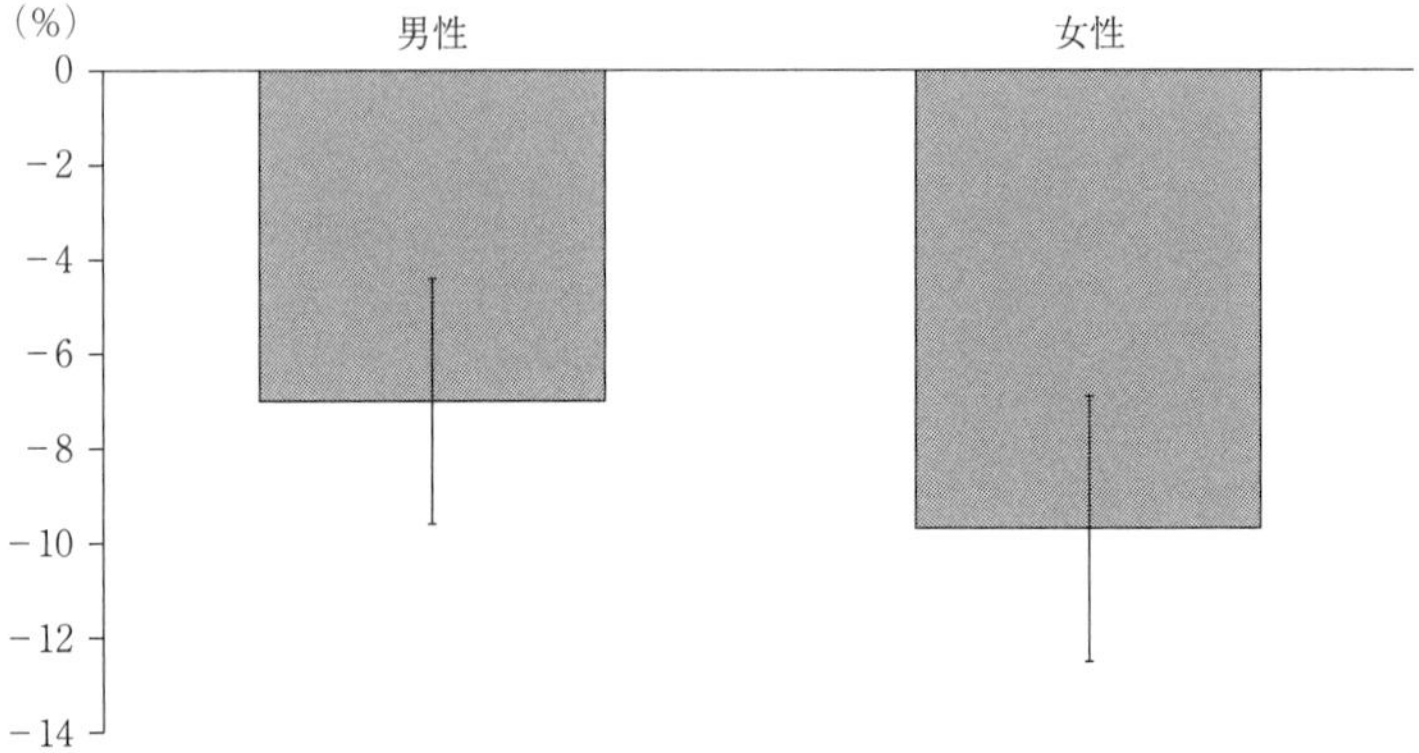

注：家庭内に要介護者がいた場合に、要介護者がいなかった場合と比べて就業確率が何パーセント低下するかを示している。年齢、（推定）賃金、資産等を統御した固定効果推定の結果、いずれも1%水準で統計的に有意な結果。

出所：Fukahori *et al.* (2015)

翻って日本ではどうか。日本の研究では、逆因果の可能性を排除するような手法（パネルデータや操作変数法）を採用しても、総じて、介護は就業を抑制しているという事実が確認されている[19]。パネルデータに基づく筆者らの研究では、図4－4に示されるように、世帯内に要介護者がいると就業確率が7～10%ほど低下することが見出された[20]。この値は、「就業構造基本調査」で見た、介護者と非介護者の就業率の差に比較的近い値と言える。そうだとすれば、ますます要介護者が増えているにもかかわらず、介護による離職者が増えていないのはなぜなのかということになる。この問いに対する明確な答えを提示することは難しいが、景気（人手不足）や改正高年齢者雇用安定法などが、介護の就業抑制効果を相殺する方向に作用していた可能性は否定できない。

ただ、就業し続けている者の労働時間については、世帯内に要介護者がいても減少するような傾向は見られなかった。硬直的な勤務体制が、家庭内に要介護者が生じた際の柔軟な対応を阻んでいることが示唆される(21)。

以上をまとめれば、現状で介護を理由とした離職者がそれほど多いわけではなく、増加傾向にあるわけでもないが、介護が就業を抑制する事実は日本では厳然と存在することから、今後、さらに要介護者が急増する中では注意が必要となる(22)。

加えて、晩婚化・晩産化にともなって、子育てと介護という二つのケアを同時にしなければならなくなるいわゆる「ダブルケア」が増えることも指摘されており、介護と仕事の両立が個人に課す負荷は今以上に重くなる可能性がある。

(3) 介護保険によって「介護の社会化」は達成されたのか

そもそも、２０００年に導入された介護保険制度は、「介護の社会化」をその導入目的の一つに掲げていた(23)。「介護の社会化」とは、介護の責任を家族だけに帰さず、社会全体で介護を担うという考え方である。端的に言えば、家族の介護をアウトソースすることで、人々を介護から解放するという発想である。

その具体的な方策は、介護に特化した社会保険制度を整えることで民間の介護サービス提供者を大量に参入させ、効率的なサービスを提供させるというものだった。日本の介護保険制度は介護サービスの利用にしか給付が行われないという意味で、給付が現物給付に限られているが、その背景には、この「介護の社会化」という理念も関係している。現金給付では、高い賃金を得られない者は外で働くよりも家族の介護を引き受けることを選択してしまう恐れがあるからだ。

だが実際には、介護サービスが充実した現在でも、介護者の約6割は同居している家族であり、そのうちの約7割が女性によって担われている。[24] 日本では、介護保険の導入が介護の就業抑制を一定程度緩和したとする結果を示す研究が比較的多いが、介護保険導入の効果を認めない研究もあり、統一的な結論は出ていない。[25]

一方で、その後の介護保険の改正が介護の就業抑制効果を再び強めていたことを指摘する研究もある。[26] というのも、介護保険は制度開始後の受給者の爆発的増加とそれに伴う財政的なプレッシャーを背景として、要介護区分の再編や施設サービス（特別養護老人ホーム）の入所基準の厳格化によって給付を抑制する措置を取ったからだ。これらの改正内容は、基本的には、コストのかかる施設サービスを受給できる者を絞り込むものであり、その結果として必然的に在宅での介護が柱となるので「介護の再家族化」と言われたりする。[27]

要介護者の中で施設サービスの利用者は2割程度にすぎないのに、施設サービスにかかる費用は総費用の4割を超えており、支払い側から見れば施設サービスが「金喰い虫」であることはたしかである。[28] 財政上の理由から在宅サービスに重点を置かざるを得ない一方で、介護負担が重くなれば就業を抑制してしまうというジレンマは、各国が共通して直面している課題でもある。

このように介護保険が在宅サービスにシフトしつつあるということは、介護保険制度による就業抑制の緩和があったとしても、今後はその効果は頭打ちになる可能性があるということである。

(4)「介護離職」対策の文脈

政府は介護離職への対策の一つとして、介護休暇を取得しやすくすることを検討している。具体的には、従来、連続してしか取得できなかった介護休暇を、分割して取得できる仕組みに改めた。たしかに、事業所側から見ても、介護休暇を取得した従業員のいる事業所はいまだ２％と極めて少ない[29]。また、介護休暇に付随する介護休業給付の実績も、第２章の図２－３に見られるように、現状では少ない。企業において介護休暇を取得しやすくすることは喫緊の課題である。

さらに、年金支給開始年齢の引き上げにより、今後、ますます高齢期に働かざるを得なくなれば、ワーク・ケア・コンフリクト（介護と仕事の相反）はますます大きくなる可能性があり、介護の事情に応じて（離職せずに）柔軟に働けることは重要になってくる。ただ、政府が介護離職対策として介護休暇から手を付けるのは、裏を返せば、財政が厳しく、おカネのかかる対策はしにくいという事情もある。しかし、介護休暇取得の促進は、今度は、雇用保険財政に負荷をかける結果となる可能性がある。

そもそも、自治体の介護施設定員が増えても、就業率は上がらないことを明らかにしている研究もある[30]。簡単な推計ではあるが、介護施設の充実よりも保育施設の充実のほうが、就業率の改善という観点からは効果が大きいことも研究によって指摘されている[31]。保育施策と介護施策では対象となる層が異なるので軽々に比較はできないものの、就業率の上昇という目標を掲げるのであれば、保育施策の効果（コスト・パフォーマンス）を一つの参照基準にすることは避けて通れないであろう。

加えて、やや込み入った議論になるが、介護保険制度にとって介護者の就業率の改善は副次的な目標であることには留意が必要だ。介護保険は保険であり、その本来の目的は介護に必要となる資金を融通することである。すなわち、介護保険の本質はファイナンスの手段である。介護保険の導入によって介護にかかるコストが軽減されれば、就業するインセンティブは減じる可能性もある（所得効果）。この所得効果が大きければ、介護保険が就業を促す効果と就業を抑制するインセンティブは相殺となる可能性がある。その意味で、介護保険自体に就業への効果を期待することは本筋ではないとする見方もないわけではない。

労働資源が貴重になる中、今後も介護離職の問題は注目され続けることだろう。だが、その対策をめぐっては、ここまで記したような点に配慮して、そのポリシー・ミックスを慎重に検討すべきときがきている。

【コラム】「肩車型社会」と高齢者の定義

本章で見たように、高齢者の就業促進が急速に進められている。その背景には、一人の高齢者を一人の現役世代で支えることになる「肩車型社会」が、いずれ到来すると言われていることがある。ある年齢以上の者を社会保障の「受け手」とし、ある年齢未満の者を「支え手」として便宜的に区分すれば、高齢化の進展はいかにも「支え手」にかかる負荷が大きくなりそうで、悲壮感を感じざるを得ない。だが、本当に、「高齢者＝社会保障の受け手」なのだろうか。

高齢者の中にも働く者が増えていることを考えれば，高齢者を一律に社会保障の「受け手」とみなすことは，もはや適切ではない。「支え手」を就業者とし，「受け手」を（子どもを含まない）非就業者とすれば，「受け手」対「支え手」の比はもっと緩和され，社会保障の未来にも楽観的になれるとする考え方がある。高齢者の中から働く者を増やすことは，社会保障の「支え手」を増やすと同時に，社会保障の「受け手」を減らすという意味合いを持つ。慧眼である。

だが，研究者の性として，このような見方に対して留保したい点がないわけではない。一つには，いつまでも高齢者の就業率が上がり続けるとは限らないことがある。60代の労働供給余力はだいぶ低下してきていると考えられる。また，新たに働くようになった者たちを従来の労働者と等価と考えるのは間違いであることは，本章でも指摘した。労働時間や労働の質まで勘案して労働供給量を測れば，「支え手」は単純な人数ほどには増えてはいないという見方もできよう。働いていさえすれば，常に「支え手」となるわけでもない。本章で見たように，労災等の面では高齢者は社会保障の「受け手」となるかもしれないのだ。

セーフティーネットとは，働けない者を働いている者たちの連帯によって救うものである。したがって，働く者を増やすことは，セーフティーネットを頑健にするうえでの王道である。だが，「働く者を増やす」という目的自体が嵩じて，「働けない者」を無理やり「働ける者」に仕立て上げるようになってしまえば，それは本末転倒である。その意味で，就業者を一律に「支え手」とみなそうとする主張にも一抹の危うさを感じるのは筆者だけだろうか。

とはいえ、現在の（65歳以上という）高齢者の定義がやや時代遅れになっていることも事実だろう。1960年当時の平均余命と同じ余命になる年齢以上を高齢者と定義して高齢化率を計算すると、現行の定義による高齢化率よりも大きく低下するという[32]。しかし、高齢者の健康にはバラつきも大きいことから、これをもって、年金の支給開始年齢を一律に引き上げるべきといった主張はされるべきではない。

個人のライフ設計（セカンド・キャリア設計）という観点に立てば、高齢になるまで働き続けるためには、早い時期からセカンド・キャリアを見据える必要がある。昨今、副業が奨励され、それと整合的になるように社会保険の整備も検討されている背景には、副業等によってキャリアの幅を拡げ、セカンド・キャリアにつなげてもらうという意図がある。「専門性」という美名の下に、視野が狭くなることに甘んじがちな筆者には耳の痛い話である。

第4章【注】

（1）労働政策研究・研修機構「高年齢社員や有期契約の法改正後活用状況に関する調査」（２０１３年）。
（2）石井・黒澤（２００９）、山田（２０１５）、山本（２００８）、Kondo and Shigeoka (2017) など。
（3）Usui *et al.* (2016)。
（4）総務省「労働力調査」。
（5）厚生労働省「賃金構造基本統計調査」。
（6）高齢者就業の拡大がもたらす別のコストの可能性としては、若年雇用の抑制がある。それらの研究動向については、Oshio

et al. (2010)、太田（２０１２）、Kondo (2016) 等を参照。

（７）Mitchell (1988)、Bande and López-Mourelo (2015)。

（８）太田（２００１）。

（９）Hasebe and Sakai (2018)。２００５年から２０１６年までの「労働災害動向調査」（厚生労働省）に基づいた分析。産業別・事業所規模別の度数率等を、「賃金構造基本統計調査」（厚生労働省）に基づく平均年齢等に回帰した。

（10）延労働時間を１７００時間として計算している。

（11）労働者死傷病報告とは、労働者が業務に起因して負傷したり、疾病に罹ったりして死亡または休業した際に労働基準監督署に報告することが義務づけられているものである。４分の１を無作為抽出したうえで匿名化したものが「職場のあんぜんサイト」（URL: http://anzeninfo.mhlw.go.jp/）に掲載されている。分析には、２００６年から２０１４年のデータを用い、サンプル・サイズは約27万７０００。詳細については、Hasebe and Sakai (2018) を参照のこと。

（12）あくまで発生した労災のうち死亡に到るケースであり、全労働者に占める死亡事故発生率ではないことに注意が必要である。

（13）櫻井（２０１７）。

（14）２０１８年の「労働災害発生状況」（厚生労働省）によれば、労働災害による死亡者数は９０９人と、過去最少を記録しているが、休業４日以上の死傷者数は三年連続で増加している。

（15）厚生労働省『「労災保険の業種区分に係る検討会」報告書』（２０１９年）。

（16）Coile (2015)。

（17）たとえば、大石（２０００）、濱秋・野口（２０１０）。

（18）Lilly *et al.* (2007)、Michaud *et al.* (2010) など。

（19）酒井・佐藤（２００７）、大津・駒村（２０１２）、岸田（２０１４）、Yamada and Shimizutani (2015)。

（20）Fukahori *et al.* (2015)。

（21）山田・酒井（２０１６）。

（22）介護と就業の関係についての内外の研究サーベイに関しては、Lilly *et al.* (2015)、山田・酒井（２０１６）、中村・菅原（２０１７）等を参照のこと。

(23) Cambell and Ikegami (2000)。
(24) 「平成28年 国民生活基礎調査」(厚生労働省)。
(25) 山田・酒井(2016)。介護保険導入時の効果を分析しにくいのは、介護保険の導入前後で制度が大きく変わっているために、接続し得るデータが取りにくいことにもよる。
(26) Fu *et al.* (2017)。
(27) ただし、介護保険はもともと「居宅サービス」を中核に据えており、施設サービスが絞り込まれたことをもって、揺り戻しがあったかのように解釈するのは制度趣旨に照らして必ずしも正確とは言えないかもしれない。
(28) 「公的介護保険制度の現状と今後の役割 平成25年」(厚生労働省老健局総務課)。
(29) 「平成29年度雇用均等基本調査」(厚生労働省)。
(30) Kondo (2017)。
(31) 田中(2018)。
(32) 金子(2014)。

第5章　社会保険料の「事業主負担」の本当のコスト

1　事業主が負担する社会保険料

社会保険は、言うまでもなく社会保険料が徴収されてその財源が賄われている。[1] 企業に雇われて働く者については、給与から天引きされるかたちで社会保険料が支払われており、これを本章では社会保険料の被保険者負担分と呼ぶ。この被保険者負担分の社会保険料とは別に、事業主（企業）も社会保険料を各従業員について支払っており、これを社会保険料の事業主負担分と言う。[2] すなわち、社会保険料は労使で折半されていることになっている。

しかし、経済学では、社会保険料の事業主負担分も、実際には、賃金に転嫁されることで労働者の負担に帰着していると見ることがある。これが、「事業主負担の帰着問題」である。「事業主負担の帰着問題」は、人々の直感と経済学的な考え方との相違が極めて先鋭的に現れる事例ということもあって、経済学の教科書に好んで取り上げられてきた。

ただ、現実的な議論となると、事業主負担の帰着に関する見解は、その実態や意義をめぐって極端に振れる傾向がある。一方に「事業主負担は一切、転嫁されていない」とする意見があれば、他方に、あたかも「事業主負担は１００％転嫁されている」かのような解釈もあり、果ては「事業主負担の帰着を分析する意味はない」といったシニカルな意見まであり、コンセンサスが得られるには程遠い状況にある。だが、事業主負担は賃金の低下というかたちでのみ労働者に影響しているのではない。事業主負担の影響を賃金に限定せずに考えてみれば、労働者への帰着は決して非現実的な話でないばかりか、さまざまなかたちで現下の就業の問題と密接に関わっていることに気づかされる。事業主負担の拡大は、労働市場に加わろうとしている人々に足止めをかけることになりかねないのである。

さらに一歩進んで、事業主負担を雇用主に対する福利厚生提供の義務づけの一種とみなした場合にも、昨今の労働政策に対して得られる示唆は大きいと筆者は考える。本章では、まず事業主負担に対する経済学の見方と実証的な成果を整理し、「事業主負担の帰着」の含意について考えてみたい。

2 「事業主負担」に対する経済学の考え方

厚生労働省の「就労条件総合調査」（２０１６年）によれば、企業が支払っている社会保険料にあたる「法定福利費」は、常用労働者一人当たりの労働費用のおよそ1割を占めている（表５－１）。昨今の社会保障財政の逼迫化は社会保険料の引き上げというかたちをとる傾向があり、法定福利費の割合も着実に上昇してきている（図５－１）。このことから法定福利費の膨張の企業業績への影響を懸念する声もある。被用者保険の適用拡大を当初は大企業に限定しているのも、中小企業にとっては

表５－１　常用労働者１人あたりの労働費用の構成比

（単位：％）

労働費用総額	現金給与額			現金給与以外の労働費用							
		毎月決まって支給する給与	賞与・期末手当		法定福利費	法定外福利費	現物給与の費用	退職給付等の費用	教育訓練費	募集費	その他の労働費用注)
100.0	80.9	65.8	15.0	19.1	**11.4**	1.6	0.1	4.5	0.2	0.2	1.0

注：「その他の労働費用」とは、従業員の転勤に際し企業が負担した費用（旅費、宿泊料等）、社内報・作業服の費用（安全服や守衛の制服のように業務遂行上特に必要と認められている制服等を除く。）、表彰の費用等を指す。

出所：厚生労働省「就労条件総合調査」（2016年）

図５－１　法定福利費の推移

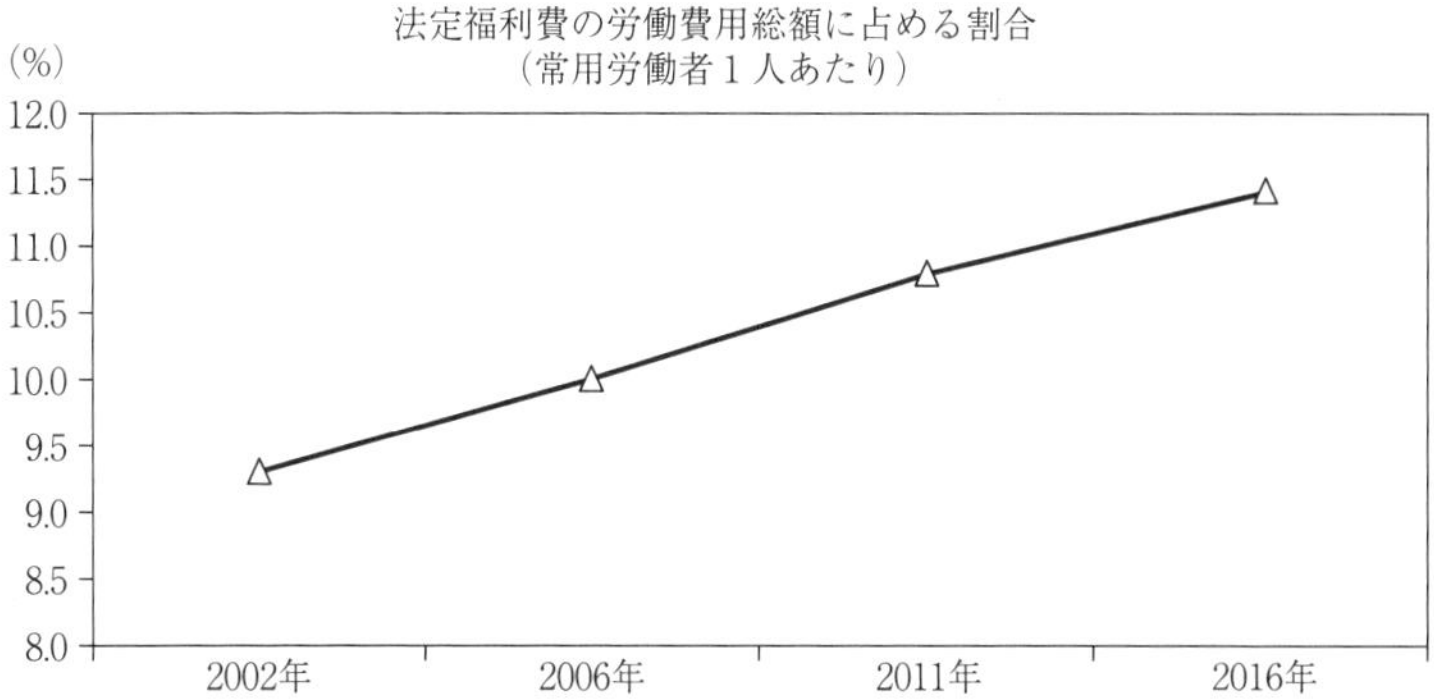

出所：厚生労働省「就労条件総合調査」

法定福利費の負担が重くなりすぎることに配慮してのこととされる。

しかし、法律上、被用者と事業主が社会保険料を折半して負担するとされていることと、実質的に誰が負担しているかということとは別の問題である。経済学では、法律上は事業主の負担とされていても、それが労働者の賃金に転嫁されていれば、最終的には負担は労働者に帰着していることになると考えてきた。すなわち、労働者負担と事業主負担を区別して考える意味はないというのが経済学の見解である。

このことを次のような具体例を通して考えてみる。今、社会保険料負担がない世界において、企業は労働者に対して20万円の賃金を支払っているとする。この世界において、ある時から事業主に2万円の社会保険料負担が義務づけられたとする。このとき、企業は今まで通り労働者に20万円を支払い続けることはしない。人々が賃金に関係なく就業し続けるのであれば、企業は労働者に支払う賃金を18万円に下げることで、労働者一人あたりの雇用にかかるコストを20万円のままにできるだろう。すなわち、企業は負担すべき社会保険料を労働者の賃金に転嫁することができる。

逆に、労働者が社会保険料を支払うことが義務づけられた場合には、企業は20万円の賃金を支払い続けるが、労働者はそこから2万円の社会保険料を支払うことになるため、手取りは18万円となる。つまり、社会保険料を事業主が負担しようが労働者が負担しようが、労働者が最終的に受け取る賃金（と事業主にとっての労働コスト）にちがいはないことになる。

大体において同じことではあるが、右の例を、経済学でお馴染みの需要曲線と供給曲線を用いて説明すると次のようになる。図5－2（a）は、事業主に社会保険料の支払いが義務づけられた場合の労働需要曲線を示している。労働需要曲線は、労働者一人あたりのコストに対して、企業がどれだけの労働者数を雇うかという計画を表したものである。すなわち、事業主に保険料負担が課せられた場合、賃金＋2万円が一人あたりのコストであり、それを表したものがD_0ということになる。

逆に言えば、当初の労働需要曲線から2万円をマイナスしたものが、事業主に保険料負担が課せられた場合の（言わば労働者にとっての）労働需要曲線ということになる。すなわち、労働需要曲線を

図５－２　社会保険料と賃金・雇用量の関係

(a) 事業主が社会保険料の全額を支払う場合

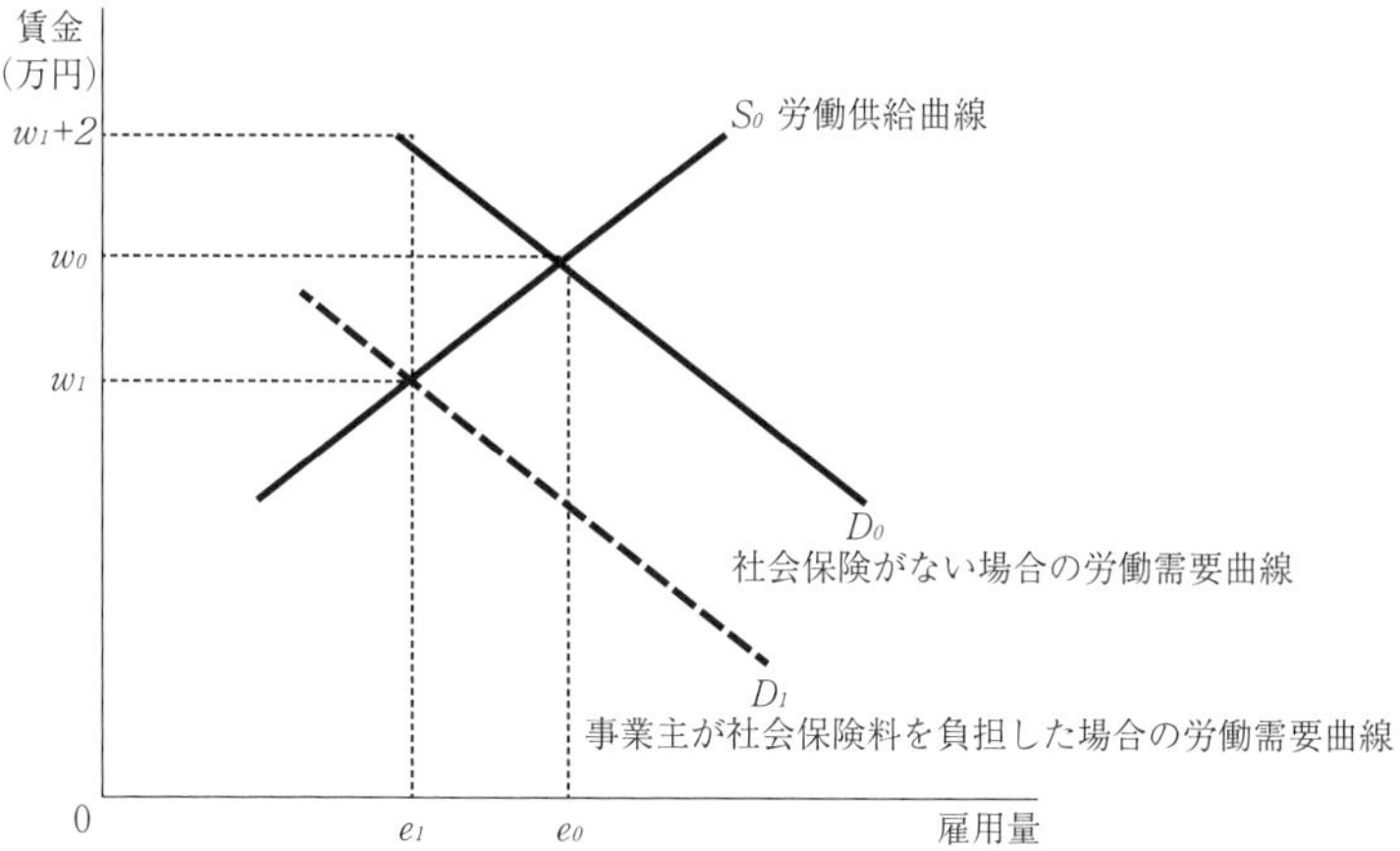

(b) 労働者が社会保険料の全額を支払う場合

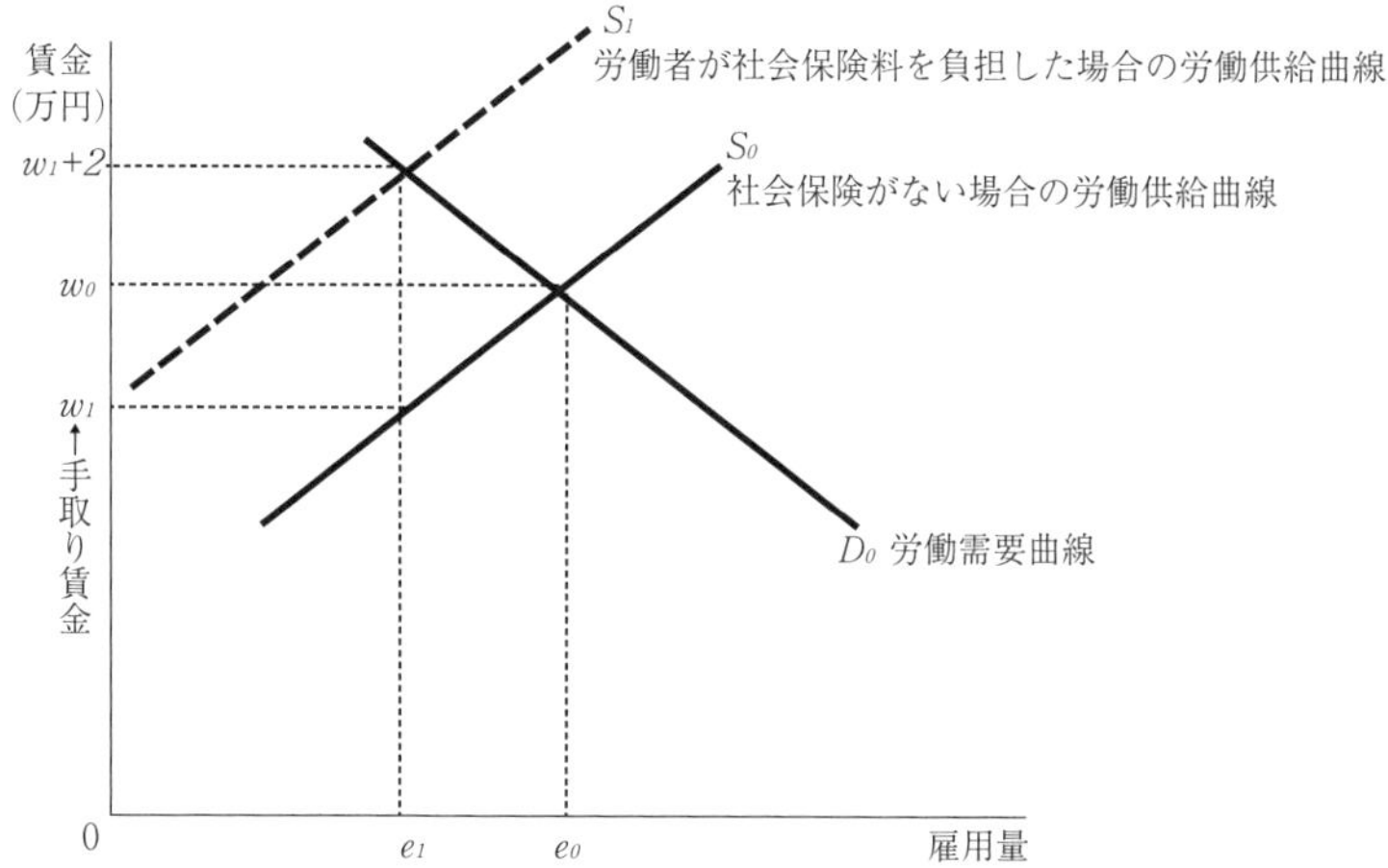

左にシフトしたのと同じことになる。事業主負担は、企業が直面するコストと労働者にとっての賃金の間にくさびを打ち込むことになる。結果として、労働者の手取りの賃金はw_1、雇用量はe_1となり、いずれも事業主に社会保険料負担が課されていなかった時の賃金（w_0）と雇用量（e_0）よりも少なくなる（w_0からw_1への変化が賃金への転稼幅）。

次に図５－２（ｂ）は、社会保険料の全額を労働者が負担する場合を示している。労働供給曲線とは、手取りの賃金に対して何人の労働者が働くかという計画を表したものなので、社会保険料が労働者の賃金から全額天引きされるとなると、労働供給曲線は左にシフトすることになる。社会保険料を支払う前の賃金は当初より高くなるが、社会保険料を支払った後の手取りで見れば当初より低く（w_1万円）、雇用量も当初より少なくなる（e_1）。ここでも、社会保険料が事業主に課されようと労働者に課されようと、労働者の手に渡る賃金と達成される雇用量には変わりがないことが確認できた。社会保険料の事業主負担をパターナリズム（父権主義）と捉えることには無理があることになる。

労働需要-供給曲線による分析からは、たとえば事業主に社会保険料の負担が義務づけられた場合、同じ額の負担であっても、労働需要曲線の傾きが緩やかなほど（すなわち労働需要の賃金弾力性が大きいほど）、賃金への転嫁幅が大きいことがわかる（図５－３（ａ））。この場合、雇用量の減少幅も大きくなる。労働需要の賃金弾力性が大きいというのは、賃金が少し上がるだけで企業の採用意欲が大きく減るという意味である。昨今のように経済のグローバル化が進み、海外で生産することが容易になると、労働コストの少しの上昇に対して国内の労働需要が大きく減少することになる。したがって、社会保険料の事業主負担が労働者に大きく転嫁される可能性を示唆する。

図５－３　社会保険料と賃金・雇用量の関係

（a）労働需要の賃金弾力性が極めて大きい場合

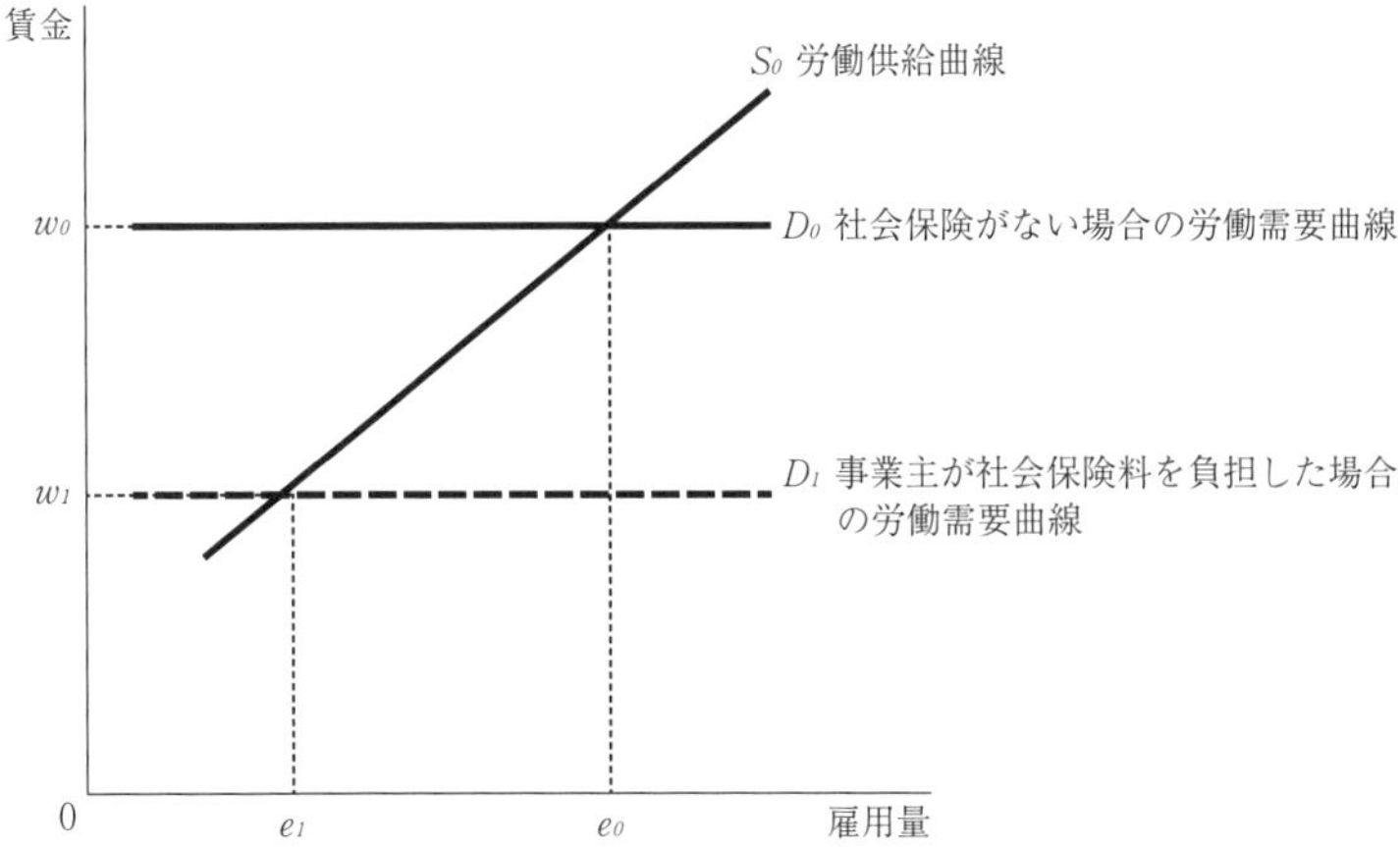

（b）労働供給の賃金弾力性が極めて小さい場合

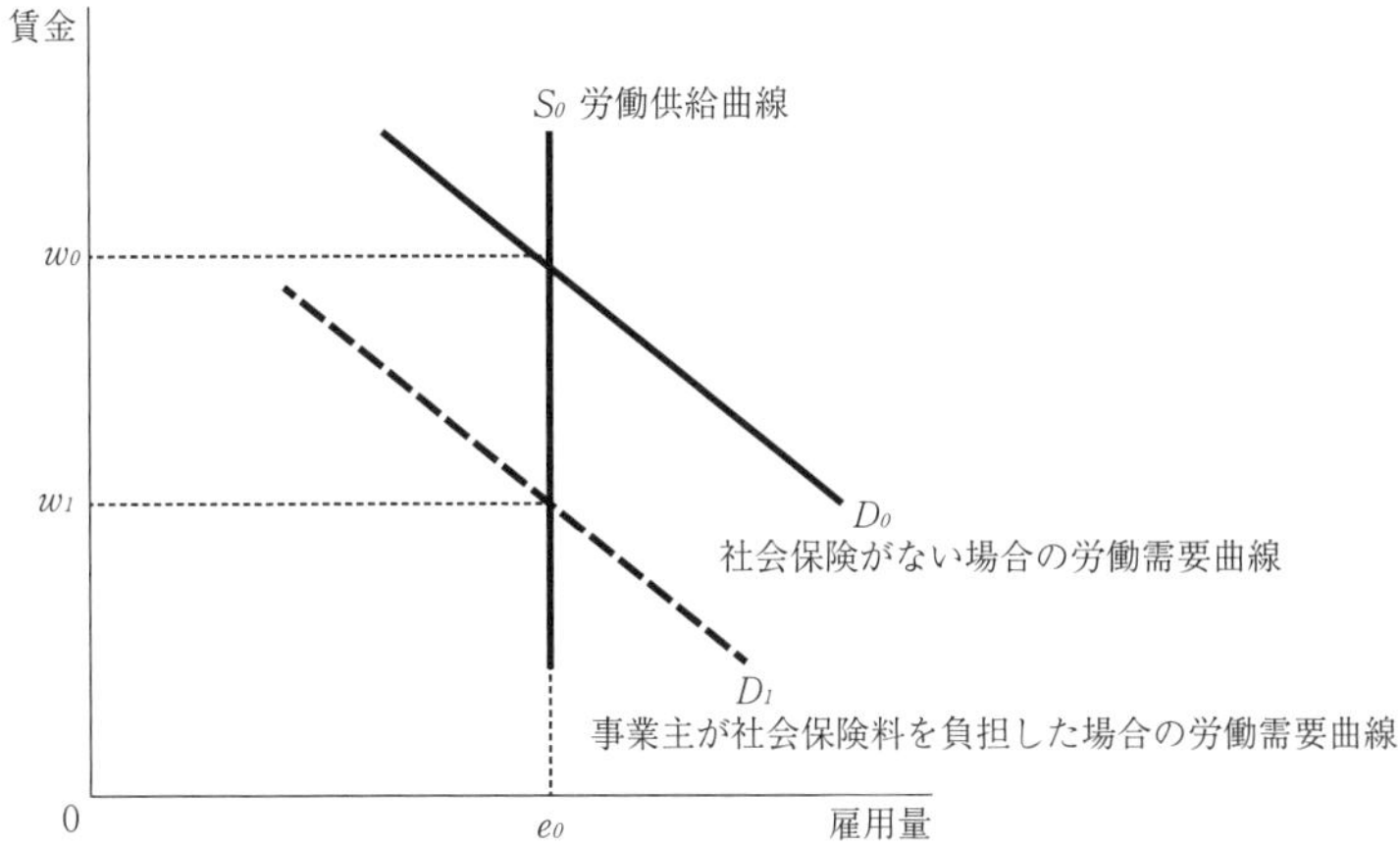

また、労働供給曲線の傾きが急な場合（すなわち労働供給の賃金弾力性が小さい場合）にも、賃金への転嫁幅が大きくなり、雇用量が減少しないことがわかる（図５－３（ｂ））。逆に、労働供給の賃金弾力性が大きい場合には、雇用量の大きな減少を伴うことになる。労働供給の賃金弾力性が大きいというのは、人々が、賃金が少し低下しただけで就業しなくなる（あるいは労働時間を減らす）という意味である。

一般に、男性よりも女性のほうが、また現役層よりも高齢層のほうが、賃金の変化に対して敏感に労働供給を変化させると思われるので、これらの者については事業主負担の増加は雇用量の減少をもたらすことが考えられる。非正規雇用も、正規雇用より労働供給の賃金弾力性が大きいと考えられるので、事業主負担の増加は雇用量の減少につながりやすいと予想できる。結局、労働者は、賃金低下を被らなくても、「事業主負担」を雇用量の減少というかたちで負担していると言える。

先の数値例では、事業主負担の１００％が賃金に転嫁されるとしたが、それは労働供給量が賃金水準に関係なく一定の場合や、労働需要が賃金水準に極めて大きく依存する場合に限られるということである。逆に言えば、労働需要曲線と労働供給曲線が通常通りにそれぞれ右下がりと右上がりであれば、事業主負担のうち賃金に転嫁されるのは一部である。

ところで、社会保険料を拠出すれば、それは給付というかたちで労働者に返ってくる。給付額が社会保険料の拠出額に比例するのは、公的年金や雇用保険において特に明確である。このように考えれば、社会保険の給付は一種の福利厚生であり、実際の「賃金」に付加されるかたちでの報酬ということになる。つまり、ある賃金額に対して働こうと思う者は増えるので、労働供給曲線が右方向にシフ

図５－４　社会保険料と賃金・雇用量の関係

労働者が社会保険の給付を福利厚生として評価する場合

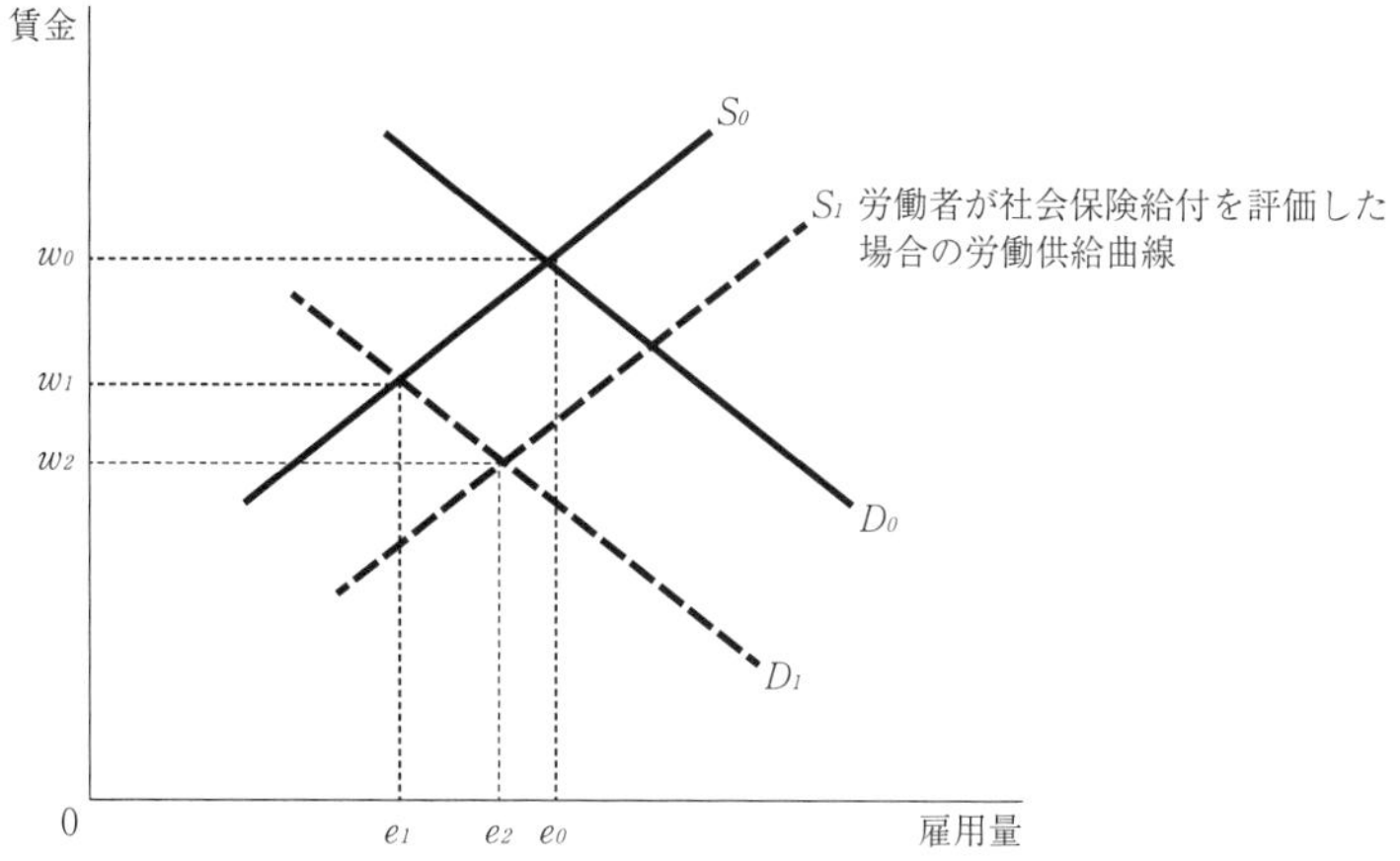

トするのと同じことになる（図５－４）。この場合には、賃金はそれほど低下せず、雇用量の減少も小さくなる。この点が、便益が広く薄くなりがちな税負担と、拠出と給付の対応関係がある程度明確な社会保険とのちがいである。これは、クリントン政権で財務長官を務め、その後、ハーバード大学学長も務めたローレンス・サマーズによって指摘された(3)。

とはいえ、拠出した社会保険料と同額の便益を得られるとも限らない。労働者が社会保険から得られる給付の価値を高く評価すれば、労働供給は大きく右方向にシフトするだろうし、給付の価値を低くしか評価しなければ、結局、税負担と変わらないことになる。昨今、日本で社会保険料が引き上げられる際には、必ずしも給付の拡大が伴っているわけではない。そのような場合には、税負担と同じように認識される可能性がある。すなわち、一定程度、雇用の減少を伴うことが予想される[4]。

以上のように、需要-供給のフレームワークによって、どのような場合に事業主負担が賃金に転嫁されやすく、どのような場合に賃金に転嫁されずに雇用量を減少させやすいかを予測することができた[5]。

3 事業主負担の転嫁の実際

(1) 転嫁の実証分析

事業主負担が賃金へ転嫁されていることは、単に理論的に予測され得るだけでなく、実証的にも繰り返し確かめられてきた。それらの実証分析では、基本的に、賃金や雇用量を被説明変数とし、負担率（事業主負担の保険料率）を説明変数とした回帰分析を行うことになる。初期の実証分析は集計度の高いデータに依拠していたが、次第にマイクロデータによる分析が主流になっていった。また、近年では、どのような労働者に負担が転嫁されやすいのかといったことに研究の関心が見られる。

もう一つの重要な傾向として、初期の研究では、説明変数となる保険料率が変化する理由については明示的に考慮されていなかったのが、近年になるにつれて、個別の社会保険制度の変更に着目することで保険料率の変動が外生的なショックとみなせるケースを扱うようになりつつあることがある。

この意味を、次のような例で考えてみる。日本の健康保険組合は、組合ごとに保険料率が異なっているが、賃金の高い企業の組合ほど保険料率は低くなる傾向にある。賃金が高いからといって、保険給付を必要とすることが多くなるわけではないので、これはある意味で当然だ。その結果、回帰分析をすれば、保険料率と賃金は負の相関を持っていることが示されることになる。

だが、これは保険料率が高いと賃金が低くなるという、先に説明した帰着のメカニズムを証明しているわけではない。実際にはその逆で、賃金が高いから保険料率が低くなっているのだ。そこで、事業主負担が本当に賃金等に転嫁されていることを証明したければ、保険料率が外的に変更されたような事例を探して、その際に賃金に変化があったかどうかを観察する必要がある。

このような外的に保険料が変更されたケースを利用した分析でも、海外の研究では事業主負担が賃金に転嫁されている事実を見出している。たとえば、ＭＩＴ（マサチューセッツ工科大学）のジョナサン・グルーバーは、１９８０年代にチリで行われた年金の民営化によって社会保険料が大幅に軽減された事実を利用して、事業主負担の帰着を検証した。その結果、事業主負担のほぼすべてが賃金に転嫁されていたことを確認している[6]。

日本での実証研究として、介護保険制度の導入時に生じた外的な保険料率（事業主負担）の変化を利用して行った筆者らの研究がある[7]。日本では２０００年に介護保険制度ができたが、40歳以上の者についてのみ介護保険料が課されることになった（第2号被保険者）。すなわち、それまでなかった事業主負担が、２０００年以降、40歳以上の労働者のみに課されることになったのである。

介護保険の導入によって新たに生じた事業主負担は賃金に転嫁されていたのだろうか。単純に、２０００年前後の賃金変化を見て、賃金が低下していたとしても、それは景気等の影響による可能性もある。特に、当時は労働市場が急速に悪化していた時期だったこともある。だが、事業主負担が課さ

図5－5　介護保険の事業主負担の賃金への転嫁

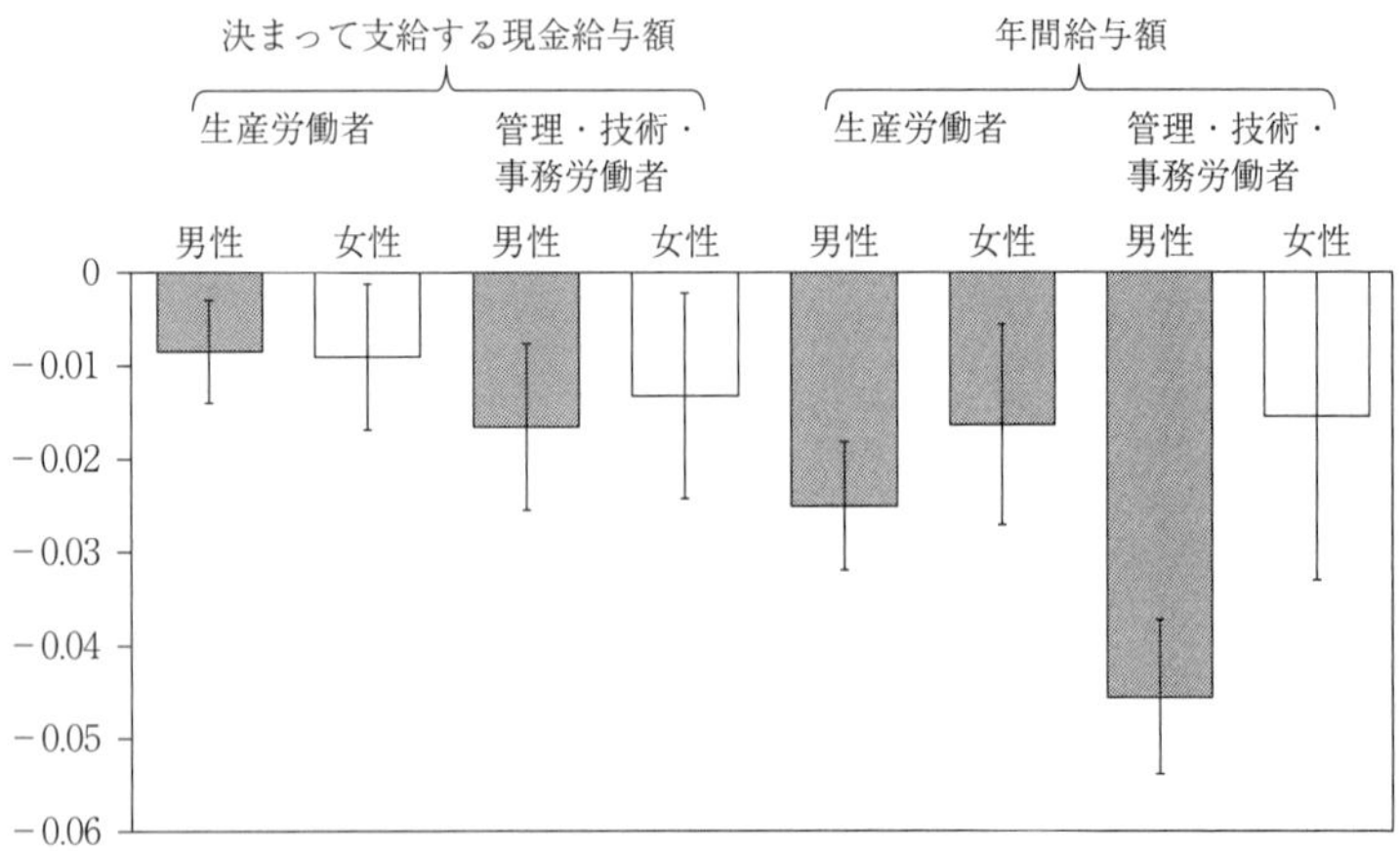

注：1）介護保険制度の導入によって生じた40代以降の賃金低下。
2）年齢、学歴、勤続年数、企業規模、総労働時間を統御。
3）アミ部分は15%水準で統計的に有意であることを示す。

れなかった40歳未満の労働者における賃金変化と比べることで、真の事業主負担の転嫁幅を抽出することができると考えられる（これは、「差分の差分法」と呼ばれる推定法である）。

そのような推定法によって、他の学歴等の属性も統御したうえで、事業主負担の賃金への影響をみたところ、統計的に有意な負の影響が確かめられた（図5－5）。つまり、介護保険制度が導入され、40代以降の賃金に事業主負担が課されたことにより、彼らの賃金は押し下げられていたのだ。

より詳しく見れば、男性のほうが女性より介護保険の導入による賃金低下が大きい傾向があることがわかる。一般に、男性のほうが労働供給の賃金弾力性が低いため、事業主負担が賃金に転嫁される度合いが大きいとする予測と整合的である。

ここで、はたして個々の企業が40代以降の社員の賃金のみを引き下げるようなことができるのかという疑問がわくかもしれないが、先の結果は、個々の企業において40代以降の社員の賃金のみが引き下げられていたと主張するものでは必ずしもない。そうではなく、40代以降の社員の比率が高い企業ほど、（40歳以上に限らず）全体的に賃金の引き下げ幅が大きかった可能性がある。実際に、40代以上の社員の比率が高い中小企業ほど、介護保険導入後の（40代以降の社員の）賃金の引き下げが大きかったことが見出されている[8]。介護保険の導入という「自然実験」によって、事業主負担が賃金に転嫁されていることがわかった[9]。

個々の社会保険についてではなく、社会保険料の合計で見た場合も、事業主負担は賃金に転嫁されていることが見出されている[10]。総じて、日本でもやはり、社会保険料の事業主負担は賃金に一定程度転嫁されていると考えることができる[11]。

同一のテーマに関する複数の研究から得られた結果を統計的な手法によって統合して評価することをメタ分析と言うが、事業主負担の転嫁に関して各国で行われた52本の実証論文の結果をメタ回帰分析した研究によれば、アングロ-サクソン諸国及び大陸諸国では事業主負担の３分の２が賃金に転嫁されており、北欧諸国に至っては９割近くが転嫁されているという[12]。

ところで、筆者はかつて、事業主負担が賃金等に転嫁されることで実際には労働者の負担になっている可能性について、企業に対してヒアリングを行ったことがある。しかし、「社会保険料（事業主負担）が増したからといって、それを労働者の賃金等に転嫁することはあり得ない」というのが大半の企業の意見であった。だが、賞与等は利益に連動していることが多い。事業主負担の増加は利益の削減を通じて、企業自身が意識しないうちに労働者の賃金に転嫁されているのかもしれない。先の、介護保険制度の導入を例に取った分析でも、月額の給与で見た場合よりも、賞与も含まれている年間給与で見た場合のほうが、賃金への転嫁が大きかった（図５－５）[13]。

このように見れば、昨今、人手不足にもかかわらず賃金の伸びがそれほどでもない理由を事業主負担の増加に求める指摘があるのはうなずける[14]。

(2) 賃金以外への転嫁

注意すべきは、労働者は賃金以外のかたちでも事業主負担を実質的に負担している可能性があるということだ。つまり、分析の結果として賃金への転嫁が観察されなかったとしても、「事業主負担は最終的に労働者によって負担されていない」とは限らない。すでに述べているように、賃金への転嫁が起きていなくても、雇用量の減少というかたちで労働者の負担になっている可能性がある。特に、労働供給の賃金弾力性が大きいような場合には、事業主負担は雇用量に転嫁されやすい。このことは、パートタイマーのような雇用形態においては、事業主負担が課された場合に雇用量の減少に結びつきやすいことを示唆する。

また、労働者への報酬には、現金給与以外にも社宅や保養所・財形といった法定外福利（いわゆる福利厚生）もあり、これが事業主負担の増加を相殺する手段として用いられていることも考えられる。企業にとって名目賃金を引き下げることは極めて難しいため、福利厚生が調整弁とされやすいからだ。近年、企業の福利厚生は削減される傾向にあるが、この理由を法定福利（事業主負担）の増加に求める研究もある。[15] 特に、デフレの時期には、名目賃金を大きく引き下げない限り実質賃金が下がらないため、福利厚生を削減することで人件費を調整せざるを得ないことが多くなると予想される。

(3) 非正規雇用への代替の可能性

社会保険料の事業主負担の上昇は、企業に対して、フルタイムの正規雇用から、短時間の非正規雇用への代替を促してきたという主張もしばしば見られる。たしかに、健康保険や厚生年金においては、労働時間が一定以上ないと適用対象とならない。そのため、パートタイマーなどの短時間の非正規雇用は、事業主負担が引き上げられた場合には、相対的なコスト・アドバンテージが大きくなる。事業主負担を嫌う企業が、正規雇用から非正規雇用へ切り替える可能性はある。

これは、理論的には、生産要素の相対的な価格の上昇に伴う要素代替の一例と考えることができる。事業主負担の増加をフルタイムの労働者の賃金に転嫁しきれない場合に、このような代替が起きる。要素代替が生じるかどうかは、生産構造（つまり等生産量曲線の形状）にも依存することは言うまでもない。

先に、労働需要の賃金弾力性が大きい場合には事業主負担が賃金低下というかたちで労働者に負担されやすいと述べた。正規の労働者を他の生産要素に代替させやすい場合、労働需要の賃金弾力性は大きくなると思われるので、事業主負担が増加した際には、本来、正規労働者は大きな賃金低下を受け容れるはずである（したがって、非正規雇用への代替は生じにくい）。正規と非正規が、生産上、代替しやすいにもかかわらず、なんらかの外的な理由（たとえば最低賃金制度や労働組合の存在等）

によって正規労働者の賃金へ転嫁し得ない時にはじめて短時間非正規雇用への代替が起きることになる。

まとめれば、事業主負担が増加した時に非正規雇用への代替が起きるのは、①生産上、正規雇用と非正規雇用の仕事に大きなちがいがなく、正規雇用の仕事を非正規雇用に置き換えやすい場合、②正規雇用の賃金に事業主負担を転嫁できない場合、という二つの条件が必要になる。

事業主負担を回避するために非正規雇用への代替が進むというストーリーは、巷間で言われる割に定量的に検証された例はほとんどない。少し古い資料であるが、厚生労働省「雇用の構造に関する実態調査（パートタイム労働者総合実態調査）」（２００６年）は、全国の事業所に対してパート等労働者を雇用する理由について複数回答で訊ねており、その結果、「人件費が割安なため」と答えた事業所の割合が71・０％と最も高かった。しかし、人件費のうちのどの項目が割安かという質問に対しては、「賃金」（70・５％）、「賞与」（63・５％）、「退職金」（47・９％）を挙げる事業所の割合が高く、「法定福利費」（すなわち事業主負担）を挙げる事業所の割合は35・１％と（他の項目に比べれば）決して高くはなかった。事業主負担の重さよりも賃金自体の安さが、パートタイマー等の非正規雇用を使う利点として意識されているのが実態のようである。

事業主に対する仮想質問によるアンケート調査ではあるが、次のような分析もある。筆者らが、２００７年に中央調査社を通じて、全国から無作為に抽出された製造業・卸小売業の中小企業１５００社に対して行った調査では、社会保険料の事業主負担が引き上げられた場合の対応を聞いており、３５０社から回答を得た（有効回答率：23・３％）。そこでは、事業主負担が引き上げられた場合に雇用量を削減すると答えた企業に対して、さらにどのような方法を用いて削減するかを訊ねているが、「採用を手控える」ことに並んで、既存正規従業員の人数もしくは労働時間を減らして「非正規労働者によって補う」と答えた企業も多く、過半数を超えていた。

同選択肢を被説明変数とした重回帰分析を行い、どのような企業が事業主負担が引き上げられた場合に非正規雇用による代替という調整手段を採用するか確かめたところ、企業規模が大きく、従業員に占める非正規雇用割合が高い企業ほど非正規雇用による代替を行う可能性が高いことがわかった。

また、非正規雇用のうち短時間非正規雇用の割合が高い企業ほど非正規雇用による代替を行う可能性が高いことも明らかにされた。短時間非正規雇用をもともと多く使用するような生産を行っている企業においては、正規雇用（あるいは短時間ではない非正規雇用）の仕事と短時間非正規雇用の仕事が置き換えやすく、事業主負担が引き上げられた場合に短時間非正規雇用への代替を進めるという選択肢が現実味を持っているようだ。

ただし、以上はあくまで仮想質問による調査の結果にすぎない。仮想質問による調査結果は、市場均衡によって最終的にもたらされる結果とは異なり得ることがしばしば指摘される。仮想質問による調査に基づいた右の分析結果から得られる示唆があるとすれば、事業主負担が引き上げられた際に非正規雇用への代替が生じるかどうかは、業種や職種によってだいぶ異なってくる可能性があるということだろう。

非正規雇用への代替が要素代替の一種ならば、資本への代替も要素代替である。すなわち、事業主負担の増加によって労働力のコストが重くなれば、（非正規雇用への代替ではなく）むしろ業務の機械化といったことが促されることも考えられる。「社会保険料の事業主負担の拡大が、企業に非正規雇用を利用させる誘因となってきた」という主張は、ここまで見たように、たしかに可能性としては考えられるものの、限定された条件の下で成立し得る、あくまで一つの可能性にすぎない。実証的に確固たる根拠を有しているわけでもないため、誇張されすぎるべきではない。

4　事業主負担の帰着を把握することはなぜ重要なのか

それでは、事業主負担が賃金等に転嫁されているかどうかを知ることはなぜ重要なのだろうか。「世代会計」と呼ばれる研究は、個人の（政府との間の）受益と負担を世代別に明らかにするものであるが、昨今、社会保障における生涯純受益（＝生涯受益－生涯負担）の世代間格差が拡大していることが指摘されている。特に、若い世代では生涯純受益がマイナスになるとする試算もある。つまり、若い世代では、生涯を通して支払う社会保険料等の負担が得られる給付を上回る「支払い超過」の状態になることが予想されるのだ。

もとより、社会保障とは、私的な助け合い（互助）を制度化することで発達してきた側面があるので、政府との間のやり取りだけに着目すれば、近年になるほど負担が大きくなって当然とする見方がある。たとえば、かつては介護は家族によって私的に担われていたが、介護保険制度が導入されたことでそれが公的な負担となれば、近年の世代ほど世代会計上の「負担」が大きくなっているのは当然である。また、社会保険も保険の一種であり、リスクプレミアムを保険料として支払っていることを考えれば、負担額が給付額を上回ること自体に問題があるわけではないという考え方もある。とはいえ、そのような意味での世代間格差がいくらでも拡大してよいというわけではない。

だが、そもそも議論の大前提として、世代ごとの純受益の試算値も、社会保険料の事業主負担分を労働者の拠出とみなすかどうかによって大きく異なってくるのである。当然ながら、もし事業主負担分も労働者の拠出に含めたとすれば、生涯純受益は小さく計算されることになる。他方で、事業主負担の１００％が賃金に転嫁されているとみなすことも早計すぎるかもしれない。そこで、事業主負担分のうち、どの程度を労働者の拠出として計上すべきかが重要になってくるのである。

似たようなことは、公的年金等の社会保険を税財源化した場合の影響を予測する際にも言え、シミュレーションでは事業主負担をなくす代わりに見込まれる賃金上昇がどの程度であるかが問題になってくる。ゆえに、事業主負担の帰着に関する定量的な評価が重要となってくるのである。

しかし、筆者は、事業主負担の帰着を定量的に評価する意義はそれだけに留まらないと考えている。事業主負担の帰着の実態を計測することは、昨今の包摂志向の就業政策の帰結を予想するうえでも必要なのだ。

たとえば、厚生年金などの非正規雇用（短時間労働者）への適用拡大を考えてみる。第1章や第2章で見たように、短時間労働者に対しても厚生年金等の被用者保険の適用を拡大することは、従来とは異なる雇用形態が増える中でセーフティーネットの綻びを防ぐための方策として自然な流れであった。これは、労働を需要する側（企業側）にしてみると、短時間労働者を利用するコスト面での相対的なメリットが少なくなることを意味し、正規雇用（フルタイム労働者）への揺り戻しが起きる可能性がある。

先にも述べたように、一般にパートタイマーは少しでも賃金が低くなると就業を控える傾向が強いと考えられるため、新たに課された事業主負担はパートタイマーの雇用量の減少に結びつきやすいことが予測される。非正規雇用を救うはずのセーフティーネットの拡張が、非正規雇用の利用を企業に忌避させる結果となっているならば、それは「意図せざる結果」にほかならない。だが、データを見る限り、事業主負担を避けるために企業が短時間労働者を使っているという確固たる証拠はなく、「意図せざる結果」が起きているかどうかは現時点ではわからないのである。ここにこそ、事業主負担が企業行動に及ぼす影響を精確に測る意味がある。

広い意味での「意図せざる結果」への配慮も大切だ。米国では、出産への保険給付を企業に義務づけた結果、そのコストが20～40歳の既婚女性の賃金に転嫁されたことが指摘されている[16]。また、日本では、育児休業の付与が企業に義務づけられたことで、35～44歳の新規雇用が抑制されたとする研究もある[17]。

このような福利厚生提供の企業への義務づけも事業主負担の一種とみなせば、右記のような実証結果は帰着の議論が予想するところとまったく同じである。昨今の労働政策は、若年層や高齢者といったように政策のターゲット（対象）を絞って実施されることが多い。同時に、財源の確保が困難な政府は、「企業への義務づけ」というかたちで政策を実施する強いインセンティブを持つ。

ターゲットを定めて実施される政策が企業へコストを強いるものだった場合、企業は政策のターゲットとなる者たち（すなわち、本来、政策の恩恵を受けるべき者たち）の採用を躊躇したり、その者たちの賃金へコストを転嫁するといったことを行うかもしれない。だが、それでは、ターゲットとなる者たちの労働市場への「包摂」は進まない。これは、あるターゲット（たとえば高齢者）の雇用義務づけが他のグループ（若年層）の雇用の抑制につながるという可能性とは異なるものだが、政策の意図せざる結果であり、副作用であることにちがいはない。

結局、それは廻りまわって社会にとってのコストになっているはずなのだが、そのコストが見えにくいために「企業への義務づけ」という政策手法が重宝されることになる。ただ、政策がユニバーサル（普遍的）なものではない場合に、実際の副作用がどこに生じるか、またどの程度生じ得るかは実証的な検証に委ねざるを得ない。だからこそ、広い意味での帰着の実態を正確に計測していくことが必要となるのである。

第５章【注】

（1）ただし、いずれの社会保険においても社会保険料だけですべての財源が賄われているわけではなく、公費（税金）が投入されていることは序章でも述べた通りである。
（2）雇用保険二事業については被保険者負担分はなく、また労働者災害補償保険についても事業主負担分のみとなっている。
（3）Summers（1989）。
（4）経済学として、社会保険料をどのように捉えるべきか定まった見解があるわけではない。一つの有益な議論として岩本（２００９）がある。
（5）このような話は、大竹（１９９８）や大森（２００８）といった代表的な労働経済学の教科書に取り上げられてきた。

(6) Gruber (1997)。
(7) 酒井・風神(2007)。
(8) 酒井(2009)。大企業ほど事業主負担による賃金低下が小さいということは、単に大企業ほど労働組合などの存在によって賃金の調整コストが大きいという事実を表しているにすぎない可能性もある。
(9) 推計された賃金への転嫁の大きさは、介護保険制度が導入されたことで実際に企業に生じたと考えられる費用よりも大きかった。なんらかの別の要因が混在して賃金の低下が観察されている可能性はある。
(10) Hamaaki and Iwamoto (2010)。
(11) 日本で事業主負担の帰着を分析したその他の研究として、2003年に導入された総報酬制度を外生的な要因として用いた酒井(2006b)もある。
(12) Melguizo and González-Páramo (2013)。ただし、筆者の読む限り、このメタ回帰分析では出版バイアスを考慮した修正を行っていないため、実際より過大に評価されている可能性は否めない。
(13) このように理論的にも実証的にも最終的には労働者の負担となっていることが確かめられているにもかかわらず、なぜ「事業主負担」は存在するのかという疑問については、事業主に社会保険料が課されたほうが、労働者に課されるよりも負担感が少ないといった心理的なバイアスの存在が考えられる。ただ、その政策としての是非については別途議論が必要である(大竹[2019])。
(14) 大島・佐藤(2017)。
(15) 西久保(2005)。
(16) Gruber (1994)。
(17) 森田(2005)。

第6章　若年層のセーフティーネットを考える
——就労支援はセーフティーネットになり得るか

若年層における就業に起因する諸問題は、セーフティーネット格差が大きく顕在化する最たるケースであり、同時に、従来型の支援の延長（たとえば社会保険の適用拡大）では救済が難しい典型例でもある。

若年層のセーフティーネットについては、これまでの章でも言及してきた。特に、第1章や第2章で紹介した社会保険の綻びは、陰に陽に、若年層を念頭に置いて話を進めてきた。したがって、この章での議論は、これまでの章の内容と重複する部分が多分にある。しかし、その一方で、若年層に関しては、他の年齢層とは異なる視点からの対応が必要となる側面もあるため、特筆すべきでもある。

足下の労働市場を見れば、人手不足を背景に、新卒の採用現場は空前の売り手市場となっているが、他方で、就職氷河期世代（1990年代後半から2000年代前半頃の労働市場の景気が最も悪かった時期に卒業時期が重なった世代）には今も正社員になれないまま取り残されている者が多いとして、政府が、この世代の正規雇用を3年で30万人増やすとの目標を掲げるなどの動きもある。

若年層における就業問題についてはすでに多くのところで語り尽くされた感もある。たとえば、太田[1]や樋口・財務省財務総合政策研究所[2]などが行った先行研究では、若年就業にまつわるさまざまな問題とその支援のあり方を、経済学の観点から包括的に論じており、本書がそれらに付加して述べることは少ない。そこでこの章では、本書のこれまでの議論を敷衍するかたちで、雇用が脆弱な若年層に対するセーフティーネットが、どのような点で難しいのかを論じたい。その中で、昨今、マジックワードとなっているきらいもある「就労支援」やそれに付随する「教育訓練」といったものが、本当にセーフティーネットになり得るかということも考えてみたい。

1　若年層の失業

(1)　若年層における失業はなぜ問題か

なぜ若年層に向けて雇用対策をしなければならないのだろうか。若年層が（景気低迷等によって）就業に困難を来しているのであれば、政府の介入による救済が必要であるというのは、今日では自明のことのように思える。だが実は、対象を若年層に特化した本格的な雇用対策が登場したのは、2000年代に入ってからのことである[3]。もちろん、それまでも雇用対策は行われており、それは公共事業といったかたち（すなわちケインズ政策のかたち）を取ることが多かった[4]。したがって、ここでの問いは、若年層の雇用対策を他の年齢層から切り分けて行う理由は何かということである。

図6－1は、若年層（15-24歳）と壮年層（25-44歳）の失業率の推移を見たものである。まず、若年層の失業率は、2003年頃のピーク時で10％にも達していたが、それが直近（2018年）では

3・6%までに落ち着いていることが見て取れる。

この図からわかる二つ目のことは、若年層の失業率は壮年層に比べて常に高いということである。若年層ほど失業しやすいのは、若年層が適職探しの過程にあることと関係する。各種の統計は、若年層ほど自発的に仕事を変えることが多く、その過程で失業することが多いことを示している。したがって、若年層における失業率が高いこと自体は、支援が必要であることの理由にはならない。

この図が示す三つ目のことは、若年層の失業率と壮年層の失業率の動きは同じように推移してきたという事実である。すなわち、景気が悪くなれば若年層の失業率も壮年層の失業率も（水準こそちがえども）同じように上がり、景気が好くなれば両者は同じように下がってきたということである。

実際に、若年層の失業率を壮年層の失業率で割ったものは相対失業率と呼ばれ、若年層の失業リスクが壮年層の失業リスクに対して何倍かというオッズ比と解釈できるが、その推移を見ると、長期的にはむしろ低下する傾向を示している（図6－2）[5]。近年、若年層における失業リスクが、他の年齢階層の失業リスクに比べて大きくなってきているといったわけではないことがわかる。若年層における失業リスクは水準としては高いものの、全体の労働市況の反映にほかならず、全体から切り分けて若年層独自の雇用対策を行う必然性はないようにも思われる。また、景気は一定の間隔で循環しているので、学卒時の就職が不利であっても、それは一時的な経験にすぎず、景気が回復すれば他の年齢階層と同じように雇用は改善するので、問題ないようにも思える。

だが、そうではないのである。若年時の失業経験は、その後の人生の長きにわたって負の影響が継続するという点で、その他の年齢階層における失業とは異なった性格を有している。不況期に就職し

図６－１　若年層と壮年層の失業率の推移

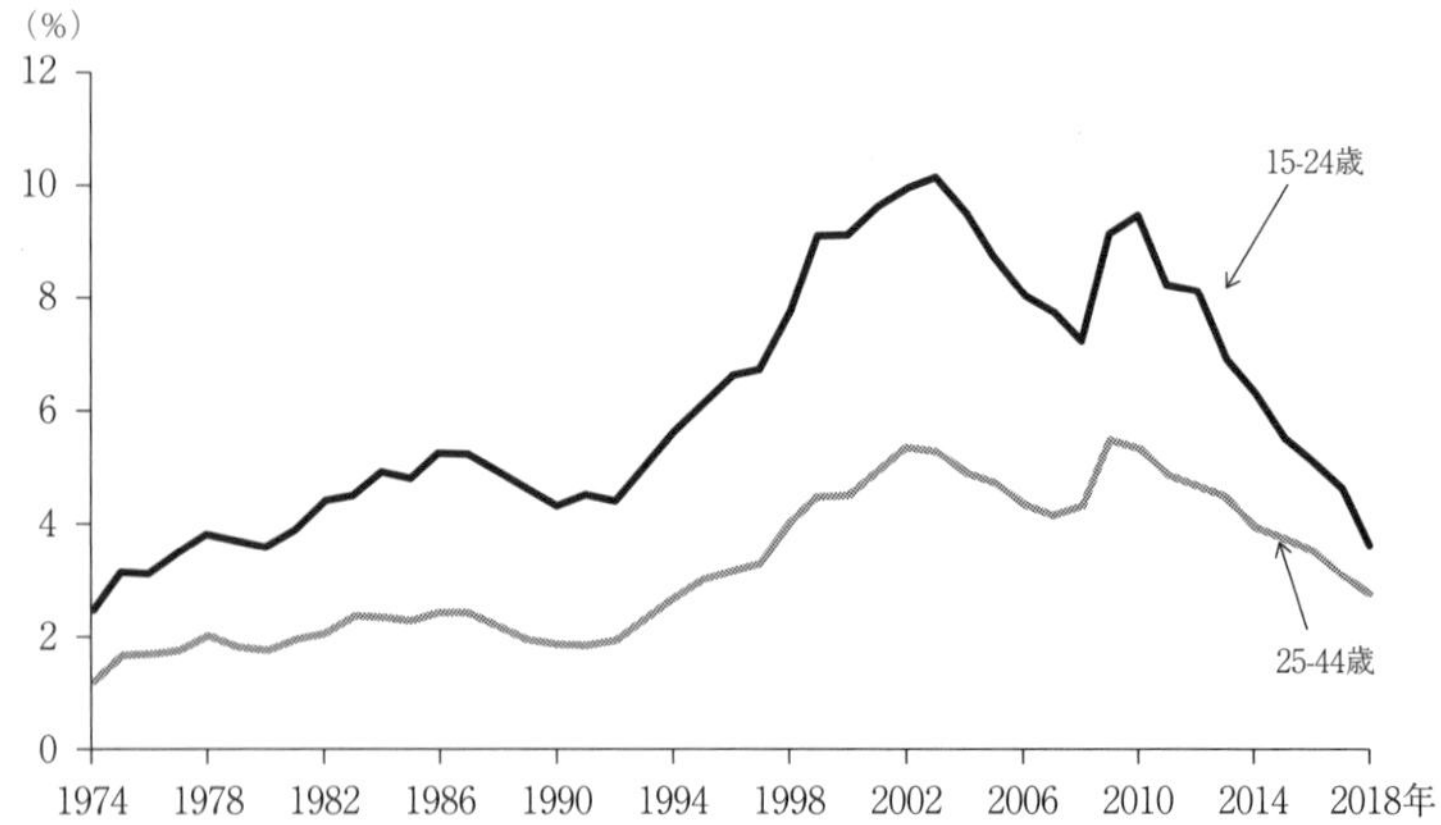

出所：総務省「労働力調査」

図６－２　相対失業率の推移

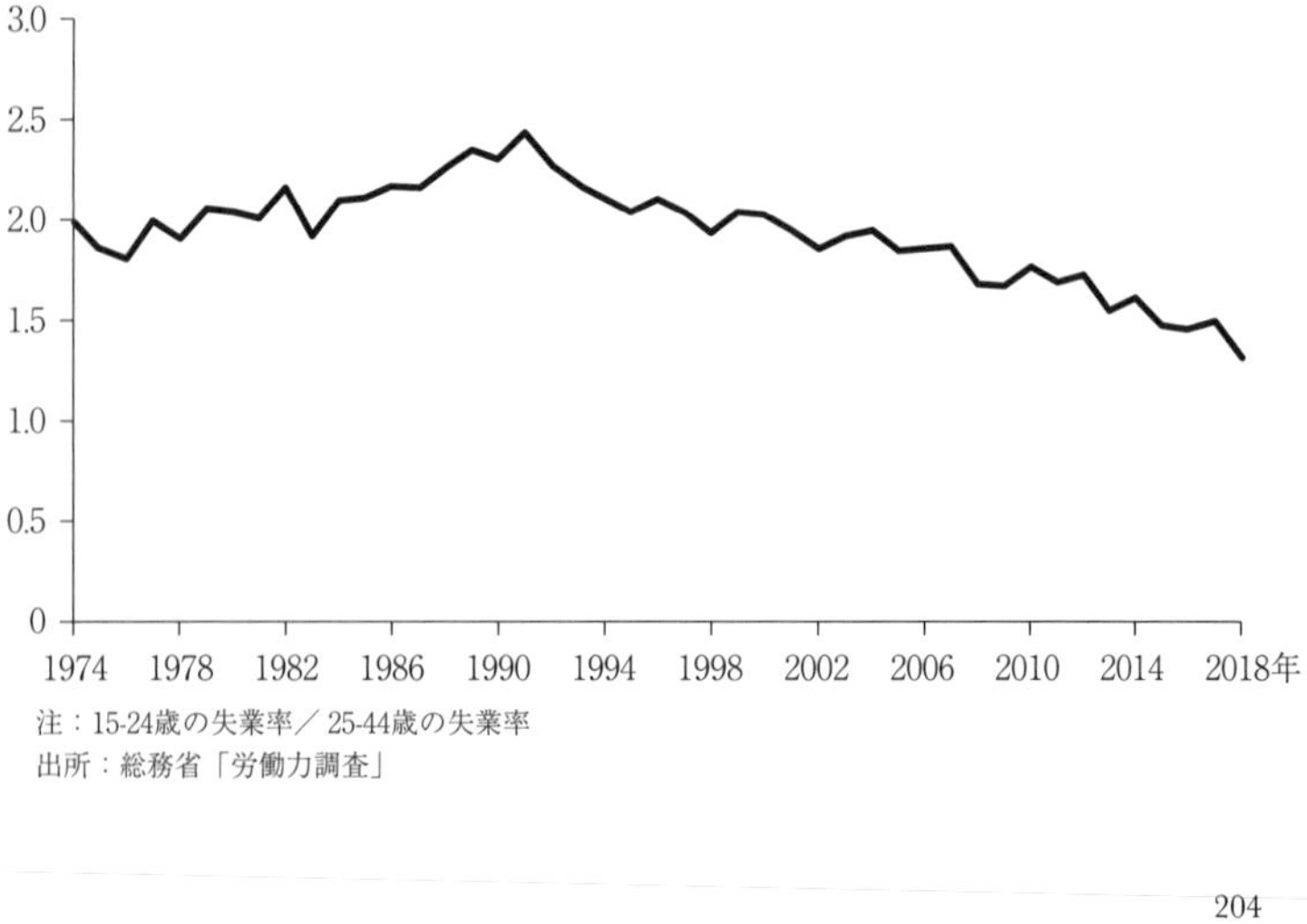

注：15-24歳の失業率／25-44歳の失業率
出所：総務省「労働力調査」

図6－3　初期時点（20代前半）の失業率の持続性

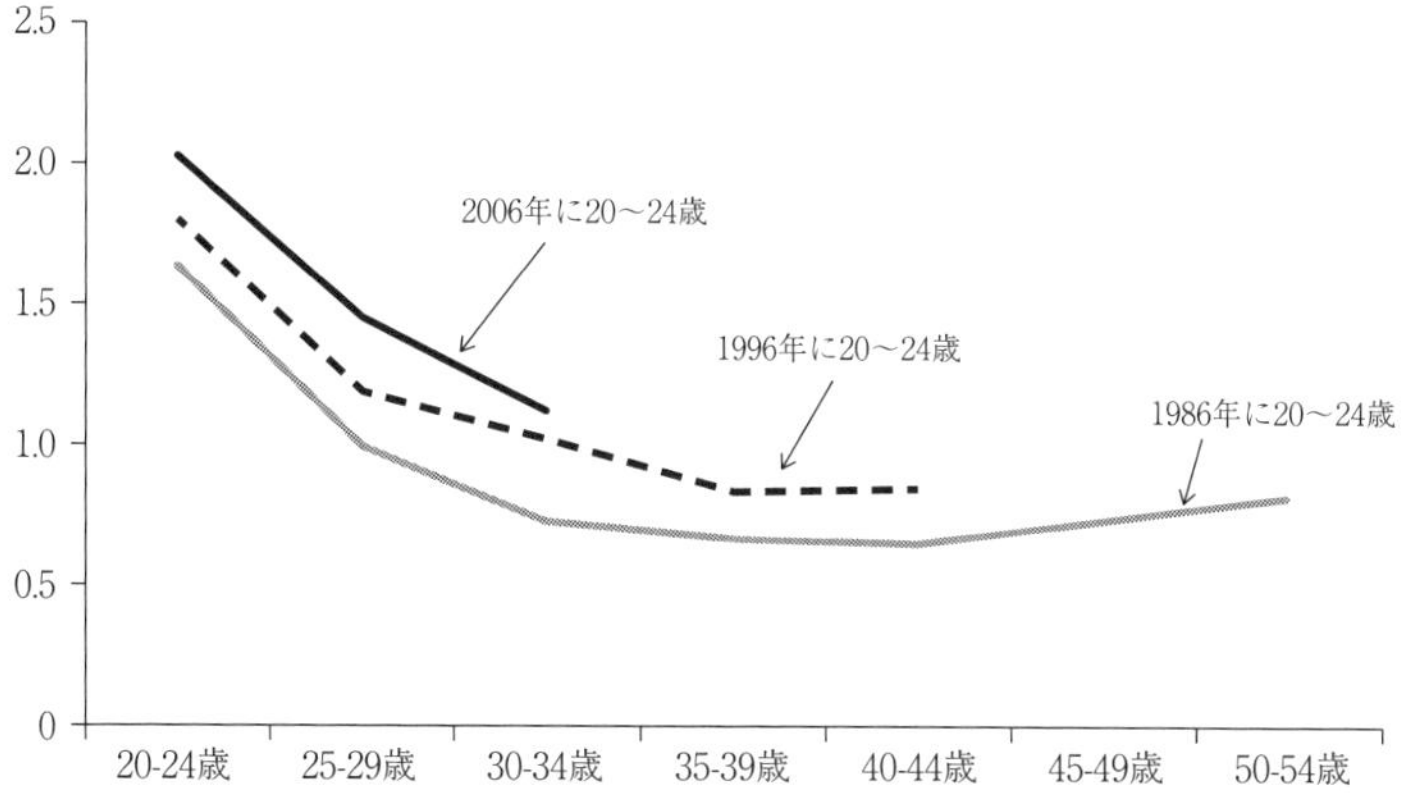

注：各時点の平均失業率に対して何倍かを示している。
出所：総務省「労働力調査」

た者は、好況期に就職した者に比べて、平均的に、その後も雇用が不安定になりがちであることが知られている。これを「世代効果」と言ったり、「烙印効果」と言ったりするが、このような傾向があると、若年期に不況を経験した世代は、その後、景気が回復しても、安定的な雇用に移行しにくく、不安定な雇用に滞留したまま歳をとっていってしまうことになる。実際に、20代前半の時期に失業率の高かった世代は、（20代前半の時期に失業率が低かった世代に比べて）その後の失業率も継続して高いことが見て取れる（図6－3）。

不安定な雇用を継続することは、技能の蓄積が阻害されるなど、社会にとってもコストとなる可能性がある。学校から卒業する時期は、基本的に生まれた時期に関係するので、個々人がどうにかできるものではない。したがって、学校から卒業する時期が少し異なっただけで、そ

図6－4　若年層における非正規雇用割合の推移
(雇用者に占める非正規雇用の割合)

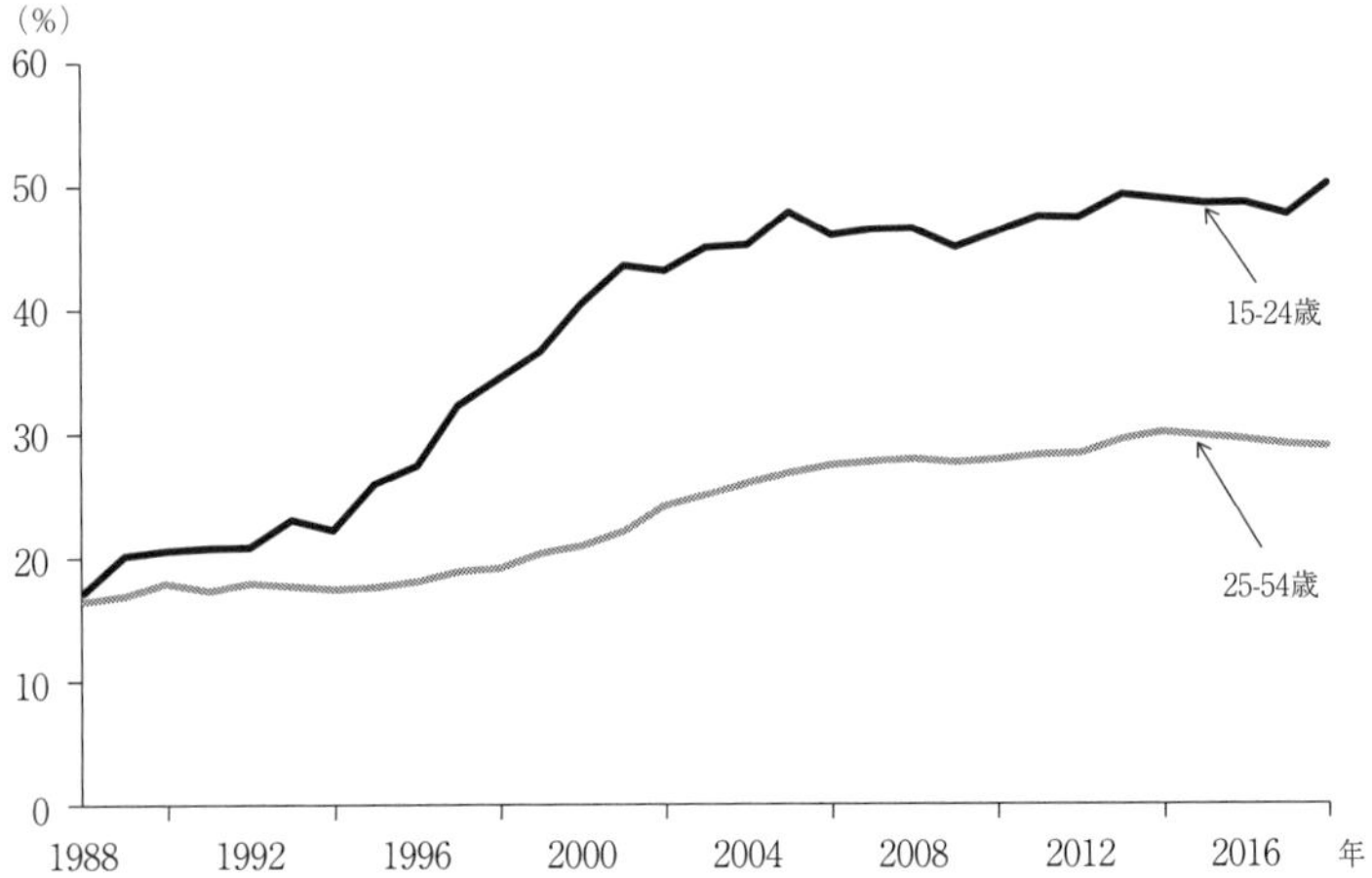

出所：総務省「労働力調査（詳細集計)」「労働力調査（特別調査)」

の後の長い人生に大きな差が出るのであれば、それは「機会の不平等」と言えるかもしれない。このような失業経験の持続性こそが、若年層に特化した施策によって早期に対応することを正当化するのである。若年層向けの雇用対策が登場したのは、若年期の就業の問題が世代間格差につながり得ると認識されていく過程と密接に関わっている。

(2)　若年層の就業・失業の特徴

ここで若年層における就業や失業の特徴を見ておこう。図6－4に示されるように、雇用者に占める非正規雇用の割合は、若年層(15—24歳)においては他の年齢階層よりも急速に上昇してきた。第1章では、長期的な非正規雇用の増加は自営業者の減少を購うかたちで進行してきたという見立てを紹介したが、若年層に関しては、自営業の減少分は小

図6－5　年齢階層別の失業期間

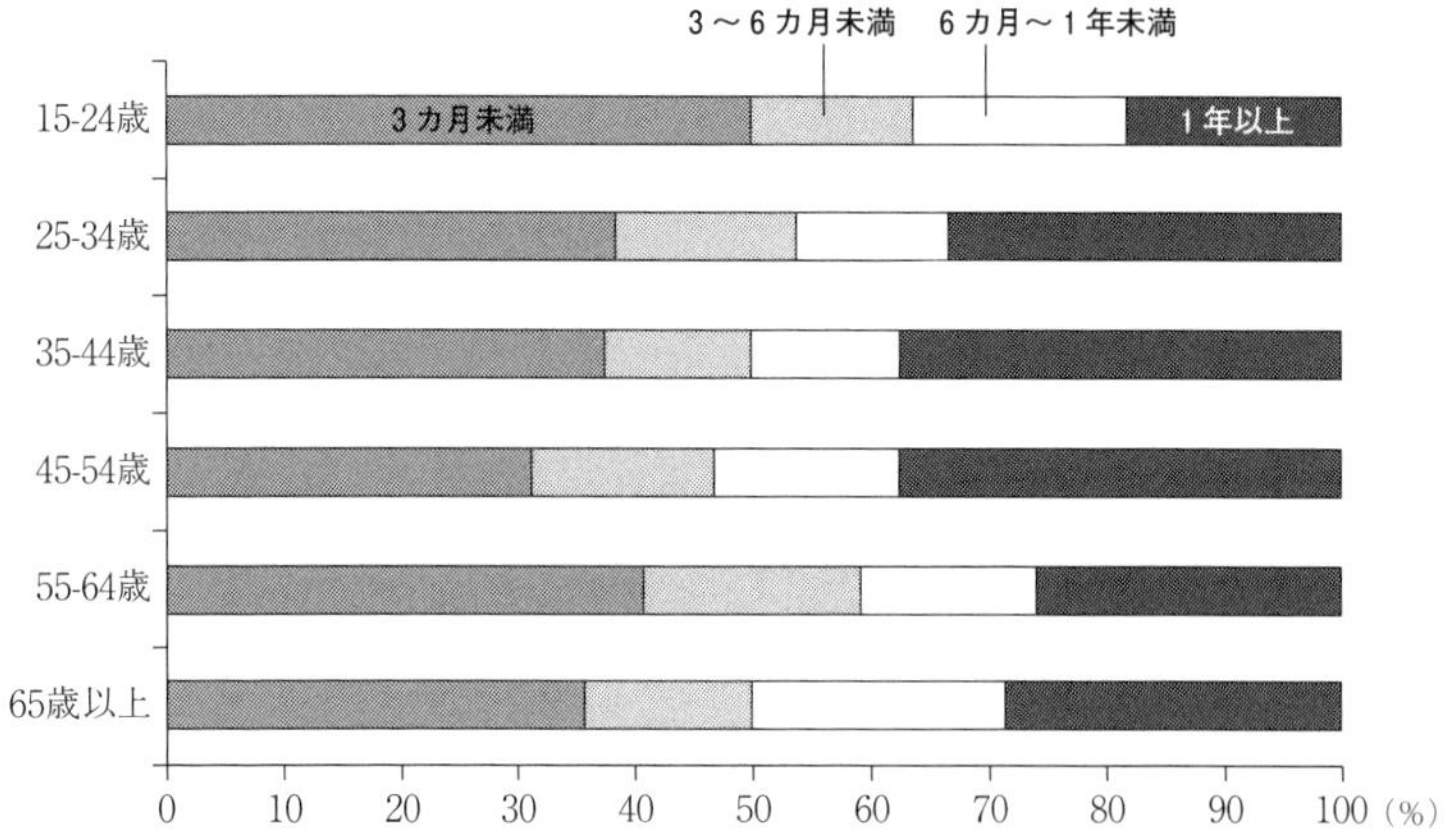

出所：総務省「労働力調査（詳細集計）」（2018年）

さい（神林［２０１７］）。ただし、若年層における非正規化は、進学率の上昇に伴い、学生のアルバイトが増えていることによるところが大きい。実際に、若年層では、雇用者に占める「通学のかたわらに仕事をする者」の割合が高い[6]。したがって、若年層の非正規化は、その年齢層において困窮者が増えているということを即座に意味するわけではない。

それでは、若年層の失業はどうだろうか。特に、他の年齢階層と比べた場合、若年層の失業はどのような特徴を持っているのだろうか。若年層においては壮年層よりも失業率が一貫して高いことは先に見た通りである。失業者とは、無業の者のうち就業する意欲を持ち、実際に職探しをしている者のことを指すことは言うまでもないが、15～34歳の失業者でおよそ4割を占めている。

失業期間を年齢階層ごとに比べてみれば、若年層では失業期間が短い傾向にあることがわかる

（図6－5）。若年層は、失業しやすいが失業から抜け出すのも早いと言える。なお、後で「烙印効果」の研究を見るが、それらの研究が示しているのは、若年層のほうが中高年層に比べて失業期間が長引きやすいということではない。

大まかに言って、失業者に非正規雇用を加えたものが「フリーター」である（ただし、在学中のアルバイトは含まず、女性に関しては未婚者に限る）。失業と非正規雇用は不安定な就業状態にあるという点で類似するものがあり、若年期にはこの二つの状態を行ったり来たりすることも多いことから、二つを合わせて捉えることに意味がある。

年齢を15歳から34歳までとした一般的な定義によるフリーターは、２０００年代前半のピーク時には２００万人以上いたが、労働需給が逼迫している現在では１６０万人を切っている[7]。なお、フリーターは、当初、34歳以下に限定されて使用されていた定義だったが、フリーターの状態のまま歳を取っていく者もいることから、年齢の上限を取り払って議論されることも多くなった。その場合、「中高年フリーター」といった呼ばれ方をすることがある。

とはいえ、若年層が置かれている雇用における不利な状況に焦点を当てるのであれば、就業意欲を有する失業者と非正規雇用に着目するだけでは十分でない。失業の状態が長引き、就業の見込みがないと判断すると、職探し自体を止めてしまう者が出てくる。これは求職意欲喪失効果と呼ばれるものであるが、要は、無業者の中には不本意にも就業意欲が奪われてしまった結果、職探しをしていない者が含まれているということだ。

そこで、家事も通学もしておらず、職業訓練を受けているわけでもない若者を「ニート」（ＮＥＥ

T：Not in Education, Employment or Training の略）と呼び、フリーターに換えて使う場合がある。15歳から34歳までの家事も通学もしていない無業の若者は、およそ60万人いるとされる。

さらに、職探しをしていないだけでなく、家族以外の者との接点を持っていない者を指す「ＳＮＥＰ」（solitary non-employed persons の略）という言葉もある。(8) これなどは引きこもりに近い概念であるが、２０１９年の内閣府の推計によれば、引きこもりを、自室や家からほとんど出ない状態に加え、趣味の用事や近所のコンビニ以外に外出しない状態が6カ月以上続く場合と定義すると、15歳から39歳では約54万人が該当するという。さらに高い年齢階層（40歳から64歳）では、約61万人が該当するという。いずれにせよ、就業の脆弱性は複眼的に捉えられなければならない。

2　烙印効果の検証

(1)　実態としての「烙印効果」(9)

ある世代の雇用や賃金が持続的に被る影響を「世代効果」と言う。ある世代に影響を与える要因の典型は、学卒時の景気である。学卒時期が不景気であれば、希望通りの仕事に就ける者が少なくなる。希望通りの仕事に就けなかった者は、その後も非正規雇用のような不安定な就業状態や低賃金の仕事を継続しがちになるというのが、「世代効果」の説明で語られるストーリーである。だが、ある世代全体に影響を与えるのは、学卒時の景気だけではなく、大きな災害といった要因もある。

また、世代の人口規模（コホート・サイズ）も、その世代全体に影響する。世代の人口規模が大きければ、当然、就職活動では高い応募倍率になり、望み通りの会社に決まることは少なくなる。要は、その世代の労働力としての稀少性が少なくなるということだ(10)。少子高齢化の進行が若年世代に有利に働いていることは、新卒採用市場における需給が逼迫している様子を見れば言わずもがなであろう(11)。

ただ、学卒時の景気がある世代に持続的に影響を与えるという話と、世代の人口規模が持続的に影響を与えるという話は、微妙に異なっている部分がある。というのも、世代の人口規模の大小は、基本的にはその後も変わらないので、原因となるもの自体が持続していると捉えることもできるが、景気であれば、たとえ学卒時の景気が悪かったとしても、その後は回復する可能性が高いわけで、雇用や賃金についても（景気回復に伴って）改善してもおかしくないからである。

本章で念頭に置いているのは、主に学卒時の景気が与える影響である。そこで、以降では、若年時の景気（とその帰結としての就業経験）が持続して及ぼす影響を、（広義の「世代効果」とは分けて）「烙印効果」と呼ぶことにする。一時点の経験が、烙印のようについて回るという意味だ。そうすると、問うべきは、なぜ学卒時点という一時点の状態にすぎない要素が、その後の長きにわたって影響を与え続けるのかということになる。つまり、就職氷河期世代が「ロスト・ジェネレーション」と呼ばれたり、今になってその世代への救済が叫ばれたりしていることの背後にある問題意識は、景気が回復して人手不足となっているにもかかわらず、なぜ就職氷河期世代だけが取り残され続けているのかという問題意識であると言い換えることができる。

とはいえ、そのメカニズム（学卒時の景気が雇用や賃金に影響し続けるメカニズム）を明らかにするのは、これもまた単純ではない。まず、そもそも、学卒時の就業状況が本当にその後の雇用や賃金

表6－1　初年度の雇用形態と5年後の雇用形態の関係

（単位：%）

第1回調査時の仕事の有無（＋雇用形態）		第6回調査時の仕事の有無（＋雇用形態）総数		仕事あり	（再掲）正規	（再掲）非正規	仕事なし
男		(100.0)	100.0	93.6	66.1	10.8	6.1
仕事あり		(85.5)	100.0	96.9	70.1	9.4	2.9
	（再掲）正規	(56.6)	100.0	98.0	84.7	4.4	1.7
	（再掲）非正規	(13.0)	100.0	91.6	46.4	34.5	8.1
仕事なし		(11.3)	100.0	74.3	42.8	19.8	25.1
女		(100.0)	100.0	70.6	32.0	31.7	27.2
仕事有		(65.7)	100.0	80.6	41.9	31.7	16.9
	（再掲）正規	(32.7)	100.0	79.4	64.8	14.0	16.5
	（再掲）非正規	(26.5)	100.0	79.8	19.2	55.6	19.1
仕事なし		(31.3)	100.0	50.0	10.4	32.2	49.0

注：1）集計対象は、第1回から第6回まで回答を得られている者である。
　　2）男、女には仕事の有無不詳を含む。
出所：「第6回 21世紀成年者縦断調査　結果の概要」の表10より引用

に影響しているのかということさえ、実は自明とは言えない。ミクロデータを用いて、学卒時点の就業状態や雇用形態と、その者のその後の雇用や賃金との関係をみたとしよう。そのような観察には、パネルデータのような同一個人を追いかけた調査が適している。

表6－1は、厚生労働省の「21世紀成年者縦断調査」に基づいて、（学卒時点とは限らないが）ある雇用形態から他の雇用形態への遷移確率をみたものである。この表によれば、第1回調査時に正規雇用に就いていた男性の85%が5年後も正規雇用に就いているが、第1回時点で非正規雇用だった男性については、5年後に正規雇用に就いているのは46%にすぎず、35%は5年後も非正規雇用に、8%は無職になって

いる。この結果は、初期時点の雇用形態がその後の雇用形態を強く規定することを示しているように思えるが、本当にそのように解釈してよいだろうか。

仕事に関わる能力が高い者や就業に対する志向が強い者ほど、初期時点においてもその後においても正規雇用に就いている傾向が強いとすれば、右のような結果は、初期時点の雇用形態とその後の雇用形態の相関を表しているにすぎず、前者から後者への因果関係を示しているわけではないことになる。つまり、初期時点の雇用形態という原因がその後の雇用形態という結果をもたらしているわけではないことになる（これは、第4章で家族介護と就業との関係を論じた際の議論とまったく同じである）。

だが、問題は、仕事に関わる能力にしても、就業に対する志向にしても、それを陽表的に計測することが難しいことだ。したがって、それらの影響を統御したうえで、初期の雇用形態の真の影響を抽出することは容易ではない。ともあれ、研究者は、（詳しい手法についての説明は省くが）そのような能力や志向の影響を取り除いたうえで、初期の雇用形態がその後の雇用を規定するかどうか調べることに、一定程度、成功している。それらのうちで代表的な研究によれば、学卒直後に正規雇用の職に就くと、（学卒直後に正規雇用に就かなかった場合に比べて）その後も正規雇用である確率が40％から50％ほど高くなるとされる[12]。

景気が悪い時期に卒業時期を迎えた世代は、その後の離職率が高いとする分析もある[13]。卒業時に景気が悪く、不本意な就職しかできなかった世代は、雇用が不安定なために離職を余儀なくされるという側面もあるかもしれないが、転職することで自分に合った仕事に就くことを目指しているのかもしれない。ただ、それでも、先行研究が示すように、正規雇用には就きにくいのである。「チャンスは一度[14]」と言われる所以である。

学卒時の景況は、その後の就業だけでなく、その後の賃金をも規定していることを示唆する研究も数多い。その多くは、学卒時点の失業率とその後の賃金の関係をみており、学卒時点の失業率が高いと、その後の賃金が有意に低い事実を見出している。[15]それらの研究の一つをもとに行った試算では、学卒時の失業率が１％高くなると、学卒後12年目までに、高卒で約２４２万円、大卒で約１６９万円の損失となる。[16]第1章でも述べたように、低賃金の状態が続き、年金保険料を納めないと、老後の所得保障を得られなかったり、得られたとしても低額だったりする可能性が出てくる。一度の躓きが老後にまで影響することになる。

ただ、学卒時の労働市況にその後の賃金が依存するメカニズムは、完全に特定されているとは言えないようだ。学卒時に無職だったり、非正規雇用だったりしたことで、その後も不安定な仕事に就いていれば、スキルを身につける機会が少ないといった理由から、低賃金になりがちなことは容易に想像できる。だが、正規雇用であっても、学卒時の失業率が高いと低賃金になりがちであることを報告する研究もあり、賃金が低くなる理由を雇用形態のちがいだけに帰すことはできない（三好［２００８］）。なお、学卒時の景気の影響は、雇用に対してであれ、賃金に対してであれ、日本では米国よりも持続する期間が長いとされている。

学卒時の就業は、家族形成（結婚や出産）にも影響を与えるという。ただ、そのメカニズムは、雇用や賃金に及ぼす影響以上にはっきりしない。自身の賃金が低ければ、結婚の必要性が高まる場合がある一方で、賃金が低いことは結婚相手の候補者から見れば魅力が低いことになり、結婚は遠のく可能性がある。

出産についても、景気が悪いために良好な仕事に就く機会が減ることは、所得の減少を通じて、子どもを持ちにくくする可能性がある一方で、子どもを持つことの機会費用を下げ、子どもを持つインセンティブを高める可能性もある。また、第3章で見たように、正規雇用のほうが両立支援が手厚い傾向にあることを考えれば、良好な就業機会が減れば、子どもは持ちにくくなる。

たしかに、先の「21世紀成年者縦断調査」に基づいた単純な集計によれば、初職が非正規雇用だった者は、初職が正規雇用だった者よりもその後に結婚する割合が低く、その傾向は男性で大きい。だが、ミクロデータを用いて、学卒時の景気とその後の家族形成の関係を調べた研究は、男性については、学卒時の景気（あるいは就業）と結婚確率の間におおむね正の関係を見出しているが、女性についての結果はまちまちであり、統一的な結論が得られていない[17]。雇用や賃金への影響について先述した際の議論と同じように、個々人の能力や志向が完全に統御できていない可能性もある。

このように、学卒時の景気（あるいは就業状態）とその後の家族形成との関係については、理論的にも実証的にもさまざまな可能性が示唆されているが、「定型的な事実」となるにはさらなる分析結果を待つ必要があるだろう。

最近では、学卒直後に無職や非正規雇用であると、その後の雇用形態を調整しても、精神的苦痛を訴える傾向があることが報告されている（Oshio and Inagaki［2013］）。若年時の不本意な就業の経験は、その後の雇用の回復だけでは補償し得ないようなウェルビーイングの低下をもたらすということだろうか。

(2)「烙印効果」は本当に「機会の不平等」か

ところで、若者はこのような景気の循環という不可避の状況に、ただ甘んじているだけなのだろうか。言い換えれば、若者は自分たちの学卒時に不景気を迎えてしまうことに対して、なんらのリスクヘッジもしていないのだろうか。あるいは、自助努力等によってショックを緩和させているといったことはないのだろうか。

海外の研究の多くは、若者は、不景気になると親と同居したり、学校に在学している期間を延ばしたり、上級の学校に進学したりして、不景気の影響を緩和することに努めていることが知られている。親と同居したり、あるいは生活費用が少なくて済む地域に移住するため、不景気で雇用に恵まれなくても、消費はほとんど減らないとされる。(18) つまり、若者はそれなりに「状況に適応」（adapting to circumstances）していると言える。(19) したがって、不景気による烙印効果が世代の明暗を分けることが事実だとしても、完全に「機会の不平等」とは言い切れない側面がある。

だが、それでは、若者が自助努力によって景気という荒波を凌いでいることがわかれば問題はないのだろうか。親元暮らしによって不景気の影響を緩和するというのは緊急避難にすぎず、セーフティーネットとしては不完全すぎる。親がリソースを有している者は親元暮らしの生活を享受できるが、そうでない者は親元暮らしができないということになり、同世代内での格差を生み出すことになるからだ。これは、（不完全どころか）本質的にはセーフティーネットとは言えないだろう。したがって、他の章でも見たように、自助努力というバッファーの存在がセーフティーネットと似た機能を有しているとしても、それに依存するわけにはいかず、公的な（つまり公平な）救済が必要となるのである。

(3) なぜ「烙印効果」が生まれるのか

それでは、なぜ日本では学卒時点の景気の影響がその後の長きにわたって持続するのだろうか。この問いは、「なぜ日本企業の（正社員の）雇用調整は入口（新卒採用）によって行われることが多いのか」という問いとコインの裏表を成している。実際に厚生労働省の「雇用動向調査」を見れば、29歳以下の労働者の採用では、新卒採用がほとんどであり、特に大企業における採用や正社員の採用に関してその傾向が強いことがわかる（図6－6）。

また、各企業においても、全体の採用の変動に対する若年層における採用の弾力性は大きく、雇用を増やす（減らす）際には、若年層の採用の調整が主体となっていることがわかる。[20]

このように日本企業で新卒採用が偏重される理由については、いくつかの説明がなされてきた。たとえば日本では、高校卒業後の就職については、学校が就職を斡旋することで、企業にとっての採用リスクを低減させていた可能性が指摘されてきた。[21] しかし、近年になり、高卒の就職斡旋機能が失われたために、低学歴者が取り残されることになったという。[22]

だが、より普遍的な理由は、日本企業の生産構造が、企業内訓練による生産性の向上を前提とした仕組みになっていることが多いという事実に求められるだろう。企業内訓練によって培われる技能とは、企業特殊的な技能（＝他の企業では役に立たないような技能）であることが多く、それはOn-

図6－6　入職者に占める新卒者の割合（29歳以下）

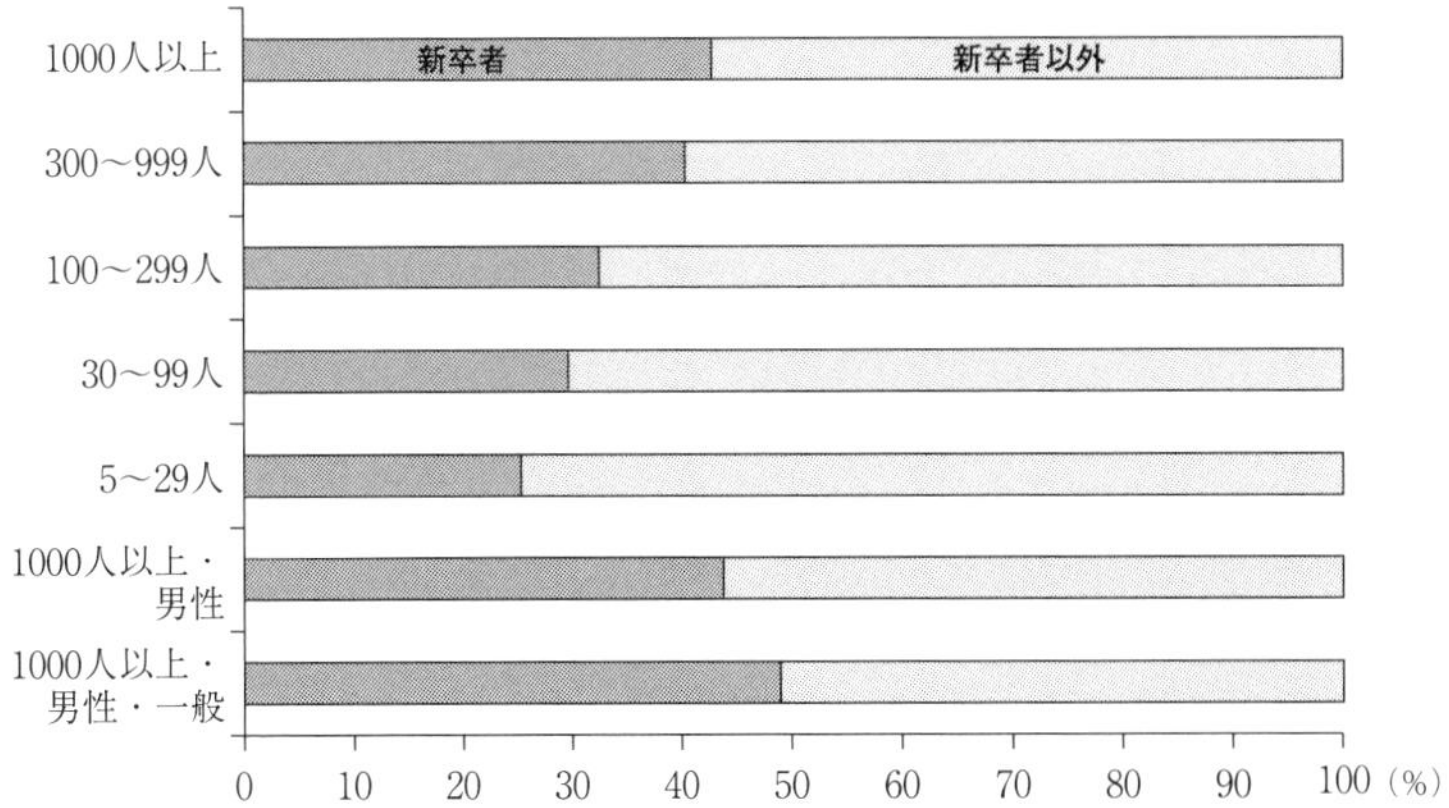

出所：厚生労働省「雇用動向調査」(2017年)

the-job training のかたちを取ることが普通だが、日本企業は、この企業特殊的な技能によって達成された高い生産性を武器にしてきたとされる。企業がみずから負担して企業訓練を行う以上、その費用を回収するためには長期間の勤続が前提となるため、正社員の新卒採用が重視されることになる。このような日本企業の生産特性から、急こう配の賃金カーブと低い転職率といった日本企業の雇用慣行上の特徴や、採用時に大学で学んだ内容が重視されないといった傾向も生じてくるのだ[23]。このことはさらには、出産などによって一度、仕事をやめてしまった女性の再就職の難しさにもつながっている。

　このように考えれば、「新卒採用」に限定しなくても、長期の勤続が見込める若者であればよいのではないかとみる向きもあろう。実際に、学卒時に正規雇用に就けなくても、その後、2年から3年以内に正規雇用に就けたならば、その後の就業状態は学卒時に正規雇用に就いた者と変わらないという分析もある[24]。採用の現場でも、学卒後数年以内の者は「第二新卒」と呼ばれ、新卒と同等にみなして採用対象に加える動きが普及しつつある。

採用機会が新卒（あるいは新卒近辺）に偏りがちであることが事実としても、それではなぜ不況時にも新卒という入口の部分のみを絞ることで雇用量の調整が図られるのだろうか。

これについては、いわゆる「解雇権濫用法理」によって、日本では正社員の解雇を行うコストが著しく高いという事実が指摘されることが多い。そもそも経済学のレンズを通して見れば、生産に関わる調整が、「若年層の採用」という、特定の年齢層の正社員の数量によって調整が行われているという事実は、若年正社員の価格（賃金）が硬直的であることの裏返しであるとも考えられる。実際に、初任給の賃金調整は他の年齢層の賃金調整に比べて鈍いことが指摘されている[25]。

このように考えれば、解雇についても、それを行うのは、労働者の生産性が実際に支払われている賃金から乖離しているにもかかわらず、なんらかの理由から賃金を下げることができないときであると解釈できる。さらに、解雇自体も行いにくければ、採用量を調整して、自然減（定年退職や契約期間の満了による雇用減少）を待つしかないということになる。

ただし、本当に日本が法律的に解雇が難しく、実際にも解雇が行われていないかどうかには議論の余地がある。ここでは「日本では解雇ができない」という言説のリアリティについてはこれ以上深掘りはしないが、解雇には（他の従業員のモラルの低下といったことを含め）コストがかかってくることは事実として受け入れることにしよう。このような傾向があるがゆえに、若年時に正社員になる機会を失うと、その後も正社員になる門戸は閉ざされがちになり、挽回が難しくなると考えられる。

新卒採用という入口の部分で雇用量が調整されることになる、以上のようなメカニズムを念頭に置いておくことは、「烙印効果」によって「取り残される」人たちの今後の動向を考えるのに役に立つ。企業内訓練によって生産性が大きく向上するような仕事では「烙印効果」が大きく出る傾向がある一方で、「烙印効果」が大きく生じないような仕事や業種もあろう。また、日本企業における企業特殊的技能の重要性が低減していくと予想できるならば、今後は「烙印効果」の影響は緩和されていくかもしれない。

ただ、一方で、「烙印効果」によって被った不利な影響を救済する方法が、ある種のジレンマを抱えていることも明らかになる。「烙印効果」を回避するには、向上した技能が企業内に閉じられていないことが鍵となるはずだが、そのような雇用形態とは非正規雇用であることが多いのである。正規雇用が長期にわたる勤続と高い賃金によって特徴づけられるのは、企業内訓練の賜物と考えられるからである。

日本企業の生産構造上の特徴がこれからも維持されるならば、正規雇用へ就くことを目的とした支援を、一度、正規雇用になる機会を逃した者に対して行うことは徒労に終わりかねない。施策として可能なことは、学校から仕事への移行において失敗しないように支援することだけになってしまう。ただし、それは、大学本来の教育内容を充実させるといったことではなく、大学の就職部（キャリアセンター）を拡充するといった方向のものであろう。大学教員としては皮肉と言わざるを得ない。とは言え、「烙印効果」は、程度の差こそあれ、他国でも確認されるのも事実である。学卒時の就職（初職）が重要というのは、多くの国で同じなのだろう。

【コラム】なぜ不況時に平均勤続年数が延びるのか

事業所における従業員の平均勤続年数は、定着率の指標として、雇用待遇の良さやマッチングの成否、人的資本投資の多寡を推し測るのに用いられることがある。だが、平均勤続年数は、企業が採用を絞り込むと長くなるという傾向があることには注意が必要だ。

一つの極端な例として、ある年から企業が採用を完全に停止したとしよう。すると、その企業には勤続年数が1年未満の者がいなくなることになるので、平均勤続年数は延びることになる（図6－7）。新卒採用を止めれば、従業員の平均年齢が高くなるのと同じことである。

この現象が恐らく起きていたのが、1990年代の大企業における女性社員についてである。[26] その時期は多くの大企業が女性の採用を絞り込んでいたが、そのことが女性社員の平均勤続年数を延ばす方向に働いていた可能性がある。それは、あたかも1986年に施行された男女雇用機会均等法の影響によって女性の定着率が上がったかのようであった。この傾向は、いわゆる就職氷河

図6－7　勤続年数の分布：新卒採用を行っている場合と停止している場合

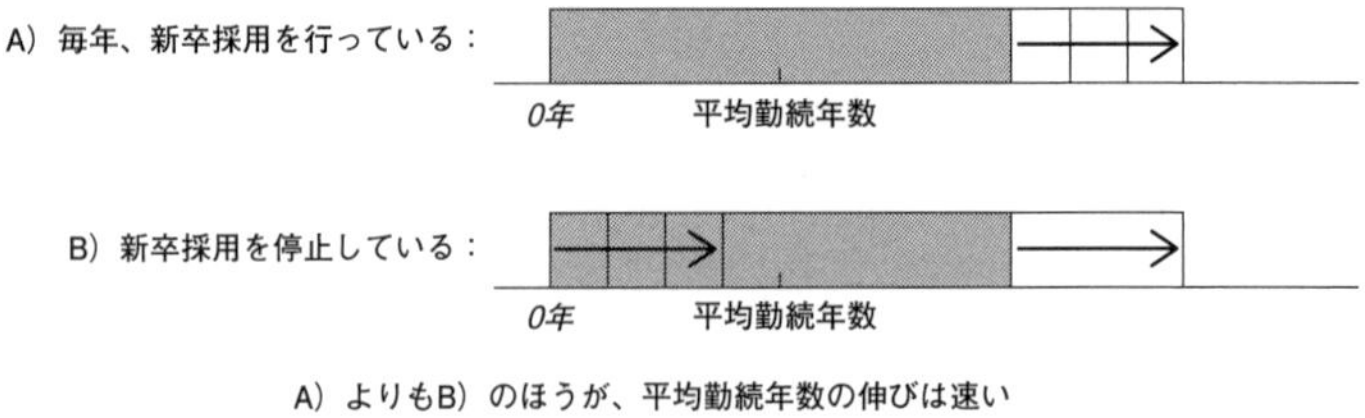

A）毎年、新卒採用を行っている：
0年
平均勤続年数
B）新卒採用を停止している：
0年
平均勤続年数
A）よりもB）のほうが、平均勤続年数の伸びは速い

期世代まで継続されたはずだ。不景気の時期には、解雇されると再就職が困難なため、人々の欠勤や怠業（サボり）が減るというのがミクロ経済理論が予測するところであるが、そのようなロジックを持ち出さなくても、平均勤続年数は不景気には（採用の抑制から）自動的に長くなるということだ。一つの指標には異なる側面が含まれるため、解釈には慎重にならなければならない。

(4)　若年層にとってどのような支援が有効か

ここまで見た若年層特有の就業の問題に対しては、どのような支援が有効だろうか。はじめに、最低賃金（地域別最低賃金）を検討してみたい。

若年層が、非正規雇用等の仕事にしか就けないために十分な所得を得られないのであれば、最低賃金を引き上げることで救済すべきとの主張がある。たしかに最低賃金は、交渉力が弱いとされる労働者の賃金を法によって下支えすることで、低賃金の問題に直截的に対応できる手段である。

しかし、この主張には注意すべき点がある。まず、最賃は、その性質上、雇われている者については遍《あまね》く適用されるが、雇われていない者にはなんの救済策にもならないということだ。したがって、被用者と無職の者の間に格差をもたらす可能性がある。

次に、最賃はあくまで「下支え」することしかできないので、被用者の中でも、最低賃金の近傍の賃金で働くような者には影響を与えるが、もともと最賃よりもかなり高い賃金で働く者には影響を及ぼさない。

問題は、最賃の近傍で働く人たちはどのような人たちかということだ。それは、典型的には、若年層におけるアルバイトや中高年層におけるパートタイマーである。15歳から24歳の（役員を除く）雇用者のうち約4割がアルバイトであり、45歳から64歳の女性でも4割強がパートであるが、学生アルバイトにしても、主婦パートにしても、世帯で見れば十分な所得があり、貧困層ではない可能性が高い。最賃の普遍性（一律性）ゆえに、必ずしも支援を必要としない者にまで恩恵が行き渡ることになる。

実際に、最低賃金を年間総労働時間に掛け合わせたものを最低賃金年収とし、これ以下の年収の者を最低賃金労働者とした場合、２００２年時点では、最低賃金労働者の約15％が世帯年収３００万円未満の世帯の世帯主であった一方で、約半数は世帯年収が５００万円以上の世帯の世帯員だった(27)。つまり、最賃の引き上げは、被用者と無職の間においては格差を拡げる可能性がある一方で、被用者においては賃金の下支えを必ずしも必要としない者にまで恩恵を与えてしまうという側面がある。要は、最賃は貧困層の救済としては、相当にアンバランスで（ターゲティングという観点からも）非効率な手段と言える。

一方で、最賃は、雇用主に課すだけであり、財源が必要ないことが、政策手段として好まれる所以であると説明されることも多い。ミーンズ・テスト（資力調査）のようなことをせずに行うからこそ、政治的な反発が少ないということもあろう。だが、その副作用を考えれば、コストがないわけではない。

「最低賃金を引き上げれば雇用が奪われる可能性がある」との主張は、経済学の教科書における一般

図6－8　最低賃金が均衡賃金を上回ると超過供給が発生する

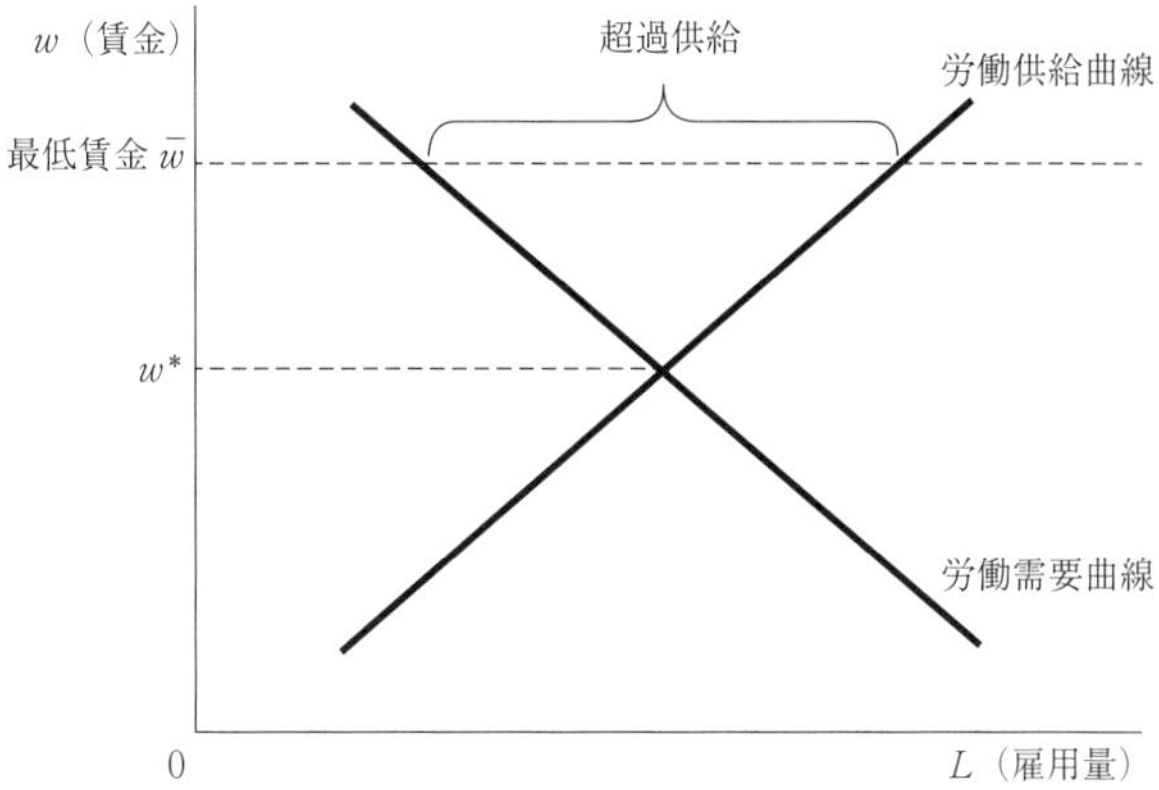

的な市場均衡の（最も初歩的な）事例であるため、経済学者はあたかも自明であるかのように喧伝する傾向がある（だが、経済学者が最賃の引き上げに総じて反対しているかというと、必ずしもそうではない）。均衡賃金よりも高い水準に賃金が引き上げられれば、超過供給が発生することは、労働需要曲線と労働供給曲線の関係から明瞭だ（図6－8）。しかし、ここでも誰の賃金が最賃によって下支えされているのかということが重要になってくる。最賃が引き上げられることで、生産性の反映としての実勢賃金を上回ることがあるとすれば、それは非正規雇用の人たちである。最賃の恩恵を受ける者が、最賃の引き上げによって雇用が奪われる可能性のある人たちでもあるのだ。

しかし、以上のような理論的に明瞭な帰結とは裏腹に、最賃の引き上げが雇用に及ぼす影響をめぐる実証研究の結果はやや錯綜した感がある。海外でも日本でも、最賃の引き上げは、雇用にマイナスの影響を与えるとする分析結果もあれば、雇用量に影響を与えないとする分析結

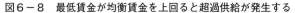

果もある[28]。最賃の引き上げが雇用量を減少させるとする研究のほうが、数としては多いとされるが、出版バイアス（特定の結果が見出された分析のみが刊行される傾向にあること）の疑いもあるとされる（第7章参照）。

最賃の引き上げが雇用量に影響を与えないとする研究は、その理由を労働市場が買い手独占の状態にあることに求めることが多い[29]。買い手独占の状態にあれば、もともと賃金が労働力の限界生産物価値よりも低く抑えられているため、最賃を引き上げても雇用量を減らすことはないからだ。

たしかに、労働市場が買い手独占の状態にあることを示す証拠がないわけではなく、特にパートタイマーの非正規雇用について、買い手独占に近い状態が生じていると仮定することは的外れではない。しかし、買い手独占という仮定を、最賃が雇用に影響を与えないとする結果の解釈として、無批判に多用することには留保が必要であり、この仮定の妥当性についても丁寧な検討が必要だ。

最賃の雇用への影響は、企業が生産物市場において競争にさらされている度合いによっても、異なってくるだろう。グローバル競争にさらされているような場合には、生産物価格には転嫁させにくく、その代わりに雇用が奪われる可能性がある。日本でも余剰が小さい事業所では、最賃の引き上げによる雇用削減効果が大きかったことが確認されている[30]。最賃の引き上げが若年層の教育訓練の機会を奪っている可能性を指摘する研究もある[31]。企業は、企業内訓練の費用を若年期の賃金を下げることで賄っていることはよく知られている。最低賃金が引き上げられると、一律に賃金を引き上げなくてはならないので、企業内訓練を行うことができなくなるのだ。いずれにしても、最賃の引き上げが副作用として負の影響を生じさせることがあるとすると、それは（若年層や非正規雇用といった）不安定な

図6－9　地域別最低賃金（全国加重平均額）の推移

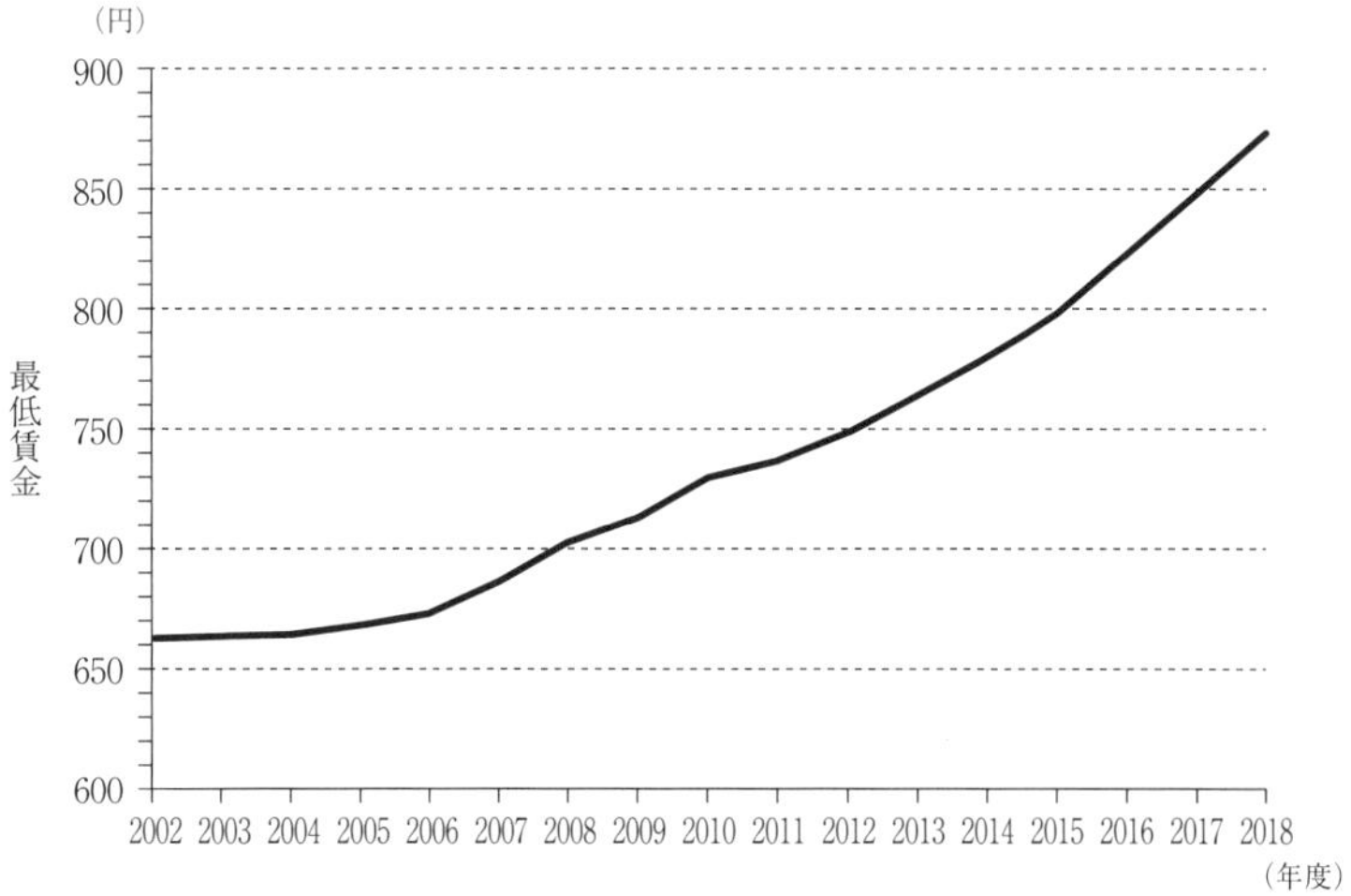

就業をする者たちにこそ跳ね返ってきてしまう可能性がつきまとうことには留意しておくべきである。

もう一つ気に留めておかなければならないと思われることは、「現下で最賃の引き上げが雇用量に影響しないということは、必ずしも将来にわたって最賃の引き上げが雇用に影響しないことを約束するものではない」ということだ。最賃の引き上げによって企業利益が減少したとする研究もあり、企業が（最賃引き上げによる）コスト増を転嫁せずにみずから吸収していた可能性もあるが、それにもいつか限界がくる。図6－9に示されるように、近年、最賃の引き上げペースは速い[32]。かつ、基本的に下がらない傾向にある（最賃自体に下方硬直性がある）。

かつては、地方部では最賃は実勢賃金に近かったが（経済学では「バインドしている」と言う）、都市部では実勢賃金と最賃額の乖離は大きかったため、そもそも最賃額を知らない雇用主も多かったとされる。[33]だが、そのような様相も最近では変わり、都市部でも最賃がバインドするようになっている。このような状況で、（リーマン・ショックのような）極めて大きな需要後退があれば、高い額に設定された最賃の存在によって賃金調整がうまくいかず、大量の失業が発生しないとも限らない。

日本特有の事情から、最賃の引き上げが副作用をもたらす可能性もある。制度の詳細については割愛するが、一定額の年収を超えて働くと配偶者控除がなくなったり、（配偶者の）会社からの扶養手当が出なくなったり、社会保険料（被用者保険の保険料）が天引きされたりする。このようなことを回避するために、パートタイマーの女性などは年収を一定額以内に抑えて働くことが多いとされる。「103万円の壁」や「130万円の壁」と言われるものである。最低賃金が引き上げられることで時給（つまり一時間あたりの労働サービスの単価）が上がると、このような者たちにはさらに労働時間を短く抑えようというインセンティブが働くことになる。専業主婦を優遇するような制度をそのままにしながら最賃だけを上げれば、意図せずに労働供給の抑制が起きてしまう可能性があるのだ。

筆者の主張を要約すれば、最賃の引き上げは、現時点では（雇用を失わせるといった）副作用を過大には見積もるべきでないとはいえ、今後はどうかわからず、本当に救済を必要としている者にターゲティングできていないという点からも、不安定な就業をする若年層への支援としては適当とは言えないということになる。[34]

次に、雇用保険（失業手当）の有効性についてだが、これについてはすでに第2章で論じた。従来の基本手当は、一定の勤続期間を経て失業した者を給付対象とするため、勤続期間がないままに失業したような若者や、就業したとしても短期間しか働かないうちに失業したような若者のセーフティーネットとしては機能しない。社会保険のかたちを取っている以上、保険料の拠出が給付の条件となるのは当然なのだが、若年層の不安定就業への救済としてはその部分が最大のネックとなる。

こうして保険料拠出と切り離すかたちで給付を行う仕組みとして登場したのが、求職者支援制度であった。しかし、求職者支援制度はあくまで教育訓練であり、現金給付はそれに付随するものにすぎない。はたして教育訓練の受講を条件とした給付のあり方は、セーフティーネットとして有効なのだろうかというのが、第2章で残した未解決の問いであった。

そもそも、教育訓練や就労支援はどのようなときに機能するのだろうか。そのことを次に考えてみる。

3　就労支援の問題

(1)「就労支援」は有効か

昨今、若年層に限らず、就業をめぐる諸問題が語られるとき、その解決策としての「就労支援」はマジックワードになっているきらいがある。就労支援とは、就業に必要な職業訓練をしたり、就職まで助言等のサポートをしたりする諸々の支援を含む。失業手当のような現金給付を行うことで生活保障を行うのが「消極的労働市場政策」であるのに対して、職業訓練を含む就労支援は「積極的労働市場政策」の代表例である。

就労支援には、若年層を対象にしたものに限れば、都道府県によって設置される就職支援のワンストップ・サービスセンターである「ジョブカフェ」や、厚生労働省からの委託によってNPO等が実施する「地域若者サポートステーション」などがある。生活困窮者自立支援制度においても、就労支援は事業の中核に据えられている。就労支援においては、キャリア・コンサルタントによる相談とハローワークでの実際の仕事の紹介を組み合わせるといったように、業務間の連携が要となってくる(35)。

そもそも就労支援は「若年層が就業に困難を来している背景には、企業が求める労働力（人材）の要件と就業希望者（求職者）側の有する属性（スキル等）にミスマッチが存在するために、それを補うことで就業確率を高めることができる」ということを暗黙のうちに前提としている。求人側と求職者側の間に、スキルのミスマッチがあったり、情報の非対称性が存在したりすることで生じる失業を「構造的失業」という。それに対して、労働需要が減退したにもかかわらず賃金調整が十分になされないために生じる失業を「需要不足失業」という。つまり、就労支援とは前者の構造的失業を想定した施策であると考えられる。

だが、先に見た「烙印効果」は、需要不足失業に起因するのではなかっただろうか。もちろん、需要不足に起因した失業であっても、長く失業している間にスキルが低下するなどして、結果的に企業側のニーズを満たせなくなってしまうということがある。ただ、若年期の就業で一度つまずいた者がその後も不利な状況に置かれ続けるのは、先にも見たように、日本企業の生産特性に由来する雇用慣行に原因がある。職業訓練も、企業特殊的な技能は身につけさせることができない。そうだとすれば、「烙印効果」ゆえに就業に困難を抱える者を就労支援によって救済することには、おのずと限界があるようにも思える。[36]

(2) 正規雇用への「入口」とならない非正規雇用

諸外国で若年向けに行われている就労支援プログラムはさまざまであるため、その効果についても単純に比較することはできないが、プログラムの内容は、「ある程度の所得保障を提供しつつ、個別カウンセリングを通して求職活動支援を行い、すぐに仕事を見つけられない者には職業訓練などのより踏み込んだプログラムへの参加を義務付ける[37]」といったところがおおよそである。

職業訓練のような就労プログラムの効果を評価するのにあたっては、ここでもまたセレクション・バイアスの問題にぶつかることになる。就業意欲が高い者ほど、職業訓練等のプログラムに参加することにも熱心であるといったことがあると、職業訓練プログラムの受講者のほうが（非受講者よりも）就業確率が高かったとしても、それは職業訓練プログラムの真の効果（因果関係の意味での効果）ではないことになる（職業訓練プログラムは、セレクション・バイアスの典型例として教科書や解説書で頻繁に取り上げられる）。したがって、職業訓練プログラムの効果は、慎重にセレクション・バイアスの問題を回避したうえで計測しなければならない。

欧州諸国における就労プログラムを評価した研究によれば、アドバイザーとの面談等を含む求職活動支援が就業確率を高めるという。[38]また、求職活動支援をせずに、求職活動のモニターだけを行っても、就業確率は上がらないとする指摘もある。[39]

一方、米国では、１９９６年の福祉改革法によって福祉行政の重点が、受給者への現金給付それ自体から受給者をいかに就業させるかということへと移行したが、それに伴って、移行支援サービスの民間委託契約が拡大した。そして、その移行支援の過程において、派遣会社のような「仲介業者」を利用するということが多く行われるようになってきたという。その場合、受給者はまず派遣会社に雇用され、そこから派遣されるかたちで個々の企業で働くことになる。福祉（ＴＡＮＦ）受給者のうち２割以上が派遣労働として就職したというデータもあり、全産業に占める派遣労働者の割合が２〜３％にすぎないことを考えれば、福祉受給者が派遣会社を利用して就職する割合は極めて高いと言える[40]。

派遣労働については、不安定・低賃金で教育訓練の機会も少なく、将来の見込みのない「行き止まり（dead-end）」の仕事であるという評価がある一方で、派遣労働者としての雇用が、そうでなければ雇われていなかった者に仕事の経験を与えることを通じて、賃金や待遇の良い安定的な雇用への経由地としての機能を果たしているという見方もある。派遣労働を積極的に活用している福祉当局は、上の相反する見方のうち、当然、後者の側面（派遣雇用が安定的な雇用へとつながる側面）を期待していると思われるが、はたして実際のところはどうなのだろうか。当初の定量的な研究の多くは、派遣労働が福祉受給者のその後の就業率や賃金を高めるとし、少なくとも、何も職に就かなかった場合と比べれば、派遣労働というかたちで最初に仕事に就くことは、その後の賃金や雇用を高めるうえで有効であるとしていた[41]。

しかし、このような定量的な評価に大きな疑問を投げかけたのがＭＩＴのデビッド・オーターとアップジョン・インスティチュートのスーザン・ハウスマンの研究である[42]。実は、米国における就労支援をめぐる当初の研究は、元来の仕事能力や就業意欲の高い者が派遣労働を選択しているといった可能性を十分に調整したうえで推定を行っていたわけではなかった。オーターとハウスマンは、以下に示すようなミシガン州のプログラムにおける社会実験に近い状況を巧みに用いることでセレクション・バイアスを修正し、それまでの研究とは異なる結果を提示した。

ミシガン州デトロイトでは、福祉給付の申請者のうち最低限の就労条件を満たしていない者は就労支援プログラム（「就労第一（Work First）」プログラム）に割り当てられる。このプログラムは（その名の通り）迅速な職探しの支援のみを目的としており、デトロイト市が運営しているが、実際のサービスの提供は各地域の複数の非営利団体の業者（contractor）に委託されている。そして市は、福祉受給者に対して業者を順番に割り当てている。すなわち、各個人にどの業者が割り当てられるかは完全にランダムと言える（図６－10）。

ここで重要なことであるが、業者によって、直接雇用での就職率が高いか派遣雇用での就職率が高いかが著しく異なっている。これは、業者によって直接雇用・派遣雇用に対する見方がちがい、プログラム参加者の就労支援において派遣会社を積極的に活用するかどうかが異なっているためである。彼らは、この派遣労働での就職率のちがいを自然実験として、直接雇用で就職した場合と派遣雇用で就職した場合で、その後の就業や収入が異なるかどうかを確かめた。

その結果、直接雇用で就職した場合、その後の就業率・賃金ともに有意に上昇していることがわかった。一方、派遣労働に就職した場合には、その後の就業率・賃金はむしろ低下する傾向にあることがわかった。「どんな仕事でも、無職よりはよい」というわけではないのである。

図6－10　ミシガン州デトロイトの就労支援の仕組み：イメージ

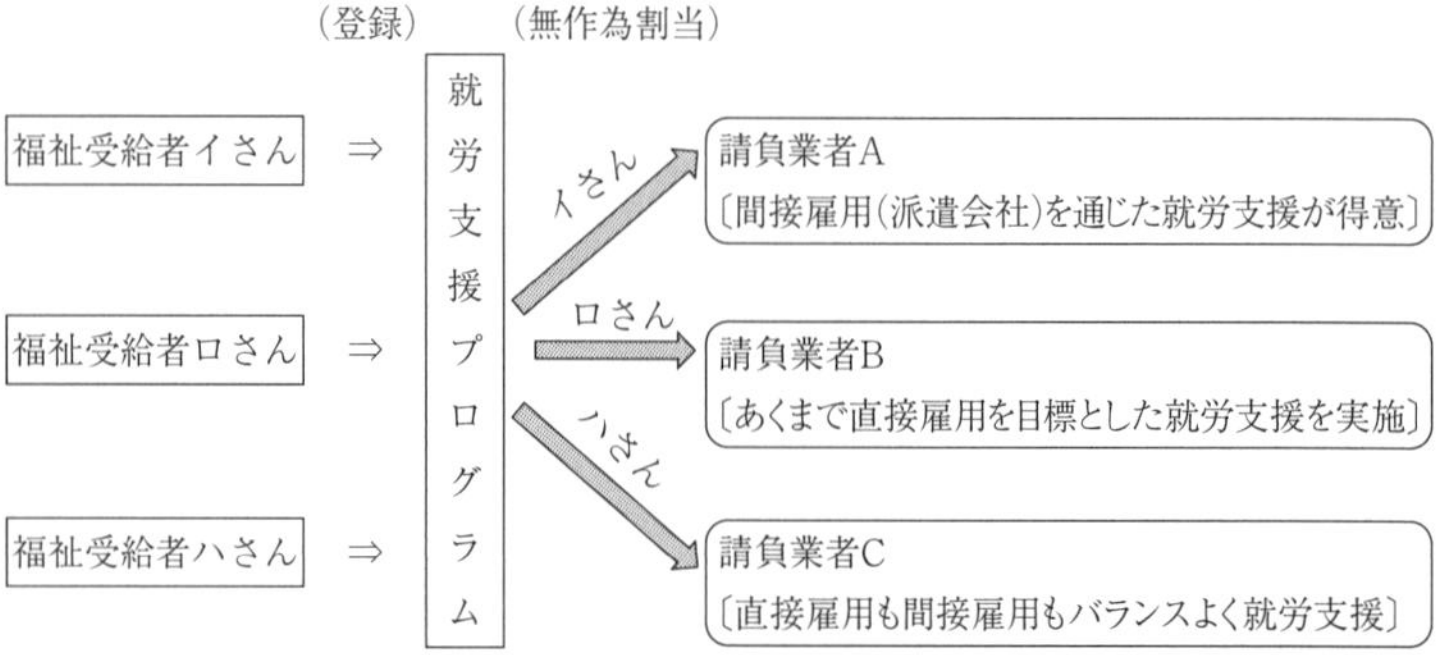

出所：Autor and Houseman（2010）Figure 1を参考に筆者作成

ではなぜ、直接雇用だとその後の就業率・賃金が高いのか。彼らによる補完的な分析からは、直接雇用で就職した場合には転職回数が平均的に少なくなる傾向が見出されており、その後の賃金上昇の大部分が同一雇用主における継続就業からもたらされていることが示唆される。就労支援プログラムが低技能労働者を安定した雇用に結びつけることを最終目的としているならば、派遣労働としてではなく直接雇用で就職させるべきであるということになる。

このようにオーターとハウスマンの研究は、それまでの先行研究の結果に挑むものと言えるが、彼らの研究もまた特定の地域のみに基づいた結果であり、分析結果から普遍的な結論を導くには留保が必要となる。派遣労働が効果的に安定的な雇用への橋渡しとなっているのか。それが職業訓練のような支援と比べて、長期的な帰結において有効であるのかといったことは行政側も共有する問題意識である。

(3) 日本での「就労支援」への過大な期待

日本の若年失業者（あるいはその残存層としての就職氷

河期世代）への支援という文脈でも、正規雇用のような安定的な雇用への移行が重要となるが、各種の非正規雇用がその入口としてふさわしいかどうかには、やはり議論の余地が大きい。たとえば、非正規雇用として、同一企業で2年から5年程度、継続就業すると、正規雇用への移行確率が高まるとする研究がある。(43) 一方で、派遣労働に就いている者に限定してみれば、パートタイム労働者よりも無期雇用へ転換する確率が高いわけではなく、相当の確率で失業することを指摘する研究もある。(44)

支援の目標を安定的な雇用とする以上、非正規雇用が正規雇用への「踏み石」となるかについては、今後も精査する必要があるが、海外での研究事例も参考にするならば、現時点では懐疑的に見ておいたほうがよいかもしれない。そもそも、非正規雇用で初職を開始してしまうと、その後、正規雇用に移行しにくいというのが「烙印効果」であった。非正規雇用が簡単には「踏み石」にならないことは驚くことではない。

日本においては、就労支援全般について直接的なエビデンス自体が少ない。海外でも非正規雇用が正規雇用への移行につながっていないとすれば、企業特殊的な技能による生産を強みとする日本ではますます、若年期に学校から仕事への移行に一度つまずいた者への支援は難しそうだ。ただ、「企業特殊的」とされ、その企業でしか役に立たないとされてきたものも、実際には他社でも通用するような汎用性があるかもしれない。労働者の持つ個々のスキルはどれも（ある程度）汎用性があるが、その組み合わせが企業特殊的であるとする考え方がある。あるいは、単に、労働者と外部の企業との間に情報の非対称性があり、それが容易に解消されないために、「企業特殊的」とされているだけかもしれない。

このような考え方に立つならば、みずからの持つ「スキル」を分解し（「スキル」の棚卸しを行い）、それを「見える化」することが、一つの仕事の経験が、次のより良い仕事へとつながる一助となるはずだ。そしてそれこそが、ジョブ・カード制度の背景にあった思想だ。スキルが「見える化」されれば、非正規雇用の経験であっても無駄にはならない(45)。

そうであっても、そもそも就業経験自体がない（あるいは極めて少ない）場合には、スキルの「見える化」も無力になりがちだ。そのような場合には、企業に対する雇用助成のような施策が残された手段となる。また、非正規雇用に対して、経験を積ませない、訓練の機会を与えないといったことがあると、いつまでも定型作業に従事することになり、スキルの幅が広がらない。このときは、非正規雇用に対してスキルアップの機会を提供することを義務づけるといった施策が有効になる。２０１５年の改正された労働者派遣法が、キャリアアップに資する教育訓練の機会の提供を義務づけたことなどがこれに当たる。

だがさらに、そのようなインセンティブ・スキームをもってしても、就業意欲を失っている者には無力だ。そこで、アウトリーチのような活動によって、支援を届け、社会的包摂を進めるということが重要になってくる。

ところで、スキルの「棚卸し」や「見える化」にしても、アウトリーチのような活動にしても、就労支援には専門家が必要になってくる。したがって、就労支援施策を進めることは、キャリア・コンサルタントのような就労を支える専門家を養成し、その者たちの雇用環境を整えることと表裏一体であるはずだ。しかるに、各自治体による就労支援事業は有期のものであることが多いため、受託組織に雇われる者自身の雇用が極めて不安定な状態に置かれがちなことが報告されている[46]。これでは、気の長い取り組みは覚束ない。

就労支援は、それが背負っている大きな期待とは裏腹に、その位置づけがいまだ曖昧模糊としている。というより、位置づけが整理されていないがゆえに、就労支援に過大な期待が寄せられがちなのかもしれない。また、就労支援を支える側の雇用が安定していないといった矛盾も内包している。就労支援が有効に機能する条件を整理しなければ、過大な期待は失望へと変わるだろう。雇用助成といった旧来的な手法との組み合わせについても、その可能性を探る必要がある。

4　日本における若年雇用対策のあり方

(1)「第二のセーフティーネット」の必要性と雇用助成の役割

本章で、学校から労働市場への移行の時点における就業、すなわち端的に言えば初職がその後の人生の鍵を握っているという事実が、若年就業を他の年齢階層の問題とは異なるものにしており、同時にその事実が対策も困難にさせていることをみてきた。それでは、初職が圧倒的な影響を持つことが事実だとして、若年層における就業のサポートは、学校から仕事への移行を円滑にさせることに注力すべきなのだろうか。それとも、たとえ初職でつまずいても、挽回できる機会を設けるような施策に重点を置くべきなのだろうか。

前者は、学校を卒業する前の支援という意味で予防的な支援と言え、後者は既卒者に対する支援という意味で事後的な支援と言える。この問いは、唯一の解があるような性質のものではない。しかし、費用対効果という観点から見た場合、大学でのキャリア支援対策のようなプログラムは、既卒者に対する就労支援に比べて圧倒的にコスト・パフォーマンスが良いとする試算もある(47)。資源に限りがある中では、学校から仕事への移行を支援することを主とせざるを得ないのではないだろうか。

何度も言うように、「烙印効果」が日本企業の雇用慣行に根差している側面がある以上、既卒者支援は雇用慣行自体を変えない限り難しいのは当然だ。だからといって、卒業時期の景気が悪く、初職をうまく得られなかった者を取り残してよいというわけではない。それらの者にも公的なセーフティーネットが必要だが、それは早めに失業や不安定就業から脱却させるような仕組みをしっかりと有するものでなければならない(48)。

また、(雇用保険のような)従来の社会保険方式による支援では、就業経験がない(あるいは少ない)若者にとってはセーフティーネットになり得ない可能性が高い。社会保険方式による以上、なんらかのかたちで保険料拠出が給付の条件となってしまうからだ。

雇用保険の教育訓練給付も一定の被保険者期間を要件とする。就業できる者にとっては公的扶助(生活保護)もふさわしくないので、社会保険方式とは異なる、負担と給付が切り離された支援策が必要になる。これが「第二のセーフティーネット」の考え方であり、それを具現化したものが求職者支援制度であったはずだ。ただし、それが教育訓練の受講と引き換えであるべきかは定かでない。もちろん、保険料拠出の必要がないセーフティーネットは、条件なく認めればモラルハザードによってすぐに財政規律を損なうことになる。

セーフティーネットがもたらすモラルハザードの可能性としては、若年層においては他の年齢階層には見られないようなものもあるかもしれない。教育投資の抑制である。実際に、それを示唆する研究もある。セーフティーネットが手厚すぎることで、進学するなどの努力が阻害される可能性があることは、特に若年層においては注意しなければならない[49]。

このように、モラルハザードの可能性の懸念がないわけではないが、保険料等の拠出を条件としない支援策は必要である。ただし、それはスキルを授けることを条件とするよりは、スキルの分解・棚卸しといったことを旨としつつ、企業側にも適宜、雇用助成を行う等によって、失われたキャリア・パスを擬似的にであれ可能な限り回復させることに努めるべきではないだろうか。

(2)　取り残された人たち

２０００年代前半の就職氷河期から、いったんは回復に向かった日本の若年労働市場は、再びリーマン・ショックに見舞われるものの、それ以前からの労働力減少の基調もあり、現在では空前の活況を迎えている（２０１７年４月には、有効求人倍率が１・48となり、バブル経済期を超えた）。

その中で、就職氷河期に学校を卒業した者たちが、「取り残された人々」として、今またにわかに脚光を浴びるようになっている。この世代で、不本意に非正規雇用に就いている者や、就業を希望しながら求職活動を諦めている長期無業者、社会とのつながりが薄く丁寧な支援を必要とする者は１００万人程度と見込まれており[50]、それらの者を支援するために省庁横断の体制が準備された。一周めぐって、就職氷河期世代がふたたび政策の俎上に乗った感がある。

だが、その背景にある問題意識は、2000年代と現在とでは若干異なっているように思える。2000年代における若年の就業問題に対する懸念が、不就労とそこから直接的にくる経済的困窮にあったとすれば、現在の懸念は、取り残された者たちが、就業経験を十分に経ないままに老年期を迎えてしまうことにある。彼らの多くが、十分な公的年金を受給できない可能性がある。本書で再三確認してきたように社会保険を基本とするセーフティーネットでは、受給にあたっては保険料拠出（すなわち一定の勤続期間）を原則とするため、勤続経験が乏しいような者の救済が最も難しいのである。

さらには、これまで就職氷河期世代がたとえ初職の時点で失敗しても、その困窮が表面化していなかったのには、親元暮らし等によってショックを緩和していたことがあると推察されるが、その親が後期高齢期に突入することで、支え手も失うことになる。社会保障における支え手といえば、普通は現役世代のことになるが、ここでは老年世代が（子どもの）支え手となっている。そうすると、親という緩衝材を失った子の世代（氷河期世代）は、いよいよ最後のセーフティーネット（生活保護）に頼らざるを得ないかもしれないのだ。

就職氷河期世代は、新卒採用を偏重する日本的雇用慣行の存在によって割を食った世代である。同時に、長期の雇用関係に基づく日本的雇用慣行を前提としたセーフティーネットのために取り残されてしまった世代でもある。日本的雇用慣行を前提としたまま、一度そのレールから外れてしまった人々を救済することは非常に難しい。「引きこもり」と呼ばれる人々の支援も含め、少なくともコスト・パフォーマンスだけを見れば、著しく悪いことが予想され、近視眼的な費用対効果のみで支援を行うことはやめたほうがよい。そのうえで、支援の鍵となるのは、恐らく労働需要側の役割だと思われる。というのも、本来のキャリアの軌道に戻ること、あるいはそれに類似した軌道に乗るためには、何よりもまず勤続経験が必要だからだ。

そのためには、企業に対する雇用助成が有効となるはずだが、重要なことは成長産業や付加価値の高い生産を行っている産業に誘導することである。そうでなければ、ゾンビ企業の延命をしているだけにすぎないという、雇用調整助成金が受けた批判が蒸し返されることになる。だが、成長産業であれば、助成金などなくても、もともと旺盛な労働需要を持っているのではないか。

たしかに、現代の日本における雇用創出は、サービスなどの成長産業における若い企業を中心にして行われているとされる(51)。そのような、元々、旺盛な労働需要を持っている企業に、就職氷河期世代も雇用してもらうような施策が有効なはずだ。

今後の支援のあり方をめぐって見極めなければならないのは、一にも二にも日本的雇用慣行の動向である。これまでの章では、非正規雇用の増加に象徴されるような日本的雇用慣行の綻びがセーフティーネットの陥穽をもたらしたとして、その変化に応じたセーフティーネットに改めることを暗示してきた。しかし、日本企業が長期勤続を重視しなくなり、賃金カーブも緩やかになれば、烙印効果の影響は弱まることになる。したがって、雇用の流動化が進めば、取り残される人々の数自体が少なくなることが予想されるのと同時に、正規雇用というレールに戻す就労支援も行いやすくなる可能性がある。逆に、日本企業の長期雇用がこれからも今まで通り維持されるのであれば、初期時点での就業に躓いてしまった人々を正規雇用のレール上に移行させることは難しく、むしろ低賃金のままでも暮らせるような環境を支援することに重点を置いたほうがよいかもしれない。

雇用の流動化は、企業にとっては労働者に逃げられてしまうリスクが高まることも意味するので、企業による教育訓練が減少するといった可能性もある。[52] 企業特殊的な技能が生産の要となっている場合には、企業の外部で提供できる教育訓練には限界があるかもしれないが、雇用が流動的になっているということは、生産がモジュール化され、求められるスキルもポータブル（持ち運び可能）なものとなっているはずなので、公的な教育訓練の支援がより意味を持ってくる。ただ、日本的雇用慣行が維持されるかどうかは、産業の特性や企業規模によっても大きく異なってくることだろう。それは、支援がうまくいくかどうかもケースバイケースになることを示唆する。

本章では、あまり細かい制度等には立ち入らずに、経済学の分析から得られている知見を踏まえたうえで、若年就業の問題を整理した。そこでは、「烙印効果」を常に念頭に置かなければならないが、日本的雇用慣行に根差した問題でもあり、その支援は一筋縄ではいかない。セーフティーネットの落とし穴をめぐる応用事例とでも言うべき問題だが、「就労支援」に託された希望もまた先行き不透明であることは感じられたのではないだろうか。

第6章【注】

（1） 太田（2010）。
（2） 樋口・財務省財務総合政策研究所（2013）。
（3） そもそも、フリーターのような就業を、当初は日本的雇用慣行に囚われない自由な生き方として称賛する風潮もあったが、その後、1990年代後半以降の労働市場の変調を背景に、若年層が置かれている雇用の状況が、彼らにとって不本意なものであるとの認識が広がっていった。2003年の「若者自立・挑戦プラン」は、政策において、若年層を「機会に恵まれていない者」とはじめて位置づける画期的なものであった（太田［2010］）。

（4）樋口（2003）。

（5）この分析は、神林・ソネ（2011）に基づく。もちろん後にも述べるように、特定の世代は継続的に高い失業率を経験するので、相対失業率自体も循環的に振る舞うことになる。

（6）総務省の「国勢調査」（2015年）によれば、雇用者に占める「通学のかたわらに仕事をする者」の割合は、年齢計では2％にすぎないが、15～24歳では20％を超えている。

（7）厚生労働省『平成29年版労働経済の分析』。ここでのフリーターの正確な定義は、15～34歳で、男性については既卒者、女性については既卒者で未婚の者のうち①「パート・アルバイト」の者、②失業者のうち、探している仕事の形態が「パート・アルバイト」の者、③家事も通学もしていない非労働力人口のうち、希望する仕事の形態が「パート・アルバイト」の者を足し合わせたもの。希望する仕事の形態を「パート・アルバイト」に限定することには議論の余地があり、それらに限定しなければフリーターの数はこれよりも増える可能性がある。

（8）玄田（2013）。

（9）本項では、主に、学卒時の景気が本人のその後に持続的に与える影響について取り上げるが、そのような意味での「世代効果」に関する研究の整理として、太田（2010）や酒井（2013）がある。

（10）コホート規模によって賃金等に差が生じるということは、暗黙に、企業の生産構造において、年齢別の労働力が不完全代替の関係にあることを仮定している。

（11）太田（2016）は、コホート規模が大きい世代では、失業確率が高くなる傾向が見出されたとしている。

（12）Kondo（2007）を参照。この数値は、先の「21世紀成年者縦断調査」による結果と大差ない。一方で、異なるデータに基づいて分析をした前田ほか（2010）は、これより小さな値を報告している。また、構造推定という手法によって、初職が非正規雇用だと、卒業後10年目まではその後の正規就業確率が有意に低いことを報告している研究もある（Esteban-Pretel *et al.*［2011］）。

(13) 太田（1999）（2000）。

(14) 玄田（1997）。

(15) 近藤（2008）、三好（2008）、Genda *et al.*（2010）。

(16) 計算方法については、酒井（2013）を参照。

(17) 酒井・樋口（2004）、水落（2006）、太田（2007）、Hashimoto and Kondo（2012）、Oshio and Inagaki（2013）、三好（2013）。

(18) Newman（2012）, Kawaguchi and Kondo（2020）。

(19) Card and Lemieux（1999）。

(20) 太田（2009）。

(21) 苅谷ほか（2000）。

(22) ブリントン（2008）。

(23) このような説明とは裏腹に、日本企業が企業特殊的技能に依存している直接的な証拠は実は少なく、傍証だけが積み上がっている印象を筆者は抱いている。つまり、日本企業が企業特殊的な技能によって強みを発揮してきたと解釈したほうが都合のよい事実は多数あるが、「企業特殊的な技能」が何であるかを特定したうえでの証拠が多いわけではない。

(24) 前田ほか（2010）。

(25) 神林（2013）。

(26) 樋口・酒井（2004）。

(27) 川口・森（2009）。

(28) 鶴（2013）は、内外の最低賃金に関する経済学の分析を整理しており有益である。

(29) 佐藤（2016）。

(30) Okudaira *et al.*（2019）。

(31) Hara（2017）。

(32) 最近の最低賃金額の急上昇は、2007年の最低賃金法の改正に由縁する。それまで、最低賃金額でフルタイムで働いたとしても生活保護基準額に満たない地域があった。このような最賃と生活保護の逆転現象を解消すべく、２００７年の改正では、目安を決める際に労働者の生計費を考慮するのにあたって、「生活保護に係る施策との整合性に配慮する」ことが明記された。以来、最低賃金額は、毎年、数十円単位で上がるようになり、２０１９年には、東京や神奈川で１０００円を超えた。

(33) 坂口（２００９）。

(34) なお、同一労働同一賃金も、単に非正規雇用の賃金を強制的に正社員並みに上げる施策と捉えれば、最低賃金と同様に若年層の雇用を奪う懸念がある。同施策を、本来の生産性に見合った賃金を支払うものと捉える場合には、その限りではない。ただし、同施策がなければ、本当に非正規雇用がその生産性に見合った賃金を支払われていないのかどうかは精査が必要である。観察可能な諸属性を統御したうえでも、有期の非正規雇用では時間あたり賃金が（無期の正規雇用に比べて）18％低いとする報告もある（川口［２０１８］）。

(35) 就労支援には、雇用対策の一環としての流れのほかに、生活困窮者の自立支援という福祉の流れによるものがある。全体像と実際の支援内容の実態がともに見えにくい「就労支援」であるが、本田ほか（２０１４）や駒村・田中（２０１９）は、ヒアリング等に基づいて、その現状を克明に描写している。

(36) 雇用保険の教育訓練給付金が賃金を高めていることを確認した研究もあり、企業の外で受ける訓練にも効果がないわけではない（Yokoyama *et al.* [2018]）。ただし、それも一定の勤続経験がある中での話ではある。

(37) 黒澤（２０１５）。

(38) 同前。

(39) 卯月（２０１１）。

(40) Autor and Houseman（2006）。

(41) たとえば Heinrich *et al.*（2005）。

(42) Autor and Houseman（2006）、（2008）。

(43) 玄田（２０１０）。

(44) Okudaira *et al.*（2013）。

(45) ただし、労働者のスキルが外部の企業に見えにくいのは、仕事の内容自体が見えにくいためでもある。「見えやすい仕事」

であれば外部に委託すればよいが、企業にとっては「見えにくい仕事」も重要であるため、長期雇用にするのだ（江口［2019］）。仕事自体が見えにくいために、スキルも見えにくくなっているのであれば、スキルの「見える化」を行うことは簡単ではない。

(46) 筒井（2014）（2016）。

(47) 角方（2013）。

(48) 埼玉県における生活保護受給者を対象とした就労支援プログラムを分析した金井・四方（2013）によれば、時間が経過すると必ずしも就労に到る確率が低下するわけではないという。

(49) 社会保険によるセーフティーネットではないが、最低賃金の引き上げも、就学の機会費用の上昇を通じて教育投資を抑制する可能性がある。北條（2017）は、最賃の引き上げによって就業が増え、専門学校への進学が少なくなることを報告している。

(50) 内閣府（2019）。

(51) 深尾・権（2012）。

(52) Ikenaga and Kawaguchi (2013)。

第7章　政策のあり方をめぐって
——ＥＢＰＭは社会保障政策にとって有効か

1　経済政策とＥＢＰＭ（エビデンス・ベースト・ポリシー・メイキング）

(1)　これまでの政策はエビデンスに基づいていなかったのか

公共政策において、「客観的な根拠（エビデンス）に基づく政策形成」（Evidence-Based Policy Making; 以下、ＥＢＰＭと呼ぶ）が叫ばれている。２０１７年に首相官邸に設置された「統計改革推進会議」では、その「最終取りまとめ」において、「欧米諸国では、客観的な証拠に基づくエビデンス・ベースでの政策立案への取り組みが比較的進んできたのに比べ、わが国では、これまで、統計の最大のユーザーである政府の政策立案において、統計や業務データなどが十分には活用されず、往々にしてエピソード・ベースでの政策立案が行われているとの指摘がされてきた」として、ＥＢＰＭを推進するための体制を提示している。(1)

政策を客観的な根拠に基づいて行うべきとの主張の背景には、厳しい財政状況の中、真に有効な政策を取捨選択しなければならなくなってきているという認識がある。いや、行政主体が、本当に政策

図7－1　「エビデンス」という言葉が日本経済新聞に登場する回数

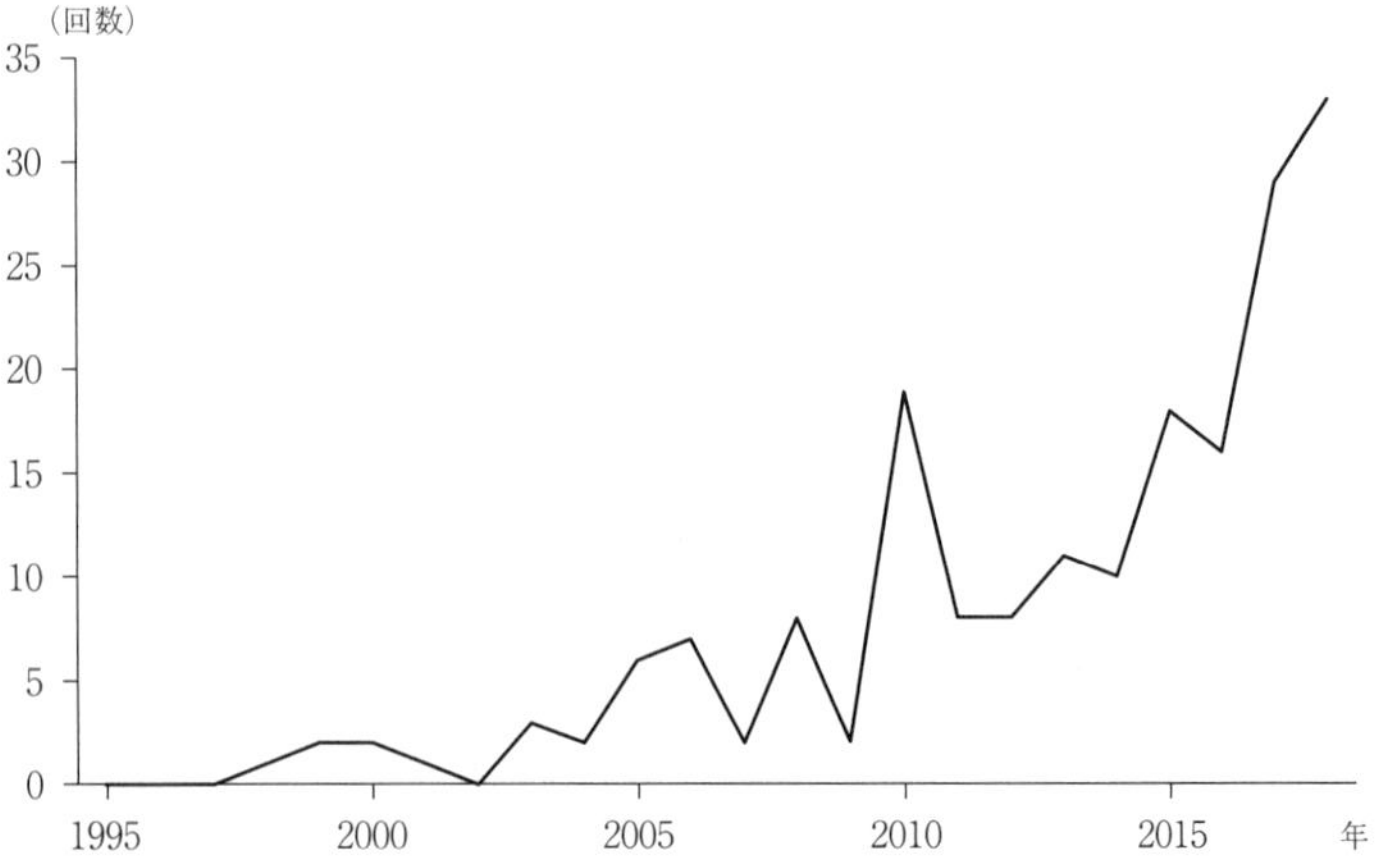

出所：日経テレコン21の検索結果をもとに筆者作成

を取捨選択しなければならないと考えているかどうかは別としても、少なくともその政策を選択したことの説明責任を果たさなければならないとする圧力に晒されているとは言えるだろう。だが、これまでの政策は、本当にエビデンスに基づいてこなかったのだろうか。

この疑問に答えるには、そもそもエビデンスとは何かということを丁寧に考える必要がある。「エビデンス」とは、そのまま日本語に訳せば「根拠」や「証拠」となるが、日本では、「科学的な裏づけがある客観的な根拠」のことを指す場合に、あえてカタカナで「エビデンス」とする傾向にあるようだ。試みに、日経テレコン21を用い、1995年以降の日本経済新聞（朝刊・夕刊）に「エビデンス」という言葉が何回登場したかを年ごとに数えてみると、「エビデンス」という言葉は、2010年頃から頻繁に用いられるようになってきたことがわかる（図7－1）。なお、当初は医療関係の記事に登場することが多かったが、最近はそれ以外の政策等の記事における利用が目立つようになってきている。それでは、エビデンスは、「データ」や「数値」と同義と考えてよいだろうか。

実はこれまでも、各省庁の諸施策の決定過程においては、たくさんの「データ」が示され、それらをめぐって議論がなされてきた。省庁のホームページに掲載されている各種の検討会や審議会の資料を見たことがある者ならば、そこに政策に関する「数値」が溢れていることを知っているだろう。検討会や審議会では、そのような数値をめぐって議論の応酬がなされるのが通常だ。しかし、それらの数値は、最近のＥＢＰＭの文脈においては「エビデンス」とはみなされないようである。

昨今主張されるＥＢＰＭにおいてエビデンスとされるのは、研究者の見方から言うならば、多変量解析のような統計的手法によって分析された政策効果に関する結果であり、諸要因が統御されていることが想定されている。少し専門的な用語でいえば、回帰分析の結果から得られる偏回帰係数が、統計的に有意であるかどうかが問題になるということだ[2]。

特に経済学では、「施策の実施」と「効果」の間の因果関係が正確に特定された結果をもってエビデンスとみなしたがる傾向がある。それはなぜだろうか。

(2) なぜ因果関係を議論することが重要なのか

次のような施策の効果について考えてみよう。ある自治体Ａ市が、独自に子育て世帯に対する助成を実施しているとしよう。このＡ市と、子育て世帯に対する助成をしていない近隣の自治体Ｂ市を比較したところ、A市のほうが出生率が高かったとする。この時、A市の出生率の高さは、子育て世帯への助成に因《よ》るものと判断してよいだろうか。

A市の出生率の高さが、子育て世帯への助成に因らないケースが幾通りか考えられる。その一つは、A市にはもともと子育て世帯予備軍である若年新婚世帯が多かったために、そのニーズを汲んで助成を開始した可能性である。この場合、子育て世帯への助成が出生率を高めたのではなく、出産を予定する世帯の多さが助成を実施させたと考えられるので、因果関係が逆である。

もう一つの可能性は、A市の地場産業の景気がよいので、子育て世帯に対する助成をできるだけの財政余力があり、同時に、地場産業で働く従業員も将来見通しが明るいために、積極的に子どもを持とうという気持ちになっているといったケースである。この場合は、自治体の財政と住民の出生意欲の両方に影響を与える第三の要因があったということである。「逆の因果関係」であれ、「第三の要因」であれ、子育て助成と出生率との間に見られた正の相関は、「(見せかけの)相関」にすぎず、子育て助成の真の効果を表していたわけではなかったということだ。

そのような相関にすぎない場合、他の自治体で同じような子育て助成をしても、出生を増やす効果は現れない。すなわち、単なる相関を見ることに留まらずに、因果関係のレベルまで特定したうえで効果の有無を議論することが重要なのは、次に同じ施策(経済学では「介入」と言う)を行う際の効果を正確に予測するためなのだ[3](図7－2)。

現代の経済学の実証研究は、このような「因果関係の特定」に明け暮れていると言ってよい。因果関係が特定された分析でなければ、権威ある学術雑誌には掲載されないとされ、とにかく因果関係の

図７－２　「施策の実施」と「効果」をめぐる可能性のパターン

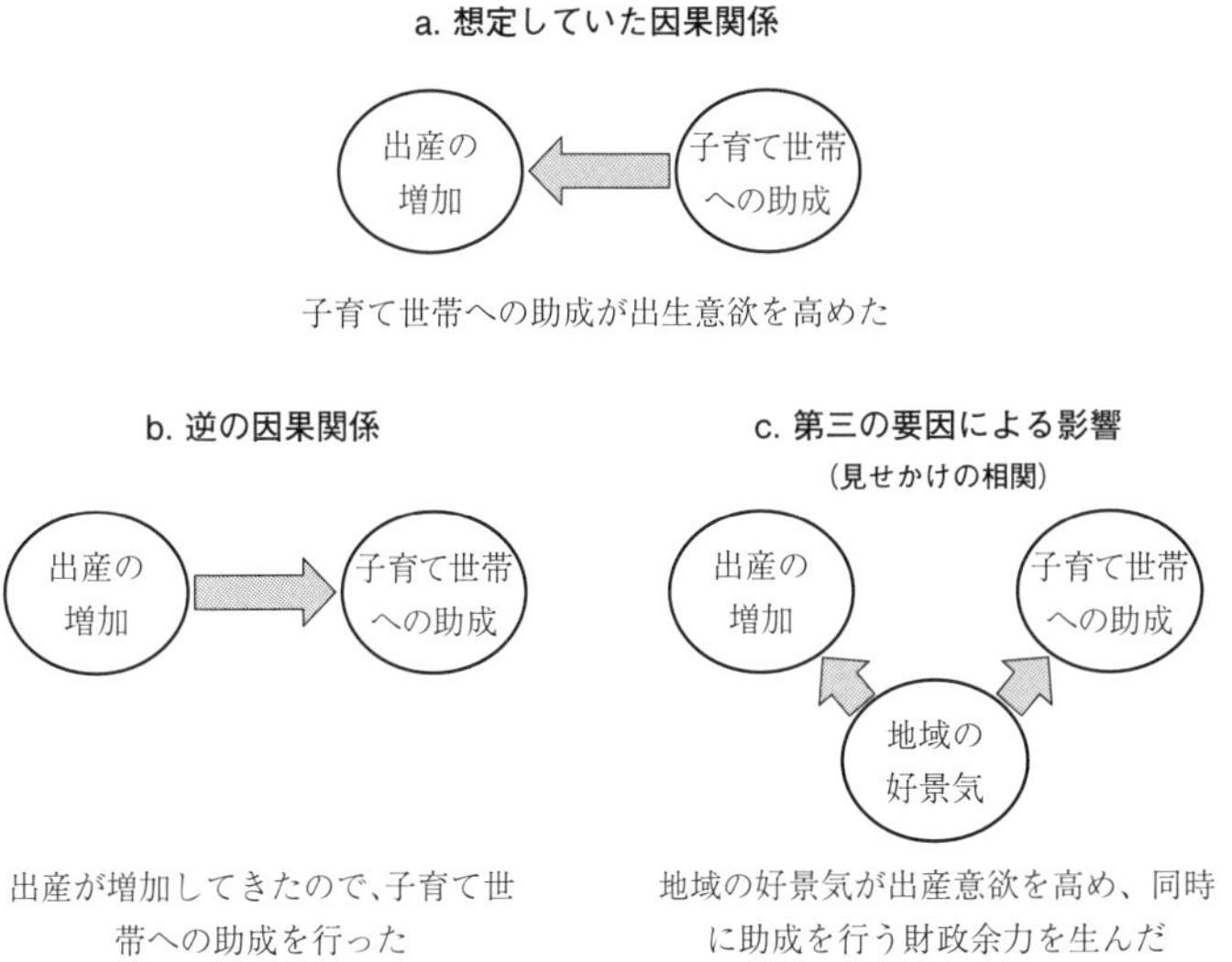
a. 想定していた因果関係
出産の増加
子育て世帯への助成
子育て世帯への助成が出生意欲を高めた
b. 逆の因果関係
出産の増加
子育て世帯への助成
出産が増加してきたので、子育て世帯への助成を行った
c. 第三の要因による影響
（見せかけの相関）
出産の増加
子育て世帯への助成
地域の好景気
地域の好景気が出産意欲を高め、同時に助成を行う財政余力を生んだ

議論に研究の労力の大半を割いているきらいがあるが、因果関係を特定しなければならない元々の目的は右のようなものなのである。

ちなみに、やや話は逸れるが、自治体の子育て助成が、真の因果関係の意味で出生率に影響していたとしても、助成が出産を予定している世帯を他の自治体から呼び込んだ結果にすぎない場合もある。このような効果は、たしかに助成がもたらした帰結ではあるが、施策の目的によっては施策の効果として捉えるべきか微妙かもしれない。というのも、出産を考えている世帯を他の自治体から「奪う」ことによる出生率の上昇は、同じことをすべての自治体が実施した場合には、見られなくなると予想されるからだ。一国全体での出生率の引き上げに寄与する施策を考えるにあたって重要なのは、あくまですでに住んでいた住民への影響なのである。

各自治体の立場からすれば、他の自治体から人を呼び込むことによって増えた出生（あるいは子どもの数）を、子育て助成の成果とは認めないという考えは受け入れがたいかもしれないが。

(3) エビデンスのレベルに関する議論としてのＥＢＰＭ

話を元に戻そう。このように、諸要因をなるべく揃えたうえで、さらに、真の因果関係の意味での効果が認められた（あるいは認められなかった）場合に「エビデンス」とみなすということであれば、昨今のＥＢＰＭをめぐる議論とは、エビデンスのレベル（階層）に関する議論であるということだ。医療の分野では、エビデンスの信頼性の高低がはっきりと定まっている。公共政策のような分野でも、「真の効果」とみなし得るようなレベルの高いエビデンスを用いるべきというのが、昨今のＥＢＰＭをめぐる議論が主張するところなのだと考えられる（図７－３）。

だが、そのことが必ずしも明示的に認識されているわけではなく、誰もがみずからのイメージするところに沿ってＥＢＰＭを主張しているため、ともすれば同床異夢のような状況にある。

実は、同じようなデータと統計手法を用いる研究分野の間でも、何をもってエビデンスとするかについてのコンセンサスは、必ずしも取れていない。その結果、容易に得られる分析結果が幅をきかせてしまうということが往々にしてある。さらに厄介なのは、経済学ですら、最も高いレベルのエビデンス（すなわち実験をしたのと同等にみなせる分析から得られた結果）を常に手に入れられているわけではないことだ。

信頼性のレベルが最も高いエビデンスとは、無作為化比較試験（Randomized Controlled Trial; 以

図７－３　各種のエビデンスのレベル

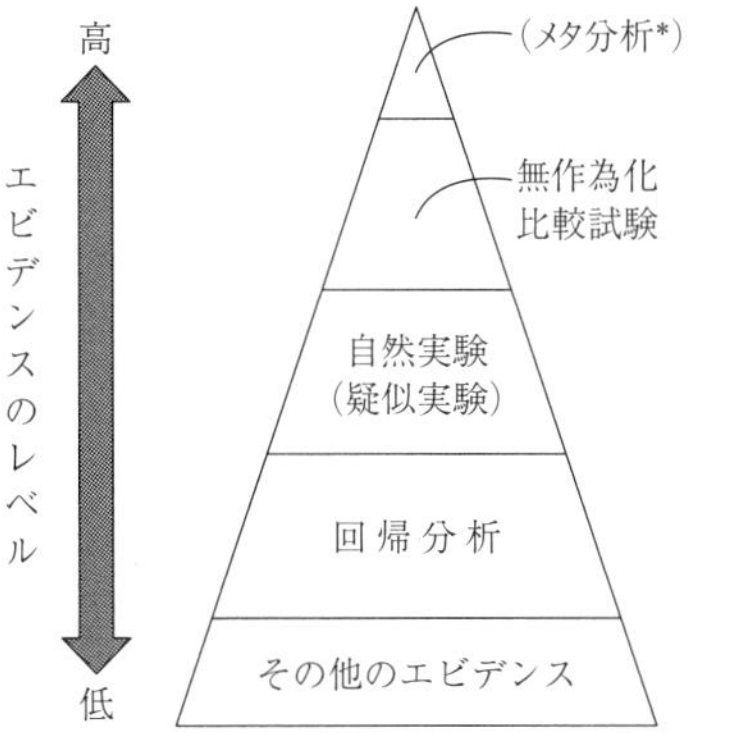

注：＊メタ分析は元となるエビデンスのレベル等の諸条件に依存するので、どんな場合にも最上位に位置するとは限らない。
出所：中室・津川（2017）の図表1-12を参考に筆者作成

下、ＲＣＴと呼ぶ）によって得られた結果であるとされる。ＲＣＴとは、無作為に介入群と対照群を分け、介入群に対してのみ処置（たとえば投薬）を実施することで、処置の真の効果を見極める方法である。

これを公共政策に当てはめれば、各個人がコインを投げて表が出れば施策の対象となるグループに割り当てられ、コインの裏が出れば政策の対象とならないグループに割り当てられ、施策実施後に両グループのアウトカムを比較するということになる。個々人にはアウトカムを規定するさまざまな差異があるが、無作為に二つのグループに分ければ、両グループは平均的には同じになる。したがって、施策実施後の介入群と処置群の差は、施策に因る真の効果であると判断することができるのである。図７－４は、保育助成を例にしたＲＣＴのイメージである。

公共政策におけるＲＣＴは、社会実験もしくはフィールド実験とも言われる。社会実験は、医療経済

図７－４　無作為化比較試験（RCT）のイメージ
（例．保育助成は出生率を高めるか）

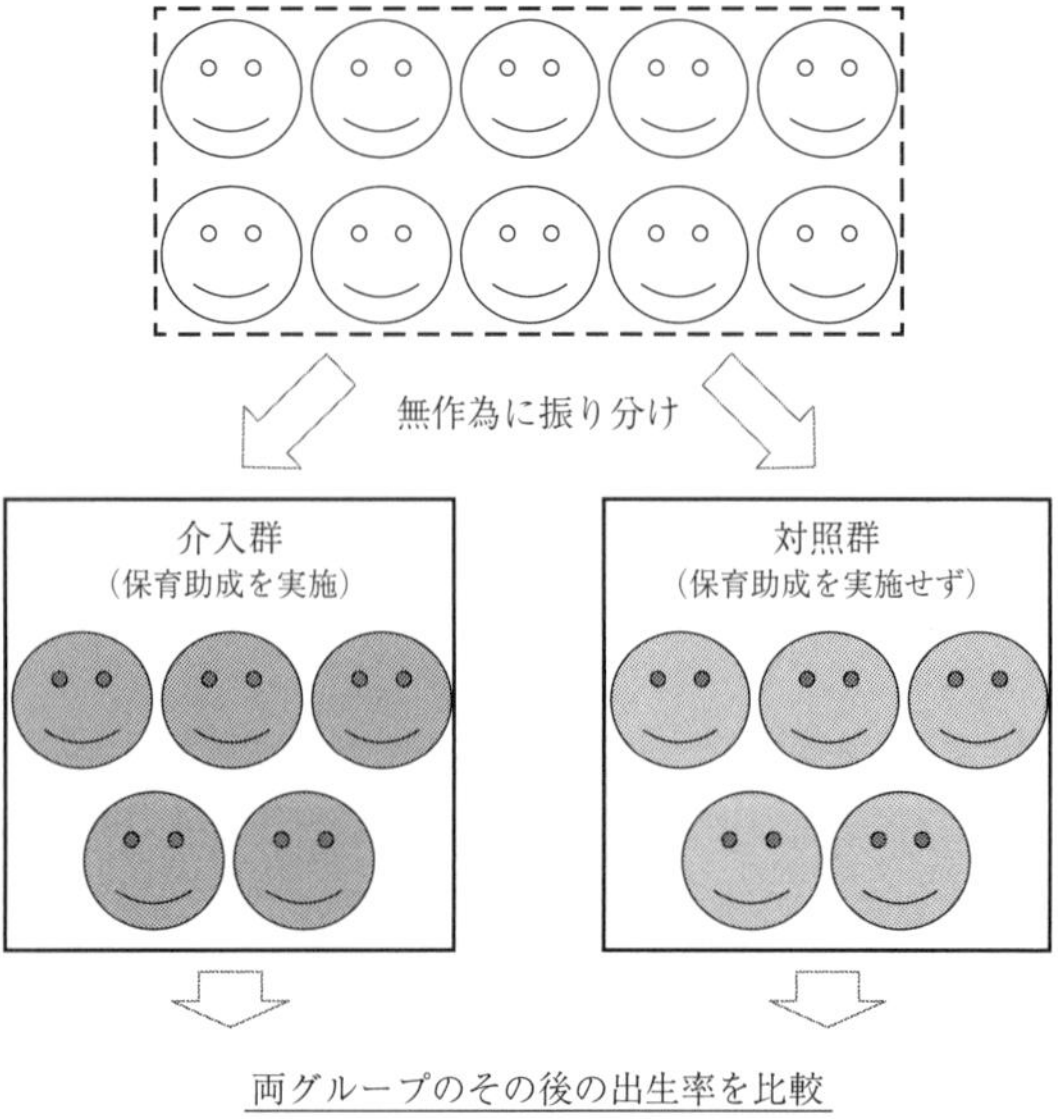

学や開発経済学の分野では比較的知られてきたが、文字通り社会を対象とするものであるがゆえに、管理が難しく、従来、莫大なコストがかかるものとされてきた(4)。しかし、最近になり、情報技術の発達等により、社会実験は比較的、気軽に行い得るようになっており、研究が急速に蓄積するようになっている。近隣住人の平均的な電力・ガス使用量を告知すると、ピア効果によって光熱費に変化が生じるかどうかを見た研究などがその一例である(5)。

とはいえ、生身の人間を対象にする以上、その者たちの人生を大きく変えてしまうような「実験」を簡単に行うわけにはいかない。介入群に期待される効果がよいことであったとしても、対照群が受けてしかるべき処置が施されなければ問題である。

たとえば、貧困から脱却するためのプログラムの効果を知りたいからといって、このプログラムを受けられるグループと受けられないグループに分けてしまえば、受けられないグループには厳しい状況が将来待っており、それを放置した行政は責任が問われることになる。分析対象とする政策の深刻さの度合いと社会実験の行いやすさとの間には、おそらくトレードオフがある。少なくとも、既存の調査データを分析するよりはコストがかかることは間違いない。

実施することが難しい社会実験の代わりに、あたかも社会実験を行うかのように（たまたま）導入された制度変更等を用いて分析する方法が、自然実験アプローチと呼ばれるものである。たとえば、わが国では１９７１年に、政治的な対立から、医師が保険医を辞退するという示威行為が行われたが、このときに都道府県ごとに対応が異なったため、（短期間ではあったが）現物支給のままの県と償還払いになる県とに分かれた。これを「実験」と見立てた分析によれば、給付方式の償還払いへの変更は医療支出を減らすことがわかったのである(6)。第６章で紹介したミシガン州デトロイトの就労支援も、自然実験の例である。

経済学者は、このような自然実験アプローチによる分析も数限りなく行ってきた。だが、この自然実験アプローチにもまた、自然実験となるような制度変更等が分析したい内容に即して見つかるとは限らないといった問題や、その制度変更が本当に無作為に行われたと言えるのかといった問題が常について回る。やはり信頼性の高いエビデンスほど簡単には得られない傾向がある。

加えて、限られた対象者へのヒアリングに基づいた、いわゆる「定性的な研究」というものも、研究分野によっては広範に行われているが、それらがまったくエビデンスとしての価値がないとは言い切れないだろう。

このように、「エビデンス」にはその信頼性にさまざまなレベルがあるが、研究者の間ですらエビデンスのレベルをめぐって意見が完全に一致しているわけではなく、異なる信頼性のレベルのまま、一般の人たちにはそれとは知らされずにエビデンスが乱立してしまうことになる。このことは、後々、ＥＢＰＭの推進を瓦解させることになりかねないと筆者は懸念する。

だが一方で、高いエビデンスを得るにはいまだ相当のコストと時間がかかり、社会実験など社会科学の中では最も信頼性が高いレベルのエビデンスを主唱する経済学ですら、それらを得ていることは稀である。今まず必要なことは、エビデンスをめぐるコンセンサスを形成し、政策を形成する主体が、エビデンスの信頼性を評価することができるようになることではないだろうか[7]。

2 「複数のエビデンス」という問題

信頼性のレベルが高いエビデンスが得られたとしても、そのようなエビデンスが一つしかなかった場合、それをそのまま信頼してよいのだろうか。あるいは、一つの施策について、同じレベルのエビデンスが複数あり、それらが異なった結果を示している場合に、どのエビデンスを採用したらよいのだろうか。そのようなことは研究ではよくあることだし、特に、複数の研究分野にまたがって同一のテーマが扱われるような場合には、しばしばその傾向が見られる。

もし複数の異なる結果が存在していたら、たとえば行政（与党）はみずからの立場にとって都合のよい結果を採用したくなるのが心情というものだし、行政を批判する立場にある者（ジャーナリストや野党）は、逆の結果を重視したがるだろう。このような都合のよい結果だけを採用する行為は、チェリー・ピッキングと呼ばれる。これでは、一見、エビデンスに基づいた主張をしてはいても、それぞれの主張が拠って立つ根拠がばらばらで、議論がまったく深化しない。エビデンスに基づいていないのと同じである。

そこで重要になるのが、一つの検証課題について複数存在する結果を客観的に評価して整理するということである。これは、主観的な評価による記述的レビューに対して、客観的な総括という意味で、系統的レビュー（systematic review）と呼ばれる。あるいは、メタ分析とも言う。

筆者は、ＥＢＰＭを適切に機能させるためには、個々の分析と同等かそれ以上に、このメタ分析という視点が重要と考えている。そして、これこそが研究者のすべき役割であるとも思う。ただ、メタ分析にも、その実施が容易ではない事情が横たわっている。それではメタ分析とは、具体的にどのようなものだろうか。

(1) メタ分析とは何か

メタ分析とは、「同一のテーマについて行われた複数の研究結果を統計的な方法を用いて統合すること」であるとされる(8)。つまり、個々の研究の結果自体を対象として、それらを集めたものをサンプルとした高次の分析をするのがメタ分析である。

図７－５　メタ（回帰）分析のイメージ

例．保育助成の出生率に対する効果を分析した５つの研究があったとする

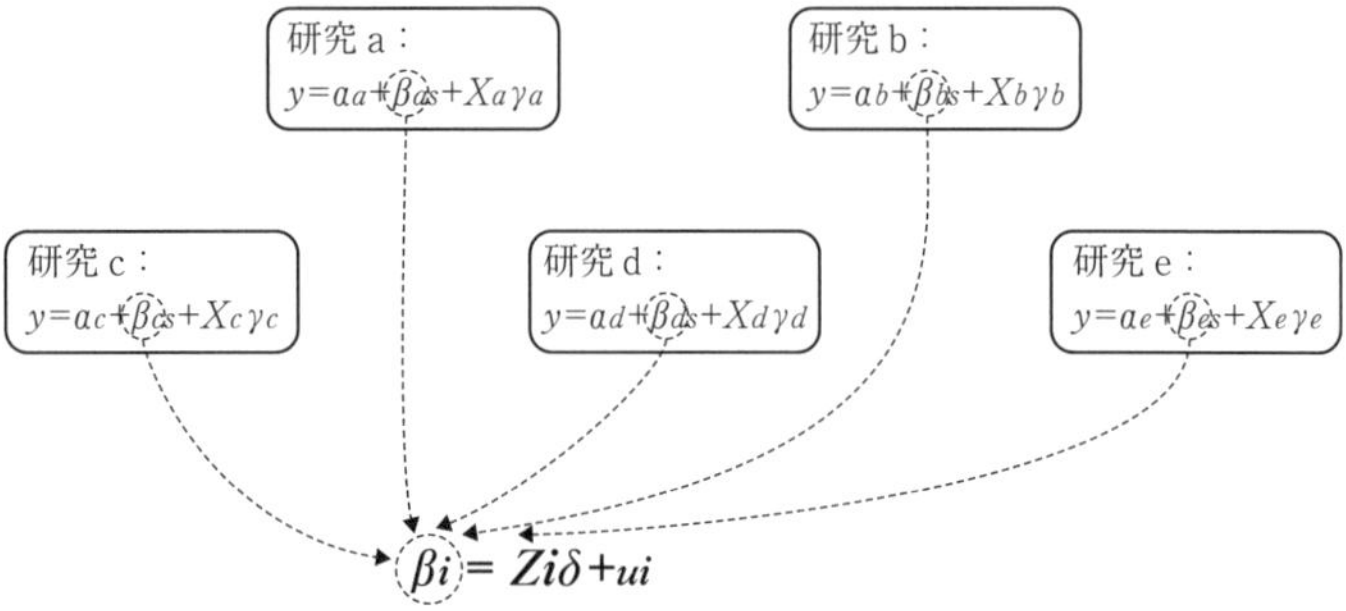

注：研究ａ～ｅから得られた５つの推計値 β をサンプル（被説明変数）として回帰分析を行う。Z は各研究の諸属性（利用しているデータの種類、対象地域、対象期間等）を表す。

たとえば、薬学で言えば、ある降圧剤の効果を検証した100個の研究結果があったとしたら、個別の研究には、降圧剤が効くとする研究結果もあれば、効かないとする研究結果もあるかもしれない。あるいは、効くとする研究結果であっても、大きな効果を示しているものもあれば、あまり大きな効果を示していない研究結果もあるかもしれない。それらの個々の結果をなんらかのかたちで平均したうえで、その薬の真の効果を見極めるわけである。

もちろん、個々の研究は、必ずしも同一の条件で行われているとは限らない。年齢層や居住地域といった、対象となるグループの属性に明らかなちがいがあったり、時にはアウトカムの計測方法にもわずかなちがいがあったりするかもしれない。その場合、それらの条件のちがいを調整する必要がある。

近年、経済学でもメタ分析が行われることが増えてきている。しかし、医学や薬学のように、アウトカムや研究のフォーマット（形式）が定まっている

分野とは異なり、経済学などの社会科学の分野では、同一のトピックについて検証した研究であっても、分析の諸条件が研究によって大きく異なることが多い。特に、経済学においては、メタ分析とはメタ回帰分析を指すことがほとんどであり、（真の効果サイズを突き止めること以上に）個々の研究の差異が生み出される要因を探ることに主眼が置かれることが多い[(9)]。

対象地域といった研究の諸属性は、統御要因に含められることになる（図７－５）。あるいは、データの形式（性質）や推計手法といったことも統御要因に含めることで、それらのちがいによって、結果が異なる傾向にあるのかどうかを確かめることができる。たとえば、クロスセクション・データに基づいた分析よりも、パネルデータに依拠して固定効果推定を採用した研究ほど、両立支援制度が出生に与える影響を見出さないといった傾向があるならば、信用すべきはパネルデータによる分析ということになる。逆に、クロスセクション・データに基づいた研究結果も、パネルデータに基づいた研究結果も大差ないということであれば、データの種類はエビデンスの信頼性には影響しないことになる。

(2)「出版バイアス」の問題

メタ分析することで、みずからの立場に都合のよい結果だけを選択してしまうチェリー・ピッキングの問題を防げたとしても、もっと深いレベルで研究が恣意的に選択されている可能性もある。出版バイアスの問題である。

出版バイアスとは、理論仮説に対する否定的な結果等、研究者コミュニティーにおいて良い反応を得られないと思われる結果が得られた場合に、研究者が結果の公表自体を控えてしまうために生じるバイアスのことである。

第3章で紹介した補償賃金格差の研究を例に取れば、「両立支援策の手厚さと賃金水準の間には負の関係が見られる」という理論仮説を検証する場合に、分析してみたところ、理論仮説に反して両者の間には正の相関しか見られなかったとする。このとき、理論仮説に反する結果は学術雑誌（ジャーナル）に投稿しても好まれず、リジェクト（不採択）されると研究者が信じたために、その結果自体を公表しない（お蔵入りさせる）としよう。多くの研究者が同じように考えれば、実際には理論仮説通りにならない結果があったとしても、それは公表されず、公表されている結果は、理論仮説通りの結果ばかりに偏ってしまう。

このことは、結果として、補償賃金格差の効果を過大に見積もることになり、本来は理論仮説通りでない結果を生じさせるなんらかのメカニズムが存在したとしても、それを見過ごすことにつながる。研究者は、嘘をついているつもりはなく、学術的に面白がられそうにない結果は報告しないだけなのだが、それが結果的に、現実に対する誤った理解を導くことになる。

このように、出版バイアスの問題は、研究者の心に深く根差しており、また研究不正をしているわけではない以上、たとえ個々の研究の手順やデータが信頼でき、権威ある学術雑誌に掲載されていたとしても、逃れることができない問題なのである。

もちろん、得られた結果をすべて登録させ、その一部であれ隠せないようにすれば、出版バイアスの問題はある程度解決できるように思うかもしれない。現実に、医学分野などではそのようなことが

図７－６　funnel（漏斗）プロットの概念図

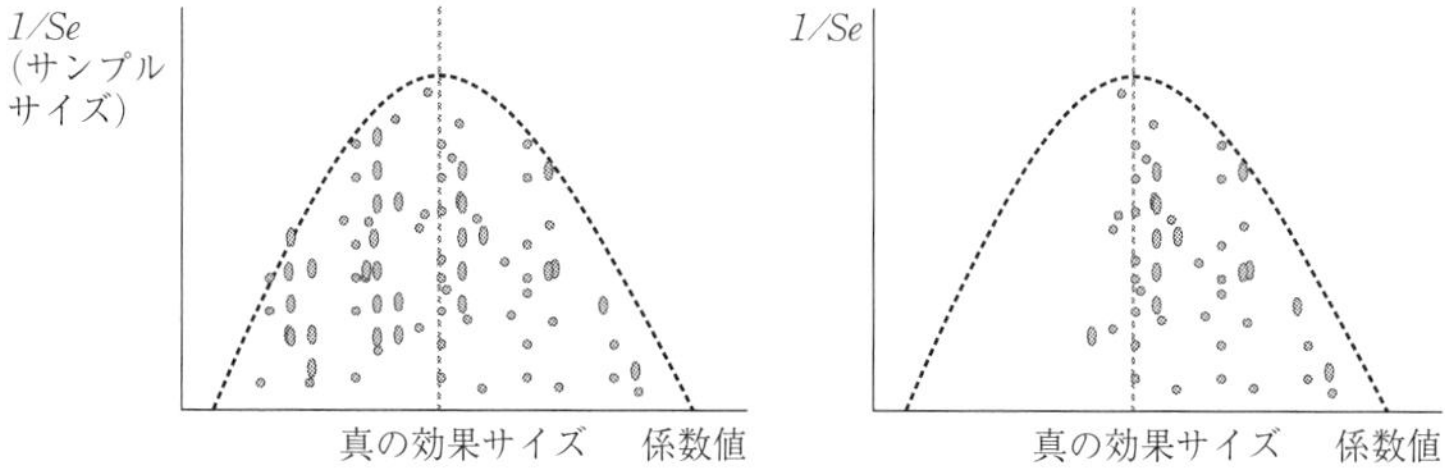

(a)　本来、係数値は真の値を中心に左右対称に分布。

(b)　特定の方向の結果のみが報告される傾向にあると、係数値は左右非対称に分布。

行われている。だが、基本的には非実験データを試行錯誤しながら分析することが多い社会科学系の分野でこれをすることは難しい。昨今、政策の費用対効果分析ということが言われるが、費用対効果分析への懐疑の一つに、この出版バイアスの問題がある。

しかし、出版バイアスの問題は、次のような直観的な方法によって、その存在を比較的簡単に検出できるとされる。今、縦軸に個々の研究結果（回帰分析の結果）から得られた係数値の標準誤差の逆数、横軸に係数値の大きさをプロットする。係数値の標準誤差はサンプルサイズが小さくなるほど大きくなる傾向があるので、その逆数の大きさは実質的にサンプルサイズを示していると考えてよいだろう。

このようにして描いた散布図は、ファネル（漏斗）・プロットと呼ばれる。図７－６は、そのファネル・プロットを概念的に示したものである。出版バイアスが存在しなければ、既存研究の係数値は真の係数値（効果サイズ）を中心に左右対称に分布する。その際、推計に用いるサンプルサイズが大きいほど、係数の標準誤差は小さくなり、真の効果サイズに近い値が多く

図7－7　最低賃金が雇用へ及ぼす影響に関する研究群のファネル・プロット

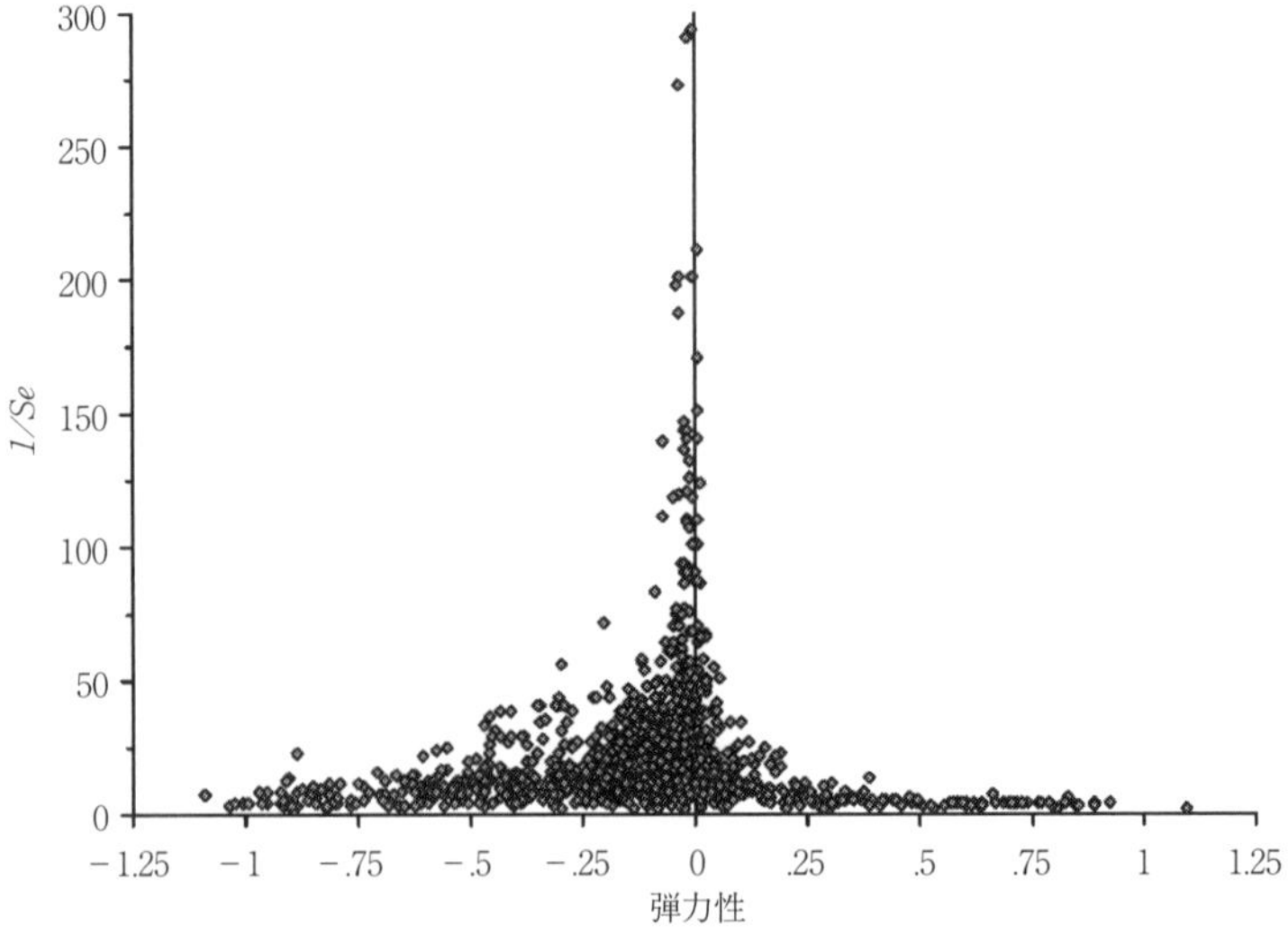

出所：Doucouliagos and Stanley (2009) Figure 2

得られるため、分布はお椀を伏せたような形状になる（図7－6（a））。

しかし、特定の領域の値を取る係数値だけが報告される出版バイアスが存在すれば、係数値の分布は真の効果サイズの右もしくは左のどちらかのみに分布する傾向を持つだろう（図7－6（b））。すなわち、この場合、既存研究の係数値と各係数値の標準誤差は正（あるいは負）の相関を持つことになる。したがって、メタ回帰分析の際に、各係数値の標準誤差を説明変数に加え、これが係数値に有意な影響を持っていれば、出版バイアスが存在することになる。さらには、各係数値の標準誤差を説明変数に入れた結果は、出版バイアスを統御したものと解釈することができる。

このようなファネル・プロットを描い

図７－８　介護が労働時間に及ぼす影響に関する研究群のファネル・プロット

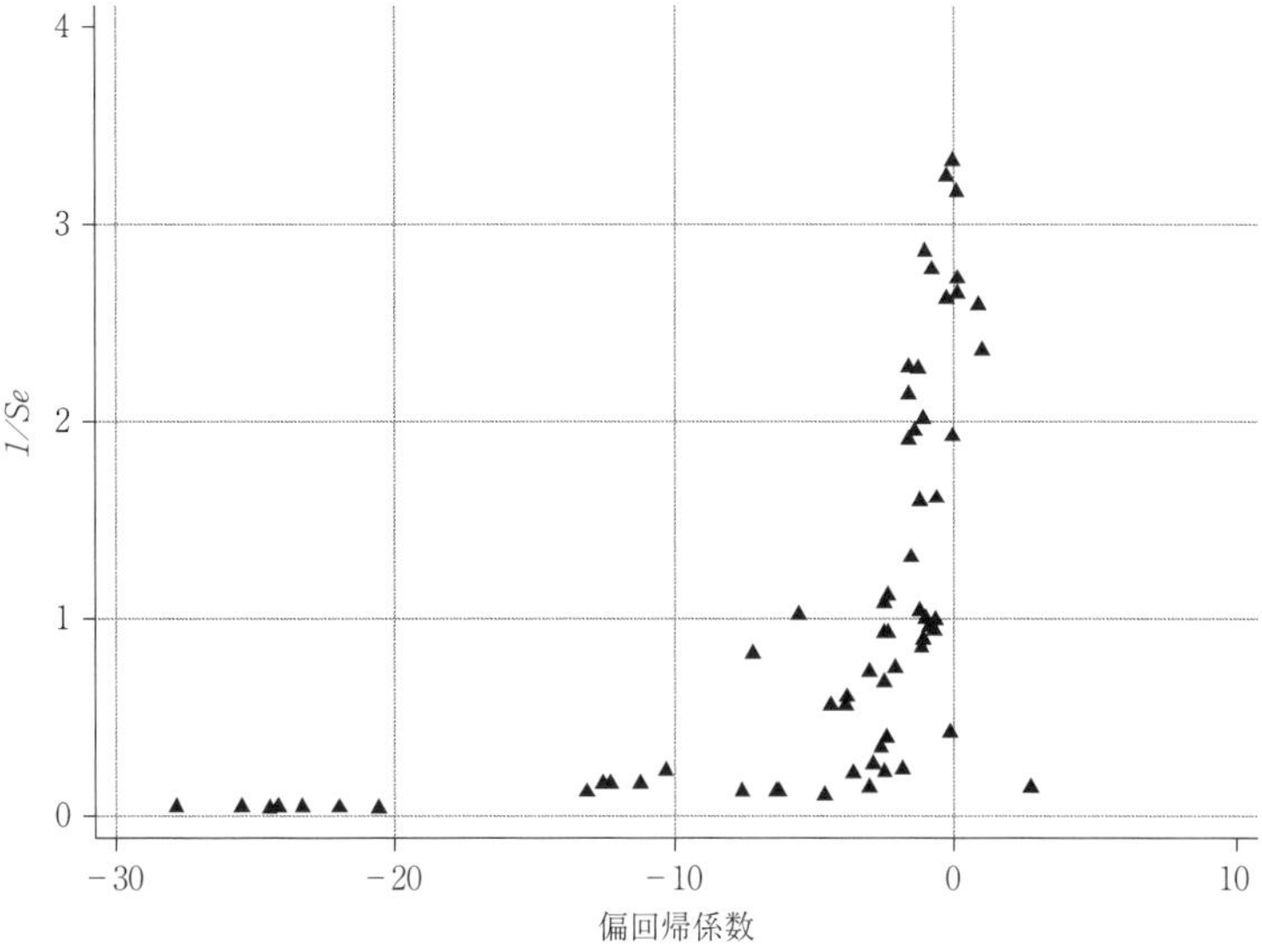

出所：酒井・深堀（2018）図９－２

てみると、すべての研究に出版バイアスが認められるわけではないが、分析トピックによっては、出版バイアスが疑われる例がある。図７－７は、最低賃金の雇用への影響を分析した研究群についてファネル・プロットを描いたものであるが、明らかに分布は左に偏っている。

また、図７－８は、家族介護が労働時間に及ぼす影響を分析した内外の13本の論文（１００個の係数値）について、筆者らがメタ分析をした際のファネル・プロットを示したものであるが、ここでも左右非対称となっており、出版バイアスの存在が疑われる。[10] ただし、どのようなトピックにも出版バイアスが認められるわけではない。

以上のようなファネル・プロットに

よる検出ではないが、経済学のジャーナルに掲載された大量の回帰分析の係数値のｔ値をプロットしてみると、１・96付近に固まっていることを見出している研究もある。[11] 経済学では、係数値が統計的に有意にゼロと異なると判断する場合の仮説検定の水準を５％に定めることが多いが、この時の閾値となるｔ値の値が１・96である。ｔ値の分布に１・96付近でスパイクが生じているということは、係数値が統計的な有意水準をクリアするように、研究者によって（恣意的に選択される等の）操作をされていることを示唆する。これも、一種の出版バイアスと捉えることができる。出版バイアスの問題は実証研究に広範に潜在する問題であり、このことに十分に注意しなければ、ＥＢＰＭへの信頼を浸食しかねない。

以上のように述べてくると、筆者が、政策にエビデンスを活かすにはメタ分析が必須と考えているかのように思われるかもしれないが、そうではない。政策にとってのエビデンスを、あたかも唯一の研究から成るものと考えるのではなく、研究群として捉える視点が重要であるということだ。そのうえで、チェリー・ピッキングや出版バイアスの問題に十分に注意を払ったうえで、ある研究トピックについて少なくとも何が明らかにされているのか、研究群全体として見たときに、そのインパクトがどの程度であるかを総合的に評価することである。そのためには、研究論文を読み解くスキルやプロトコルに則った整理といったことが欠かせず、それには専門の研究者（あるいは専門の研究者に準ずるノウハウと知識を有した者）の力を借りざるを得ないのである。[12] 経済学では、伝統的にはアメリカ経済学会が刊行する*Journal of Economic Literature*が、各トピックにおける最新の研究動向について、それを専門とする第一人者による解説を掲載してきた。ただし、これは研究のフロンティアを展望するという意味合いが強いものである。

また、比較的近年、存在感を増しているものとしては、*Journal of Economic Surveys* が挙げられるかもしれない。これは、より細目にわたったトピックについて、既存研究を整理することに特化した学術誌である。ただし、これも研究者向けであることは否めない。

労働経済学に限定すれば、*IZA World of Labor* がさまざまなトピックについて既存研究において解っていることを要約した情報を提供している(13)。そこでは、育休と保育サービスが子どものアウトカム（発達等）に及ぼす影響や、環境規制が企業の雇用に与える影響といったトピックの研究成果が極めて短くまとめられており、完全に研究者以外に向けた仕様となっている。しかし、そこで整理・要約されているのは、あくまで英語で書かれた文献の結果であり、主に海外で行われた研究の平均的な結果を知るには都合がよいが、それが日本の状況にも当てはまるかどうかはわからない。労働政策や社会保障政策のように、細かい制度や背景に依存するような場合、やはり日本で行われた研究についても総合的な評価を行う必要があるだろう。

3　政策決定過程とエビデンス

ここまで、政策におけるエビデンスに関して注意しなければならないことを整理してきた。それらは、ひとことで括ると、エビデンスの内部の問題（エビデンス自体の問題）ということになる。

しかし、エビデンス（のレベル）をめぐるコンセンサスが得られ、チェリー・ピッキングの問題が

図7－9　政策の形成過程：医療施策に関する法律制定を例に

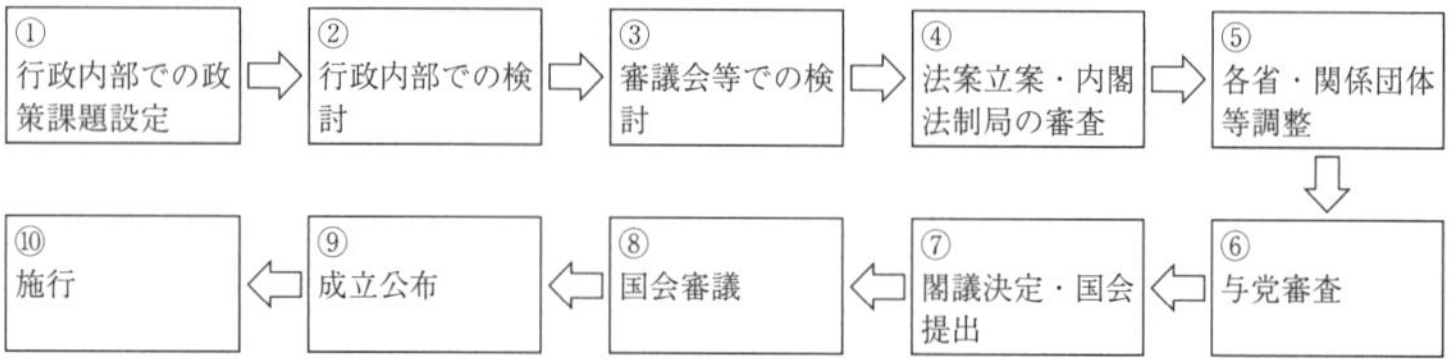

出所：岩渕（2015）の図表2－1より筆者抜粋

メタ分析によって解決され、出版バイアスにも対処できたとしても、本当にエビデンスが政策をよい方向に導くかどうかは、いまだ不確実である気がする。そのことを考えるには、政策決定のプロセスについて確認しておかなければならない。

(1)「政策」とその過程

まず、ここまでは言葉を厳密に定義することなく用いてきたが、「政策」とは、法律の改正や政省令の制定・改廃、各関係機関へ向けた通達、補助制度の創設といったものの総称である。大きなテーマで制度改正が行われる場合等には、複数の法案が組み合わされて提示され、審議されることも多い。政策はそれが実施されるまでに、大まかには図7－9に示されるような過程をたどる。

この過程において、③や⑤や⑧など、行政以外の主体の意見が政策に反映されるチャネルがいくつか設けられている。その中で、政策の詳細を固めるのが、社会保障政策や労働政策で言えば、⑤の審議会ということになる。審議会は、社会保障審議会であれば診療側・支払側と公益委員（学識者）、労働政策審議会であれば労働者側・使用者側と公益委員という三者構成になっている（ことが多い）。

先にも述べたように、この審議会では当該施策に関係するデータをめぐってしばしば議論がなされる。したがって、政策決定過程においてエビデンスが関与する余地がないわけではない。しかし、重要なのは、審議会は「調査審議」を旨としながらも、そこには関係者間の利害調整という趣が強い点だ。各関係団体の代表者による利害調整を目的とする以上、基本的には、関係両者が納得して合意しさえすれば、政策に関わるエビデンスは必須でないことになる。

非常に極端なことを言えば、ある政策に効果がないことがエビデンスとして示されていても、その政策に労働者側も使用者側も賛成していれば、エビデンスの出番はないということもあり得る。もちろん、そこでは公益委員としての学識者も控えているわけだし、行政側も無駄な政策を提案することは基本的にはないはずだから、エビデンスなき合意などあり得ないように思うかもしれないが、利害調整を旨とする以上、両利害関係者の意見が一致しているような案件ではエビデンスの出る幕が少なくなりがちであることは否めない。

また、逆に、ゼロサムゲームのような状況で関係者の意見が一致しえない場合にも、エビデンスが無力になる場合があり、こちらのほうがケースとしては多いかもしれない。たとえば、労働者側が、ある政策の自分たちにとっての利益を主張していて、企業側がその政策の自分たちにとっての不利益を主張しているような場合である。高齢者雇用の企業への義務づけなどがこれにあたる。このような場合、その政策がもたらすものについて信頼性に足るエビデンスがあったとしても、それぞれの立場が対立している以上、エビデンスは議論の対立を解決する役には立たない。批評家の東浩紀が言うように、価値観は事実の集積とは異なり、事実は人と共有できても価値は共有できるとは限らない以上、正しいデータに基づいて正しく議論しても、必ず同じ結論に達するわけではないのである。[14]

(2) エビデンスに基づくだけでは政策決定はできない

誤解を恐れずに言えば、従来の利害調整的な政策決定過程には、エビデンスに依拠した政策決定という考え方は、(矛盾を来すとまではいかなくても)必ずしも馴染んできたわけではなかった。筆者は、利害調整的な政策決定のほうが正しいとか優れているとか言っているわけではない。各関係団体の「代表」を集めて行われる審議会が、必ずしも当該政策課題の利害関係者の代表となっていない点が、昨今の政策形成における問題とされる。[15] これについては、終章であらためて検討する。だが、少なくとも、利害調整的な政策形成過程を前提とする以上、エビデンスがそのまま政策を決定づける状況が多いと考えるのは単純にすぎると言えるだろう。[16]

そもそも、エビデンスのみに基づいて政策を決定できるならば、政治や行政の役割はだいぶ減ることになるだろう。だが実際には、価値の対立をエビデンスが解決できるわけではなく、今後も政治や行政が果たす調整者としての役割は消えることはないだろう。また、エビデンスのない状況でも決定をしなければならないのが、政治や行政であるとの見方もある。[17]

このように考えていくと、逆に、政策決定においてエビデンスが役割を果たす場面もはっきりと浮かび上がってくる。つまり、ある政策の目的については対立がなく、その政策に効果があるかどうかを判断するような場合、あるいは目的達成のために複数の施策が考えられるが、それらを取捨選択しなければならないような場合には、エビデンスは役に立つ。しかし、それ以外の状況でエビデンスがどう政策に資するかは定かでない。少なくとも、政策目的が一つでないような場合や、ある結果に対する評価の仕方自体が最初から立場によって異なるような場合には、エビデンスがあってもそれだけでは解決を導かない。

このように、政策においてエビデンスが役に立つ場面を限定することは、ひいてはＥＢＰＭ自体の可能性を狭めることにつながると感じる読者もいるかもしれない。しかし、筆者はむしろ、エビデンスをあたかもすべての解決を導く魔法の道具などとは思わずに、それが適切に役割を果たす状況をケース・バイ・ケースで考えていくことこそ、ＥＢＰＭを政策に実装していくうえで必要不可欠なことだと思っている。

(3)　政策における「数値」の副次的な問題

ここまで記したような問題がクリアされたとしても、政策を数値で評価することにつきまとう別の問題もある。それは、政策の効果を測定することに伴う問題とも言える。政策の効果を考えるにあたっては、政策の目的が何であるかをあらかじめ定めたうえで、その効果をどの指標によって計測するかを決めなければならない。

政策効果を、ある指標によって捉えようとすれば、その効果の一側面しか捉えておらず、他の側面は捨象しているかもしれない。生徒の「学力」の指標として、数学と国語のテストの成績を用いようとすれば、他の科目の成績によって捉えられる「学力」は捨象される。そもそも、テストの成績が本当の意味での「学力」を捉えているとも限らない。すべての指標は、多かれ少なかれ代理変数にすぎないのだ。何が測定指標として選ばれるかは、測定者が何を政策効果としてイメージするかにもよるが、現実には、それ以上に「何が測定しやすいか」に依存することが多い。

われわれがテストの成績を学力の指標として用いるのは、それが生徒の学力を理想的に反映しているからというよりは、測りやすいということのほうが大きい。同じように、失業手当や育休給付において（再）就職率だけを見がちなのは、そのデータが得やすいということが大きい。たとえ一度、（再）就職したとしても、その後、安定的に就業していなければ意味がないはずだが、それを確かめるには、長期間モニターする必要があり、ハードルが上がるからだ。

このような状況で、測定することができた指標のみをもとに、政策の取捨選択を行ったらどうなるだろうか。さらには、その指標をもとに、目標やインセンティブが設定されたりしたらどうなるのか。大学が学生に対して良い教育を行っているかどうかを「卒業率」で測ろうとすれば、学生に単位を付与する基準を下げることが（暗黙に、あるいはあからさまに）行われるようになるだろう。これは望んでいた結果とは、まったく逆のものだ。

別の例としては、ある疾患の治療に関して各病院がどれだけ優良であるかを、その疾患の「治癒率」で測ろうとすれば、治癒の見込みがない患者は巧妙に敬遠されたり、疾患自体が治ったかどうかが重視されるあまり、合併する症状の改善は疎かにされたりするといったことがある。同じように、就労支援が「就業率」の向上を目標にすれば、スキルが身につかず将来のキャリアに結びつかないような劣悪な条件の仕事であっても、とにかく就業させようとすることだろう。(18)

実は、ある成果の指標をインセンティブと（不適切なかたちで）結びつけることがもたらす弊害を指摘してきたのは、ほかならぬ経済学であった。たとえば、営業職において、売上額だけを給与に反映させると、その他のアフターケアや新人の教育が疎かになることは実感がわくであろう。また、月間の売上高がある額を上回ればボーナスが付与されるといった給与体系にしておくと、無理矢理、当月の売上実績を作ったり、あるいは逆に当月の実績となったはずの契約を、意図的に翌月に繰り越したりといった誘因が働く。

これらは、人事経済学という分野で、それぞれマルチタスク問題やゲーミング問題という言葉で知られてきた。公共政策の場合も、それを行う主体に、ある種の指標に基づいてインセンティブを与えると、右と同じことが起きる可能性が高いということだ。

マルチタスク問題やゲーミングの問題には、解決法も経済学によって提示されている。マルチタスク問題については、測定できる業務と測定できない業務を担当する者を分け、それぞれ別の基準によって評価するといったこと。ゲーミングの問題については、目標となる指標に閾値を設けないといったことだ。つまり、これらの問題は、測定指標を用いること自体の問題ではないとされる。

ただ、現実には、そのような解決策が有効になることばかりとは限らない。たとえば、業務を担当する者を分けることは、縦割的になり、全体の最適化を図れないといったことになる。

もちろん、ある種の指標に基づいて政策の効果を測り、それに基づいて取捨選択や改善が行われることの便益は大きい。目標となるような指標に基づかずに行われる政策は、財政規律が緩みがちになるからだ。したがって、指標に基づいて行う便益を強調する立場と、むしろその隠れたコストのほうを強調する立場には、常に緊張関係があり、簡単に相容れるものではない。

ただ、現状では、このような隠れたコストのほうが小さいということを誰が証明しているだろうか。皮肉ではあるが、ＥＢＰＭの原則に従うならば、「指標に基づく政策は、便益のほうが費用よりも上回っている」というエビデンスがないのであればやめたほうがよいということになる[19]。

4 社会保障政策のどの部分にエビデンスが活かされるべきか

以上のように、エビデンスさえあれば政策は自動的に正しい方向に導かれるかのような幻想に対しては多少の警鐘を鳴らしたうえで、ここからは社会保障政策のあり方を考えてみたい。特に、社会保障政策のどのようなところにエビデンスが活かされるべきかということを考えたい。このことは、筆者が官庁の研究機関に在籍していた際に常に考えていたことでもあった。

(1) エビデンスを政策効果の検証のみに限定する必要はない

ここまで暗黙裡に、エビデンスと言った場合には、政策の効果に関するエビデンスを主に想定して話を進めてきた。だが、必ずしもエビデンスを、政策効果に限定する必要はない。一つの切り口にすぎないが、公共政策分野の実証研究には、一方の極に政策効果のような「介入」がもたらす帰結を検証するような研究があるとすれば、もう一方の極には現状に対する問題発見型の研究があると業者は思っている[20]（図7－10）。

前者の介入効果の検証については、現在では、差分の差分法や回帰不連続デザインといった手法を

図７－10　政策に関する実証研究のスペクトラム

例．若年無業者の実態、失業手当受給者数減少の要因 など

例．改正高年齢者雇用安定法の高齢者就業への効果、介護保険制度改正の女性就業への影響　など

用いた「因果関係の分析」がほとんどを占める。後者の問題発見型の研究には、いわゆる若年無業の内実を明らかにした玄田有史・東京大学教授による一連の業績や、本書で言えば第4章で紹介した高齢就業者における労災の分析が挙げられる。もちろん、「現状」には既存の政策の影響が含まれるわけだから、実証研究がこの二つの分類によって完全に切り分けられるわけではないが、議論の整理のためにこの分類を念頭に置くことは有用だ。

「エビデンス」を政策の効果に限定せずに広義に捉えた場合、その役割も広がる。有名コラムニストのマルコム・グラッドウェルが「一〇〇万ドルのマレー」という話を書いている[21]。米国ネバダ州のマレー・バーというホームレスを例に、福祉などにおいては、ほんの一部の者の受給額が給付総額の大半を占めており、そのような一部のハードコアな受給者は一般的な対処では通用しないため、特別な対処が必要になるという主張だ。日本の社会保障においても、同じような現象は到るところに見られる。たとえば、医療費は、使用額で見て上位10%の利用者だけで全体の支出額の60%以上を占めるという。そして、このような受給者の偏りは現役世代ほど顕著だという[22]。

重要なことは、どのような特徴を持つ者が多額の受給をしているのか

図7－11　所得再分配の真の効果とは？

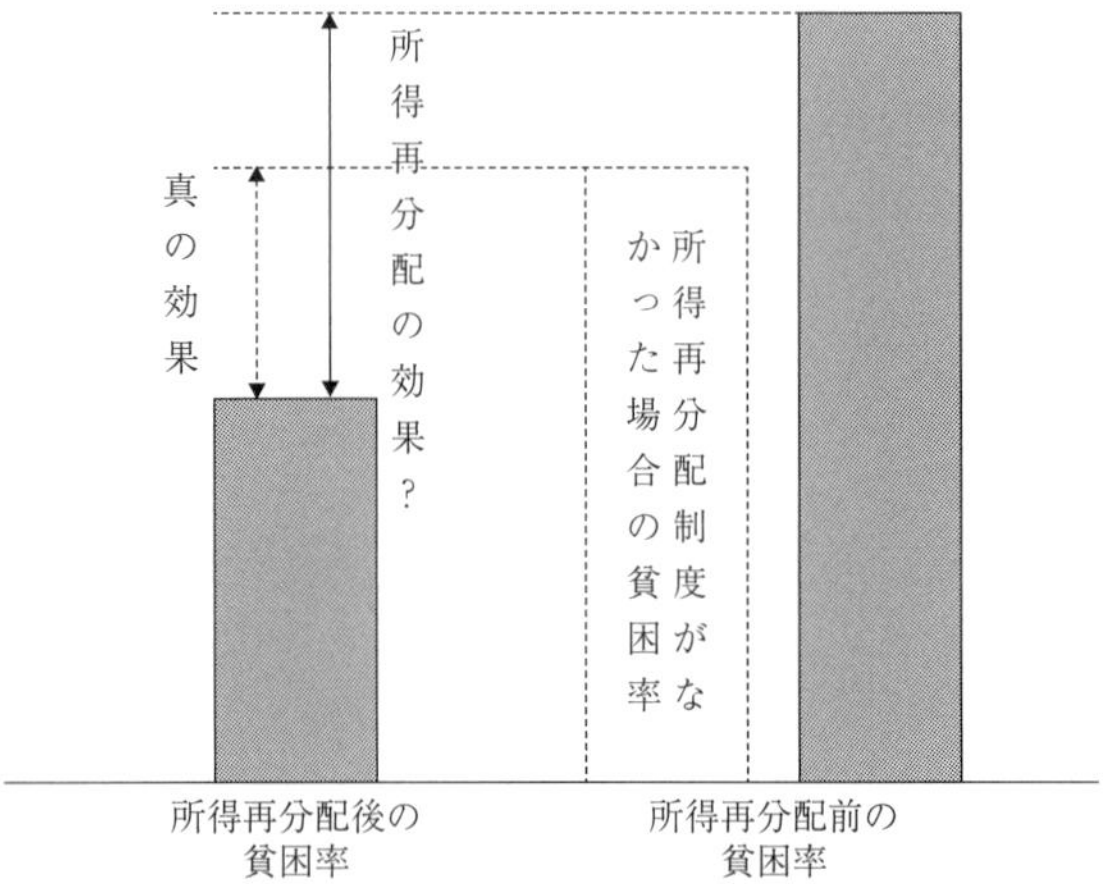

という点だ。そのことを明らかにすれば、そのような特定の受給者に的を絞った対処ができるかもしれない。このようなことこそが、多くの者にとって幸福な結果をもたらすエビデンスの利用方法であると思う。

また、第2章に紹介したような雇用保険受給者割合低下の要因に関する分析は、どの要因が主因であるかによって政策的な対応が異なる例である。物事には常に複数の要因が影響しているが、本書でも紹介してきた通り、複数の要因を切り分ける手段として多変量解析（回帰分析）という手法は極めて有効だ。

経済学としての定量分析という観点からは、それが有益になり得るのは、人々の応答行動（behavioral response）を明らかにするときであると考える。その典型は、労働供給の賃金弾力性や、自己負担割合に対する医療費支出の弾力性といったものである。あるいは、在職老齢年金制度の就業抑制効果といったものである。要は、人々が取り得る行動には複数の可能性があるが、平均的にどの行動をどの程度取るかは先験的にはわからないので、データから明らかにしようという場合である。経済学における多変量解析の手法を用いた研究は、分析者が意識せずとも、おおかたはこれに類する研究であるが、それをいわゆる「機械的計算」と並べてみると、その有効性がクリアになる。

たとえば、所得再分配前と所得再分配後の貧困率の改善度は、所得再分配の「真の効果」と言えるだろうか。「言えない」というのが、経済学の答である。所得再分配制度（たとえば生活保護制度）に、人々の就業意欲を抑制する効果があったとしよう。すると、所得再分配制度がそもそもなかった場合には、人々はもっと就業していた可能性がある。つまり、所得再分配前の格差には、人々が所得再分配を当て込んでいたことによる部分があると考えられる[23]。

純粋な所得再分配の効果とは、事実（所得再分配後の貧困率）と反事実（所得再分配がない場合の貧困率）の比較であるべきなので、機械的に再分配前の貧困率と再分配後の貧困率の差を取ったものでは、所得再分配の真の効果を過大に見積もっていることになる（図７‐11）。このとき、所得再分配制度があることによって、どの程度、人々の行動が変わったか（「どの程度、モラルハザードが生じたか」とも言える）を明らかにすることが定量分析の役割となる。

このような人々の応答行動を実証的に測定することの重要性は、本書で検討してきたようなセーフティーネットの拡充についてもよく当てはまるのである。

(2) 社会保障政策の研究において必要となる視点――家族機能との代替性

以上が、社会保障政策に定量分析の結果を活かすとしたらどのような部分で強みを発揮するかという「分析上の特性」に関する議論であったとすると、社会保障政策にエビデンスを活かすうえでどのような視点が必要かという「テーマ」に関する議論もある。この問いは、先の分析上の特性を踏まえたうえで、定量的な研究は実践に活用されるために社会保障研究のどの部分のピースを埋めるべきかとも言い換えることができる。

そのような問いには、回答者によってありとあらゆる答があり得ると思われるが、筆者がここで挙げたいのは、社会保障制度が有する家族機能や地域機能との関係性という視点である。社会保障制度は、自助や互助といった家族機能やコミュニティーの機能を代替するかたちで発達を遂げたとされるが、この家族機能等との代替性があるがゆえに、現下の社会保障制度のさまざまな問題が生じており、複雑にもなっていると考えるからだ。そのことを以下で考えてみよう。なお、「家族機能・地域機能」や「自助・互助」は、インフォーマルなセーフティーネットと言い換えることもできる。

社会保障制度（共助・公助）は、核家族世帯の増加に象徴されるような家族機能・地域機能（自助・互助）の衰微を背景に、その機能を補完するように拡充されてきたという考え方は、白書のような公的な見解としても、個々の研究においても数多く登場する。[24] その典型例として最も挙げられることが多いのは、公的年金制度や介護保険制度である。かつては家族や地域で担っていた高齢者の生活や介護を、社会保険の仕組みによって社会全体で担うようにしたものが公的年金や介護保険とされる。

社会保障制度が、「親孝行の社会化」と呼ばれたりする所以でもある。

しかし、このような家族機能・地域機能を社会保障制度が置き換えたという「神話」に対しては、いくつかの角度から疑問を投げかける必要がある。第一の疑問は、老後の生活や介護は、本当にかつては地域や家族によって担われていたのかということである。平均寿命が今よりも短かった過去においては、定年退職後の期間はそれほど長くはなく、少ない蓄えでも済んだのかもしれない（実際に、１９６０年時点の男性の平均寿命は65歳であった）。

あるいは、第一次産業の割合が高く、自営業という働き方のほうが一般的だった時代には、そもそも「定年退職後」という考え方自体が馴染まなかった可能性がある。また、子育てにしても、家族が担っていた子育てを保育サービスが代替するようになったとされるが、女性が自営業の家族従業者として働くことが多かった時代には、子どもの面倒を見ながら仕事をすることも可能だったために、公的な保育サービスがあまり必要ではなかったのかもしれない。

ただし、これについては反論もあろう。というのも、かつては自営業という職住同一の働き方が一般的であったとしても、第3章で見たように、祖父母に子どもを預けることができれば母親が就業しやすいのは自営業でも変わらず、やはり三世代同居こそが子育てと仕事の両立を支えていたと考えられるからだ。

第一の疑問に関連する問いは、かつて家族や地域が老後の生活や介護を支えていたのが事実だとしても、本当に社会保障制度はそれらを代替しているのかというものである。介護保険に見られるように、介護を受ける側が家族の介護を望んでいることが多ければ、家族は介護から解放されず、結局は、介護は過剰になるのではないか。要は、セーフティーネットやケアへのニーズ自体が以前より増しており、旧来の家族機能を代替しているというよりもむしろ、いずれも増える結果になっているということだ。同じことが、保育についても言えるかもしれない。

「神話」への第二の疑問は、社会保障制度の拡大こそが、家族機能等が衰退することにつながったのではないかということである。つまり、因果関係が逆ということだ。

これはどういうことだろうか。どのような動機であれ、公的年金や介護保険等の社会保障制度が拡大すれば、今まで老後は自分の子どもの世話になる必要があったのが、その必要がなくなる。制度によって老後が約束されるようになると、どうしても自分の子どもを持たなくてもよいと考える人々が出てくる。

もちろん社会保障制度は、多かれ少なかれ現役世代から高齢者世代への所得移転という側面を有するので、次世代が誕生せずに制度の持続は覚束ない。しかし、あくまでも社会として子ども（次世代）がいればよい。これを経済学の用語を用いて言えば、「子どもは正の外部性」を持つということだ。そうすると、誰か他の人に子どもを持ってもらい、自分は子どもを持つ必要がないと考える人が出てきてもおかしくない。このようなフリーライド（ただ乗り）があると、そのモノは社会にとって最適な水準を下回る量でしか生産されないことも、経済学が教えてくれることの一つである。つまり、少子化が進み、社会保障制度が維持できなくなるのである。「社会保障は自分で自分の首を絞める」のである。[25]

このような社会保障制度が自助（あるいは互助）をクラウドアウト（阻害）してきた例は、内外の実証研究によっても示されている。第２章で紹介したように、失業給付は貯蓄行動や配偶者の労働供給を抑制した可能性がある。年金制度の充実が出生率の低下をもたらしたことを示す研究も、日本における介護保険制度の導入が単身高齢者を増やした可能性を示唆する研究もある。(26)

もちろん、家族機能・地域機能の衰退の原因が社会保障制度だけに求められる、あるいは、家族機能・地域機能の衰退が社会保障制度の拡充を促したとする主張が誤りだなどと言うつもりはない。家族機能・地域機能の衰退という趨勢が先にあり、社会保障制度の拡充が図られてきたことは間違いない。だが、それは、どちらかが他方の原因になっているといった単純な関係ではなく、相互に作用し合っているのだ。『平成18年版厚生労働白書』の表現を借りれば、「社会保障制度は、変化した家族や地域の機能を補完するよう、社会的連帯の考え方に基づいて公的制度として創設・拡充してきたが、できあがった制度が家族や地域の変化をさらに促す側面があったことも否定できない」ということになる。

だが、なぜ社会保障制度が自助や互助を阻害する可能性を考慮することが重要なのだろうか。それは、社会保障制度の綻びを繕おうとそれを手厚くすれば、人々の間の自助努力や助け合いを少なくし、セーフティーネットとしての機能の総量は変わらないまま、公的な支出だけが増えることになりかねないからである。これは、政策効果の「漏れ」と捉えることもできる。第３章で見たように、保育所定員を増やしても、祖父母等が面倒を見ていた子どもが預け替えられるだけで、働くか働かないかという選択に迫られている層には効かないというのは、政策効果の「漏れ」の最たる例であろう。

一般に、実証的な経済学は、制度の「意図せざる帰結」や「副作用」を強調するきらいがあるが、それはそのことによって政策が意図通りに効いてくれなければ、資源が無駄になってしまうからである。だから、肝心なことは、「副作用」や「漏れ」がどの程度であるかを精確に見積もることだ。可能性として制度と自助・互助の間に代替性があったとしても、どのような場合にも「漏れ」が大きいわけではない。だが、もし「漏れ」が大きいならば、単純な拡充は見直す必要がある。

(3) 制度拡充路線から自助・互助、共助・公助バランス路線へのシフト

さて、社会保障をめぐる最近の論調は、社会保障制度の拡充一辺倒ではなく、自助・互助と共助・公助のバランスを取ることが重要という論調にシフトしてきている。たとえば2013年の「社会保障制度改革国民会議 報告書」では、「社会保障は、『自助を基本としつつ、自助の共同化としての共助（＝社会保険制度）が自助を支え、自助・共助で対応できない場合に公的扶助等の公助が補完する仕組み』が基本」としており、自助こそが中心にあることを強調している。その背景には、人口の高齢化に伴う給付増によって社会保障財政が圧迫されており、安易な社会保障給付の拡大を避けたいことがあることは言うまでもない。介護保険において在宅介護へのシフトが進んでいることに象徴されるように、それは共助・公助から自助・互助への「揺り戻し」とも見ることができる。自治体による、三世代同居や親との近居に助成する施策もこれに類する。

しかし、制度が自助・互助をクラウドアウトしているのであれば、一度、破壊された自助・互助が簡単に戻るとは限らない。また、そもそも、「かつては家族や地域がセーフティーネットの役割を果たしていた」というのが実態のない神話にすぎないのであれば、そのような「揺り戻し」は、決して

「揺り戻し」などではなく、新たな負担を家族や地域に課していることにほかならない。

このように家族機能や地域機能と制度との代替関係を把握することが、「再家族化」の動きが進む現下の社会保障を研究するうえで、埋めるべき断片であると考える。本書でわれわれが着目してきた、非正規雇用を主とするセーフティーネットが脆弱な者たちも、生活へのリスクに対して、たとえば、「親との同居」や「別の世帯員による就業」といったインフォーマルなセーフティーネットを有していないわけではなかった。

だが、インフォーマルなセーフティーネットは、公的なセーフティーネットとは異なる。自分が失業のリスクに直面している時は、他の世帯員の就業も安泰でないことが多い。また、インフォーマルなセーフティーネットは、世帯ごとの差が大きいという意味においても、それが適切に公的なセーフティーネットによって補われなければ、機会の不平等を助長する恐れがある。したがって、自助・互助と共助・公助の代替性を検出するだけでなく、両者の機能的な相違を把捉することも重要になってくる[27]。

自助や互助を重視した民間主体の福祉提供体制であったとしても、米国のように格差が拡がってしまえば、最終的には公的な支出によって救済せざるを得ないという事態も発生し得る。結果として、公的な支出は、いわゆる北欧型の福祉国家などとたいして変わらないということも出てくる。結局のところ、セーフティーネットへの需要の総量は、自助・互助・共助・公助のいずれに重点を置こうとも変わらないのである[28]。

(4) エビデンスと社会保障政策のタイムフレーム

エビデンスが政策上の有益な知見を与え得るような条件がどんなに揃っていたとしても、信頼性の高い研究結果が出るのには相当の時間がかかる。一方、政策の決定は、何年もかけて周到に準備されて実行されることもあるが、流動的な側面も多く、世論や政治の状況によって急遽実施されることもある。研究のタイムフレームと政策のタイムフレームが異なるというのは、まったくその通りである。そもそも、実証研究は過去の事例について行われるため、これまでにないまったく新しい制度を実施する際には役に立たないと言われることがある。

しかし、そのことをもって、研究によるエビデンスは政策の役に立たないと断じることは短絡的である。過去にまったく同じ制度が実施されたことはないとしても、類似の制度についての実証研究は参考となる知見を与え得るし、そもそもエビデンスは、過去に実施された政策を検証し、その継続の是非を議論するような場合にこそ使われるべきだからである。

とはいえ、過去の政策から得られた知見が、今後を予測するのに役に立たない状況があり得ることに注意を払っておくことも重要である。たとえば、ある自治体で政策によって保育士が大幅に増やされたとする。このような労働供給の増加は、長期的には保育士の賃金を抑える圧力となる。保育士の賃金が上がらなければ、保育士は他の自治体や他の職業へと流出したり、あるいは同じことだが他の自治体や職業から保育士が流入してこないといったことが起こり、結局は、保育士の賃金も雇用量も元の水準近くに戻るということがあり得る。

このような長期均衡（一般均衡）による帰結の可能性を持ち出すまでなくとも、人々の個々人のレベルでの反応と社会全体での反応が異なり得るケースや、制度変更等が人々の行動に及ぼす影響が現在の水準に依存するために今後も同じ反応を示すとは限らないケースはある。

一例として、就業に対してある種の金銭的インセンティブを与えるような場合、人々の留保賃金（＝市場の賃金がこれより高ければ働いてもよいと考える水準）が大体同じ水準に集中していれば、金銭的インセンティブの水準がその水準を超えない限りはほとんど反応ないが、ある水準（閾値）を超えると急に多くの人々が就業し始めるといったことが生じる。

同時に、このような場合、閾値を超えた当初は大きな反応が見られるが、就業率がだいぶ上がってくれば、それでも就業しない人々は留保賃金が他の人より高い可能性があるので、同額の金銭的インセンティブでは同じ効果は期待できないことになる。総じて、ある時点における局所的な反応である「弾力性」が、遍く当てはまり得るかどうかは定かでない。内的妥当性は外的妥当性を保証しないということだ。

政策のタイムフレームと研究のタイムフレームとの間にズレがあるという事実は、別の問題も提起する。それは、政策のほうが長期的な視野に立っているような場合である。子育て支援策は、短期的な出生率の上昇や（母親の）就業率の上昇を目標に掲げていたとしても、その真の目標は、20年後の労働力の増加であるといった場合、実証研究が明らかにし得ることには限界がある。たとえば、自治体レベルでは、政策によって出生率が上がっても、生まれた子どもたちが成人する頃にその自治体から出て行ってしまえば、真の目的を達成していないことになる。

だが、このような本当の帰結が明らかになるまで時間を要するといったこと以上に問題になるのは、政策を人々が行動に織り込むまでには時間がかかるという事実である気がする。政府が子育て支援策の充実を表明したところで、それが人々に遍く知れ渡り、本当に実行されることが信用されなければ、人々は子どもをもっと多く持とうとはしないだろう。なぜなら、一度、子どもを持てば、長期間にわたる保育が必要になるため、制度の継続性こそが重要となるからだ。その意味では、頻繁に政権や首長が交替するなどして、政策の継続性がないようなとき、政策の効果は弱まることになる。

逆に、長期的な継続性が約束されている制度ほど、受給申請が過大になりがちといったこともあるかもしれない。このようなときに、たかだか数年のスパンで制度変更前後のアウトカムの変化を見ただけの研究結果をもとに、政策の効果を判断することは明らかに適切ではないだろう。長期的な継続性こそが問題になるような政策に関しては、政府（自治体）がどれだけその政策にコミットしているかが政策効果に影響してくるはずなわけだが、残念ながら、現状ではそのようなコミットメントのレベルまで織り込んで政策効果を検証した研究はほとんどないと思われる。

(5) インパクトが大きい要因 vs 介入しやすい要因

「エビデンス」を、政策の効果の検証に限定することなく捉えた場合、その大きな役割の一つは、現状におけるある現象の要因として考えられ得ることの、それぞれのインパクトの大きさを比較することだと思う。ある現象の理由として考えられるいくつかの仮説から妥当なものを選ぶことであるとも言える。

さて、そのような要因分析の結果、ある要因のインパクトが最も大きかったことがわかったとする。たとえば、ある制度の財政を悪化させている最大の要因が、人口の高齢化であることが判明し、その他の要因は取るに足らないものだったとしよう。政策の資源が有限であることを考えれば、小物の要因に対処するよりも、大物の要因に優先して対処するのがよいはずだ。

しかし、大物の要因が政策的に介入しやすい要因とは限らない。人口の高齢化が財政悪化の主因だったとしても、あまりに構造的すぎて、それを解決することは容易ではない。結果として、焼け石に水だったとしても、小物の要因に対処するしかない場合もある。

政策が介入しにくいようなケースには、問題が構造的すぎる場合のほかにも、利益団体の力が強すぎるといった場合や、倫理的に踏み込みにくいといった場合もある。人口の高齢化を直接的に解決するのは少子化対策であるが、踏み込んだ少子化対策が行いにくいのは、家族形成は個人の自由意思の発露の最たるものであるため、それに国家が介入しすぎることはふさわしくないと考えられることが多いからだ。

実は、本書で着目してきたセーフティーネットの格差への対処についても同様のことが言える。前章までで見てきたように、セーフティーネットの格差は雇用形態に起因していることが多く、それならば正規雇用と非正規雇用という雇用形態の別自体をなくすことも解決策として考えられる。だが、それは現実的ではないと筆者は考える。雇用形態の別をなくそうとすれば、他の部分に歪みが生じ、結果として企業にとっても労働者にとっても望ましくない結果が生じないとも限らないからだ。そこで、雇用形態の別を前提としたうえで対処を考えなければならないため、困難が大きいのである。

結局、広義でのエビデンスも政策決定に知見を与え得るが、実行可能性を担保するものではないのである。

(6) 同床異夢を超えて

「政策、なかでも労働政策は、総合的な観点から判断し、立案・実行されるものだ。多くの前提条件に基づく、たかだか一本の論文からもたらされた含意など、そのまま通用するほど政策は単純ではない」（玄田［２０１０］）

本章では、エビデンスを政策に活用することの否定的な側面ばかりを強調してきたように思われるかもしれないが、ＥＢＰＭに水を差すことに狙いがあるわけではない。繰り返しになるが、むしろ数値を政策に結びつける際に陥りがちな罠を明らかにすることで、ＥＢＰＭの機能する状況を整理することが目的であった。

玄田有史・東京大学教授が右に述べるように、政策はエビデンスのみによって規定されるほど単純ではない。エビデンスは政策決定の一要素にすぎないことを認識したうえで、エビデンスが議論に資する状況を見極めるほうが有意義である。最近では、あくまでエビデンスを参考にした政策形成という意味で、Evidence-Informed Policy Making という言葉のほうが適切であるとする意見もある。[29]

その際に最も重要なことは、エビデンスをめぐるコンセンサスをしっかりと形成することであると考える。何をもって「エビデンス」とするかのコンセンサスがない同床異夢の状態では、それぞれの立場が自分たちにとって都合の良いエビデンスを主張することになる。このようなチェリー・ピッキングこそが、最も望ましくない。

日本でＥＢＰＭが進まないのは、行政が自分たちにとって都合の悪いことを指摘されかねないことを警戒して、必要なデータを出そうとしないからだと言われることもある。行政が業務執行のために利用するデータを業務データ（administrative data）と呼ぶが、近年、この業務データ（の個票）の研究への活用も叫ばれている。業務データは文字通り各業務の執行に必要不可欠なデータであり、政策課題に迫りやすいからだ。加えて、統計調査にはない悉皆性があり、測定誤差といった問題も少ない[30]。雇用保険で言えば、雇用保険料の徴収や、失業手当の給付に係る記録が業務統計ということになる。だが、この業務データも、同じ理由から行政が開示したがらないとされる[31]。自分たちにとって都合の悪いことを指摘されることへの警戒心が行政側にないとは言えないので、その可能性はたしかにあるのかもしれないが、そのような理解はやや単純すぎるきらいもある。

政治的な状況は流動的で複雑なので、既存の施策に対して肯定的なものであれ否定的なものであれ、ある種のエビデンスが常に一方の側に有利に働くほど、一面的ではないと筆者は感じる。業界団体などの利害関係者の力が強すぎる政策においては、行政側がそれらを牽制するためにエビデンスを用いるということも考えられる[32]。

また、本当に行政の施策を否定するような「都合の悪い」エビデンスであったとしても、野党やマスコミ等の対抗勢力が、エビデンスが何であるかをしっかりと理解したうえで、それを請求すれば、行政側も開示を拒み続けることはできないだろう。逆に言えば、ＥＢＰＭが進んでいないのは、エビデンスに関するリテラシー（読解力）が対抗勢力に不足していることにその原因の一端があるのかもしれない。

エビデンスと政策が有機的な連携を遂げるために必要なのは、エビデンスをめぐる広い意味でのリテラシーを高めることなのかもしれない。社会保障政策をめぐっても、同じことが言えるだろう。社会保障が政治の争点となりやすい昨今においては、社会保障に関するエビデンスを読み解く力こそが必要となる。

第7章【注】

（1）内外のＥＢＰＭ全般の動向については、森川（２０１８）や青柳・小林（２０１９）を参照のこと。
（2）ただし、最近では、自然科学がこの「統計的な有意性」を誤った解釈の下に多用してきたことを批判されており、今後、経済学を中心とした社会科学でも、統計的に有意かどうかを判断基準とすることは少なくなるかもしれない（Amrhein *et al.*［2019］）。
（3）因果関係の特定化が手法として整理され、それが多くの実証研究に適用されるようになったのは、筆者が考えるところでは１９９０年代以降のことだと思うが、その第一人者が推計上のコツまでをも含めて解説したものに Angrist and Pischke（2008）がある。また、日本語による一般向けの解説として、中室・津川（２０１７）や伊藤（２０１７）といった文献が参考になる。なお、介入効果の検証という観点からは因果関係を特定することが重要となるが、そもそも事象間の影響関係が予測しにくいような場合には、因果関係を議論するよりも相関を見出すことこそが重要とする立場もある（矢野［２０１４］）。
（4）Benerjee and Duflo（2012）は、開発経済学分野におけるフィールド実験を一般向けに数多く紹介している。
（5）Ayres *et al.*（2013）。

（6）Takaku and Bessho (2017)。

（7）なお、ここでの「信頼性」は、因果関係が識別できているかどうかを主な評価軸としているが、社会科学における他分野からは、経済学が因果関係を偏重するあまり、データの代表性等を疎かにする傾向があると見るかもしれず、このような評価軸が唯一絶対のものでないことは注記しておく。

（8）山田・井上（２０１２）。

（9）Stanley and Doucouliagos (2012)。

（10）ただし、ファネル・プロットからは、被説明変数が対数である場合や月あたり労働時間である場合、また説明変数が「介護時間」である場合は除いている。多変量解析の結果等、詳細については酒井・深堀（２０１８）を参照のこと。

（11）Brodeur *et al.* (2016)。

（12）既存研究の総合的な評価を研究者に頼ることの妥当性は、研究者が（職業倫理に則って）中立的な立場から評価し得ることにも求め得る。とはいえ、研究者も人間である以上、資金提供者には甘い評価をするといった誘惑から逃れることは容易ではない。今後、社会科学分野の研究においても、利益相反行為を厳格に規制することが重要となる。川口（２０１７）などを参照のこと。

（13）*IZA World of Labor* のサイト（https://wol.iza.org/）や Hamermesh and Nottmeyer (2018) 等を参照のこと。

（14）東（２０１８）。

（15）神林・大内（２００８）。

（16）ただし、審議会のような政策決定方式を、有識者である公益委員の見解を聞く場、あるいは公益委員による専門的な立場からの調整という側面に重きを置いて見るならば、エビデンスの役割は増す可能性はある。

（17）ただし、これについては、エビデンスがなくても決定しなければならない場合があるというのは、決定にエビデンスを用いなくてもよいという意味ではない。

（18）Muller (2018) には、高等教育や医療といった現場で、測定基準に基づくインセンティブが意図せざる結果をもたらす弊害を数多く紹介している。

（19）成田（２０１９）。

(20)三菱ＵＦＪリサーチ&コンサルティング（２０１６）も、エビデンスは、「現状把握のためのエビデンス」と「政策効果把握のためのエビデンス」とに大別されるとしている。
(21)Gladwell (2006)。
(22)Ibuka *et al.* (2016)。
(23)Glazer and Rothenberg (2001)。
(24)実証研究によっても、世帯規模の縮小が自治体における民生費を引き上げているなどの事実が確認されている（中澤［２００９］）。
(25)小塩（２０１５）。
(26)Billari and Galasso (2008)、菊池（２０１２）。
(27)実証的に明らかにすべきは、インフォーマルなセーフティ・ネットとフォーマルなセーフティ・ネットの関係ばかりではない。制度間の代替・補完関係についても検証が求められる。第2章や第4章で言及したように、社会保障制度が対象とするリスクは並列的な関係にあるわけではなく、類似したリスクを条件のちがいによって異なる制度が対処している。したがって、一つの制度における適用対象者や受給資格の変化が他方の制度の受給状況に影響を与える可能性があり、それを正確に把握することが、今後の制度設計においてはどうしても必要になってくる。
(28)権丈（２０１６）。
(29)Leuz (2018)。
(30)業務データには、制度の対象とならないようなケースは把握できないという弱みもある。
(31)業務データの中でも、医療報酬の明細書であるレセプト・データに関しては比較的、公開が進んでいる。また、第4章で紹介した労働災害データベースは、部分的ながら業務データが公開されている例と見ることができる。
(32)鈴木（２０１８）。

終章　セーフティーネット機能を維持するために

本章では、前章までの分析を踏まえ、現在そして今後のわが国の社会保障制度のあり方について何が言えるのかを考えていく。筆者は、分析から現実的な政策提案が自動的に導かれ得るような単純な制度観は持っていない。しかし、今後のセーフティーネットに関する議論を深めるために、分析から最低限言えることを整理しておくことは研究者の責務であると考える。本章は、はっきりした提言とまではいかないかもしれないが、本書全体のまとめを兼ねた提言めいたものではある。

「安定的な雇用の賜物としてのセーフティーネット」からの脱却

本書では、わが国の社会保障を中心としたセーフティーネットが、非正規雇用の増加を背景として綻びを拡げつつある現状を見てきた。日本の労働市場は経済環境の変化へ適応するために非正規雇用を増やしてきたが、昨今の労働力不足を背景とした包摂志向の労働政策も、結果としてその傾向を強固なものにしようとしている。というのも、女性や高齢者の労働参加は非正規雇用というかたちを取って行われることが多いからだ。一方で、従来の正規雇用は、その内部では、長期に安定した雇用と比較的大きな賃金の伸びという特徴を維持している。正規雇用と非正規雇用の間にある待遇上の断絶が維持されたまま、後者が数の上で存在感を増しているという現状認識が本書の根底にあった。

そして、二つの雇用形態の断絶は社会保険にまで及ぶ。わが国の社会保険は、単純に言えば正規雇用向けの社会保険とそれ以外の者の社会保険という二本立てで運営されているが、「それ以外の者の保険」において、当初想定されていた農家や自営業者に代わり、最近では非正規雇用や無職の者がマジョリティーを占めるようになっている。その非正規雇用や無職の者において保険料の未納が深刻になっている。

かつて公的年金や公的医療保険における「皆保険（皆年金）」が達成されていたのは、フルタイムの被用者（非正規雇用）か自営業者が大半を占めていたからだとすると、現在の日本の状況はオバマケア以前の米国と似ていなくもない。セーフティーネットが安定した雇用の賜物にすぎないならば、それは何のためにあるのだろうか。雇用の格差がセーフティーネットの格差につながってしまうならば、格差は拡がるばかりだ。

そこで、雇用の不安定な者ほどセーフティーネットも脆弱であるという状況を改めるため、極めて自然な流れとして、公的年金においても公的医療保険においても被用者保険の非正規雇用への適用拡大が進められている。これによって、原理的には、非正規雇用の未納は減ると考えられるが、企業規模や年収による条件が課されてしまうと、未納になりやすい者が被用者保険に必ずしも取り込まれていない可能性がある。また、公的年金では、被用者保険になることで、基本的には給付も充実するはずであるが、現役時代の正規との賃金の差が老後の給付にも反映されてしまうことには変わりない。

適用拡大が自動的に安全網の充実をもたらすわけではないという事実は、適用拡大のフロントランナーであった雇用保険において一層明確になる。仕事を失うというリスクに直接的に対応する雇用保険は、比較的早い時期から非正規雇用への適用を進めてきており、非正規雇用であっても雇用保険の被保険者であることは珍しくない。しかし、そのことと、失業時に失業手当を受給できるかどうかは別の話である。雇用保険が適用されている被用者の割合は低下していないのに、失職時に雇用保険を受給している者の割合は長期的に低下してきており、今では3割に満たないのである。

非正規雇用への適用拡大は、ファースト・ステップではあっても、セーフティーネットを充実させるとは限らない。それにもかかわらず、適用拡大したことで事足れりと認識されてしまう風潮があってはならない。「適用拡大」という事実によって目が覆い隠され、思考停止してしまうことこそが危惧される。序章で紹介したように、**社会保険の手厚さは適用の広さのみによって評価されるのではない。複数の評価軸から社会保険がニーズを満たしているのか検討されなければならない。**本書が主張したかったことの一つはそこにある。

育児支援策の持つ再分配機能への注意

適用条件だけで見れば正規と非正規の格差が少なくなっているように見えるのは、育児休業制度も同じと言える。しかし、実際には、非正規雇用（有期雇用）の育休の取得状況や育休給付額は、正規雇用（無期雇用）に比べて見劣りする。

だが、それを是正することが一筋縄ではいかないのも社会保険の例と同じだ。というのも、その大きな原因は、すでに存在する雇用や賃金における正規雇用と非正規雇用の間の格差自体に由来するからである。育休の格差は、正規雇用と非正規雇用の間にある雇用や賃金の格差を変換したものにすぎない。根本的な問題は、正規雇用と非正規雇用の雇用・賃金の格差をそのまま反映させがちな制度の構造にある。社会保険における問題とまったく同じ構造だ。

保育施設(認可保育園)への入所も、非正規雇用として働く場合には不利になる傾向がある。保育所の入所基準の基本理念は保育の必要性が高い家庭を優先するということであり、その観点からよく練られていることを否定するつもりはない。しかし、現在の労働時間の長さを保育の必要性の高さとみなして優先してしまうと、その自動的な帰結として、本来、保育サービスがあれば就業時間を伸ばせたような家庭(配偶者が短時間労働で働いているような家庭)の入所を劣後させてしまうという矛盾が生じてしまう。認可保育所が世帯間の格差を拡げる方向に働く懸念があるのだ。

加えて、保育が「自家生産」できるという点も世帯間の格差に関係することになる。一般に、サービス消費は自家生産されやすいという側面を持つ。たとえば、収入が減れば、外食を控えて自炊したり、理髪店には行かずに自分で髪を切ったりといったことをするようになる。社会保障における現物給付も一種のサービス消費であり、祖父母が孫を預かって世話するといったことは保育サービスを「自家生産」していると捉えることができる。

このような性質の下で、先のような入所基準があると、保育所定員の拡大は、保育サービスの「自家生産」をクラウドアウトするだけになる。問題は、保育サービスを自家生産するような家庭、つまり祖父母等に子どもを預けてでも働くような家庭はどのような家庭かということである。各家庭の母親は、離職することの機会費用が大きいほど(保育所の有無にかかわらず)就業し続けようとするだろう。それは正規雇用として働く母親にほかならない。昨今、育休にしても保育園にしても、両立支援の拡充は、現役世代への支援の目玉として政策的に支持されやすい。だが、それらが本来、再分配手段の一つであることは忘れられがちである。**両立支援策の再分配機能が適切に働いているかどうかに不断に注意を払っていく必要がある。**

また、両立支援策は公的な保育所や育休制度に留まらないが、企業が提供するものも含め、どのような両立支援策が誰に対して真に有効かということを見極めたうえで実施していくことが重要だ。育児と仕事の両立をサポートするとされる制度が形式上は利用可能であっても、仕事の性質等から実質的には利用が難しかったり、利用するメリットがなかったりといったことがある。ここでも、制度へのアクセスが可能であることと、実際に役に立っているかどうかは別物であることを認識することが重要なのだ。

適用の拡大によって変わり得る受給の様相

セーフティーネットの問題を適用の面だけから考えていると見過ごされてしまうことが多いのが、新たな者たちが労働市場に包摂されるようになると給付の様相も変わる可能性があるということである。第4章で見たように、高齢者就業の拡大は労災の増加をもたらすようになっている。労災の増加に伴い労災保険の給付が増えれば、将来的にそれは労災保険料の引き上げにつながることになる。

だが、労災事故の増加に応じて保険料率を上げるにしても、それを事業所レベルや業種レベルで行うべきかには検討の余地がある。もちろん労災事故を抑止するという観点から、労災事故を多く発生させた産業や事業所へ保険料の引き上げというかたちでのペナルティを与えることは重要である。そうでなければ、いくらでも労災を発生させてよいというモラルハザードを呼び込んでしまうことになる。

とはいえ、高齢者を多く雇えば、労災抑止の努力にかかわらず、ある程度は労災が増えてしまう。そうであるならば、包摂とペナルティの間のバランスが図られなければならない。従来は働いていなかった者が労働市場に包摂されるようになり、それに伴って保険も適用されれば、保険事故の観点からリスクが高まる可能性のあることは驚くに当たらない。

これは労災保険に限らず、他の社会保険についても言える。

あくまで一つの極端な例として、雇用保険の失業手当や育休給付において、適用拡大することで平均受給率が高まったとしても、それが保険料に反映されすぎることがあれば、受給する可能性の高い者を雇用することが忌避されるといったことにつながりかねない。逆に、医療保険では、従来、被扶養者として配偶者の被用者保険に入っていた者が、適用拡大によって自身の勤め先の保険が適用されるようになれば、健保組合によっては、適用拡大によって新たに被保険者となる者よりも脱退する加入者のほうが多く、受給が減るということもあり得る。いずれにしても、**適用拡大等の議論は、受給の変容も伴い得ることを常に念頭に置いたうえでなされる必要がある。**

家族や地域によるインフォーマルなセーフティーネットとの関係

先に、保育サービスが自家生産し得るがゆえの問題を指摘したが、そもそも社会保障全般が自家生産できるという側面を持つ。社会保障というフォーマルな（公的な）制度は、地域や家族というインフォーマルなセーフティーネットを置き換えたものとされるからだ。

このように、インフォーマルなセーフティーネットと地域機能・家族機能との間にあらかじめ代替性が存在しているという事実は、社会保障財政が逼迫している状況の下では、行政側に常に「セーフティーネットのインフォーマル化」の誘惑を与えると言っても過言ではない。もちろん、行きすぎた給付は改められるべきであり、セーフティーネットの制度化とインフォーマル化はバランスを図られるべきである。現在、一部の制度に見られるような「家族への揺り戻し」の（ように見える）動きを一面的に断罪するつもりもない。

ただし、家族機能等との間に代替性が存在することは、保育に見られたように政策効果の「漏れ」を生む可能性があるということのほかにも、注意すべき影響をもたらす。端的に言えば、家族がセーフティーネットを代替し得るからと言って、それに任せてしまえば、家族機能の格差がセーフティーネットの格差に反映されてしまい、格差を温存させてしまうことになる。

たとえば、若年就業支援の文脈において、親元暮らしをするということはしばしば見られるセーフティーネットである。しかし、そのセーフティーネットの機能は、親の住む地域が都市部か地方部かによってだいぶ異なってくる可能性がある。というのも、就業がうまくいかず、一定の期間、親元暮らしに甘んじたとしても、それが都市部であれば就業機会は比較的恵まれている。それに対して、地方部では親元暮らしをすれば就業機会まで限定されてしまう可能性がある。

また、一部の研究が示唆するように、裕福な家庭の出身者ほど若い頃に正規雇用に就く可能性が高いといったことがある場合にも、公的なセーフティーネットをインフォーマルなセーフティーネットに置き換えることは（本書で見てきたような雇用形態間の）セーフティーネット格差には何の変化ももたらさず、それを温存するだけだ。

以上のことは、介護の文脈等においても似たことが当てはまる。**セーフティーネットの機能を家族機能に頼むことには十分に慎重になる必要があり、それを活用する場合にも家族間の格差がセーフティーネットに投影されないように配慮すべきだ。**

その一方で、家族機能や地域機能を公的な社会保障制度によって置き換えれば置き換えるほど、家族や地域の有する自助や互助の機能が弱まってしまい、ますます公的な制度に依存するという事態が生じる。その結果として、子どもを持たない者が増えるなど、社会保障制度自身の首を絞めることになる。

逆説的ではあるが、社会保障制度の存立にとっての要は家族形成が持続的に行われることなのである。したがって、右記とは矛盾するように聞こえるかもしれないが、家族や地域の機能を解体してしまうような公的な制度の拡大策にも注意を払うべきである。一度、失われてしまった自助機能や互助機能は容易に取り戻されるとは限らないのだから。

このような主張は、インフォーマルなセーフティーネットを頼むことができない者を的確に見極めて、その者だけに給付を行うべきとする生活保護の「補足性の原理」に通ずるものとみなす向きもあるかもしれない。しかし、インフォーマルなセーフティーネットの量を見極め、その不足分のみを給付することは実は簡単ではない。そのような理由からも、次に述べるように、生活保護とは異なる仕組みが必要なのである。

「第二のセーフティーネット」を整備する必要性

本書を通して、就業という観点から考えた場合、社会保険を中心としたセーフティーネットは、その受給が基本的に雇用されていたこと（＝保険料を拠出していたこと）を条件とするがゆえに、雇用自体が不安定な者にとってのセーフティーネットとしては馴染まないことを指摘してきた。それは、認可保育所といったものについても同じであった。したがって、**雇用形態に起因するセーフティーネット格差の救済策の要件は、雇用経験（拠出）を条件としない給付を行うことにある。**

拠出を条件としない救済の最たるものは生活保護であり、それでは何も新しいことはないと言うかもしれない。だが、ここで提案している「拠出を前提としない給付」とは、生活保護とは異なるものだ。生活保護は、頼みにする手段がほかにすべてなくなった場合のいわば命綱である。それは、生活するのに足りない分だけを補足してくれるにすぎず、命綱である以上、命は助かるが、そこから通常の生活に復帰するのは容易でない。

加えて、先にも述べたように、そもそも「足りない分だけ」を把握することが実は難しい。もちろん、生活保護のような福祉を単なる命綱からより包括的な支援に拡げるという方向でのセーフティーネットの強化も考えられる。２０１３年の生活保護法の改正と生活困窮者自立支援法の制定を、その文脈に位置づけることもできよう。しかし、そこまで困窮する前の段階でのセーフティーネットも必要であり、それこそが全世代型の社会保障にとって欠かさざるものである。

雇用保険のような従来の社会保険と、最後のセーフティーネットである生活保護との間を補完する仕組みは「第二のセーフティーネット」と呼ばれ、昨今その必要性がしきりに叫ばれている。それを具現化したものが、基金訓練やその後継である求職者支援制度であり、住宅手当などであった。その理念や方向性は、本書の問題意識に完全に合致するものである。

しかし、たとえば求職者支援制度を取り上げてみれば、教育訓練が常に無業の人々のセーフティーネットとして有効とは限らないといった懸念もある。第6章でも見たように、職を失っている者の就職を困難にしているのは、企業特殊的技能を身につけさせるために若い時期に採用して長期にわたって雇用することを前提とする日本的雇用慣行にほかならず、企業外部での教育訓練に対する支援に限界があるとしても驚きではないからだ。つまり、教育訓練等のかたちで給付を行うのでなければよいのである。

もちろん、モラルハザードによって安易な受給が生じるのは避けなければならない。だが、モラルハザードに注意しなければならないのは、保険料の拠出を条件とする社会保険においても同じである(保険料を納めているからといって、安易な受給が認められてよいわけではない)。給付にあたって厳しすぎるミーンズ・テスト(資力調査)等は、「第二のセーフティーネット」にはそぐわないのではないか。

とはいえ、生活保障としてのセーフティーネットをしっかりと行う一方で、セーフティーネットから自立してもらうための策を講じることも重要である。企業と労働者のマッチングに資するような専門職によるカウンセリング等が重要な役割を担うであろうことは言うまでもないが、今後も日本的雇用慣行が、ある程度は維持されることを前提にするならば、その下で安定的な就業を実現するのには、（教育訓練よりも）企業に対する雇用助成といったもののほうが有効かもしれない。

これは、日本における研究から導かれた確固たるエビデンスに基づいた主張ではなく、憶測にすぎない面はある。しかし、本書で重ねてきた議論から示唆されることとして、なんらか労働需要側に働きかけるような施策と組み合わせた支援が有効になり得ると思われる。ただし、その際にも、雇用助成が企業に対する延命措置のようになってしまわないことが重要だ。その意味で、特定求職者雇用開発助成金は、3年以内の既卒者を採用する場合や就職氷河期世代を雇い入れるためのコースを設けており、このような考えに沿うものである。

改めるべきは雇用慣行なのか

職務が限定されず、長期間の勤続が前提となるような日本的雇用慣行を改めるべきとの主張が見られる。長時間労働の是正を企図する「働き方改革」も、広い意味で、日本的雇用慣行に対する問題提起と位置づけることができる。そのような流れに、筆者は異を唱えるつもりはない。どこかの時点で、日本的雇用慣行という均衡が別の均衡に移るべきかもしれないとは感じるからだ。

しかし、本書で見てきたように、現状では日本的雇用慣行はある程度保持されていると見られる。若年就業の問題に象徴されるように、日本的雇用慣行が維持されたままで、環境変化等のニーズの変化へ適応するために、その調整弁としての非正規雇用が拡大したことがセーフティーネットの綻びの元凶であった。

しかし、そうだとしても、セーフティーネット格差を是正するために、このような雇用慣行自体を改めるべきとの主張には本書は与してこなかった。それらの主張の最も極端な例は、「非正規雇用の正規化」である。筆者がそのような主張に賛成できないのは、そういった主張が労使双方のニーズを踏まえない非現実的なものであるからというよりは、それはそもそもセーフティーネットではないと考えるからだ。

「非正規雇用を正規化」するというのは、セーフティーネットを必要としない雇用に変えようと言うのに等しい。それが、企業に対して雇用保障を義務づけるという主張であるならば、（企業が固定的な費用になることを嫌い）むしろ雇用が失われるという結果に陥りかねない。それは、結局、新たなセーフティーネットの議論を喚起することになる。必ずしも雇用保障を義務づけるわけでなく、現在の正規雇用と非正規雇用の中間のような雇用形態を普及させる主張だとしても、その場合にもセーフティーネットの意義は失われないだろう。結局、セーフティーネットは別のかたちで必要になってくるのである。

それに対して、本書は雇用形態や働き方に依存しないセーフティーネットを主張するものである。本書で見てきたように、それには従来の社会保険の適用を拡大するだけでは事足りないのである。

雇用慣行自体を改めよという右の議論に類似するものだが、就業の安定が図られればセーフティーネットは不要になるので、雇用を企業に義務づけることを解決策とする発想もしばしば見られる。または、セーフティーネットを含む福利の提供を企業に義務づけることが主張されることも多い。公的な施策の財源が確保しにくい昨今においては、その傾向はことさらに強い。

たしかに、企業が担っていたセーフティーネットの役割が衰微してきているというのは事実である。このようなかつての「互助」を取り戻すべく、企業に対して雇用や福利の提供を義務づけることは一見理にかなっているように思える。

だが、公的なセーフティーネットを企業に肩代わりさせるような施策は、それが企業による最適化を著しく超えたものであった場合、必ず副作用をもたらす。それは、労働者自身に返ってくるということが実証分析によって明らかにされていることを第5章で見た。たとえば、特定層に対する福利の提供を義務づければ、秘かにそのグループの賃金が減じられたり、そのグループの雇用が忌避されたりするといった可能性がある。あるいは、特定層の雇用を義務づけることで、他のグループの雇用が減らされることもないとは限らない。**セーフティーネットの役割を家族に揺り戻すことが危険なように、企業による互助へ頼むことも危険である。それは労働者自身に不利益をもたらす可能性がある。**

セーフティーネットに関する議論こそ必要

だが、具体的な施策以上に必要なのは、セーフティーネットをめぐる国民全体での議論であろう。第2章の雇用保険の議論において示されたように、非正規雇用へ適用を拡大しても、それが受給につながるとは限らない。このような問題を議論するには、序章で紹介した医療保険における複数の評価軸を援用することが可能だ。適用率（被保険者割合）だけでなく、受給者割合や受給額といった給付の水準も併せて、セーフティーネットが十分であるか評価することが必要だろう。だが、現状に対する認識も、またこのような複数の評価軸も国民に共有されているとは言い難い。

また、従来、労働参加していなかった者たちを労働市場に取り込むような包摂志向の政策が展開される中で、新たに労働市場に参加する者たちのセーフティーネットをどうすべきかということについても、実は議論が必要である。本書では、このような新規参入組のセーフティーネットを強化すべきという流れで話を進めたが、必ずしもそのような考えばかりではないかもしれない。

先にも述べたように、非正規雇用といったかたちを取ることが多い新規参入者に対しては、勤続に依存するようなセーフティーネットは機能し難く、なんらかのかたちで勤続（＝保険料拠出）から切り離すような方法での給付が必要となる。しかし、どの程度、拠出から切り離すのか、拠出から切り離したかたちでの給付の水準はどうあるべきなのかといったことについて、唯一の正解があるわけではない。このように制度設計には常に微調整がつきまとうが、それにはまず論点が共有されたうえで、議論をする必要があるということだ。

以上のような議論の効用は、セーフティーネットにおいて優先すべきことが明確になるということにもある。社会保障全体で見れば、なんらかのかたちで給付にメリハリをつけなければならない時代がきている。そのような中で、たとえば雇用保険で言えば、幅広く適用がなされることを優先するのか、受給のしやすさを重視するのか、それとも給付額の水準を高めるのかといったことを考えることが欠かせなくなる。それは、育児支援のような施策についても当てはまる。そして、このようなことを考えることは、結局のところ、（広い意味での）皆保険とは何かという議論につながっていると筆者は考えている。

エビデンスの役割、第三者の役割

では、そのような議論はどのようになされるべきなのか。第7章では、政策に果たすエビデンスの役割に留保をつけた。エビデンスを評価する側において、**エビデンスとは何かということについてコンセンサスが確立されたうえで、チェリー・ピッキングにならないように慎重に扱われなければ、エビデンスに基づかない政策決定となんら変わらない**。それらがクリアされるならば、エビデンスは一定の状況の下では政策決定にとって有効な一助となる。

やや斜に構えた見方かもしれないが、**エビデンスの役割は政策目標を明確にすることに寄与するところが大きいのではないか**という気がしている。行政はとかく当該施策の担当部署内で完結してしまう思考を抱きがちであり、本来の施策の目標が失われがちである。そのようなときに、エビデンスに基づいた議論をしようとすることは、そのエビデンスが現状では容易に得られないようなことがあったとしても、政策目標や論点を明確にするという意味で、やはり必要なことではないか。エビデンスそのものというよりも、エビデンスの探求自体が、同じ議論の土俵に立たせてくれるのである。

だが同時に、議論にとって整理されなければならないのは、エビデンス以上に、政策の決定過程において当事者による意見が反映されているかどうかという点かもしれない。包摂志向の労働政策の決定過程においては、労働市場に包摂される側が十分に組織されていないなどの理由から、当事者による議論が十分に尽くされていないという懸念が大きくなりつつある。このことをもって、三者構成による審議会を中心とした政策決定方式を改めるべきと主張するのは容易だが、いささか短絡的である気もする。

だが、さりとて、労使と公益委員から成る三者構成による政策決定の枠組みの中で、包摂される人々の意見を十分に反映させ得るような仕組みが即座に思い浮かぶわけでもない。当事者に代わった第三者が良識ある意見を表明することで、結局は当事者が満足する結果を得ることも可能である。その第三者は、政治家でも、マスコミでも、研究者でもよい（それらの連携体でもよい）。政策に影響を与え得るチャネルは一つではないのである。

真の全世代型社会保障へ向けて

本書では、就業を切り口に、わが国の社会保険を中心としたセーフティーネットの綻びとその影響、そして対応策の難しさを見てきた。典型的には**雇用形態のちがいに因るセーフティーネットの格差は、それが最近に大きくなったというよりも、格差自体はもともと存在したが、非正規雇用の量的な増加に伴って顕在化したと捉えるのが正しいはずである。**人手不足を背景に待遇改善の一環として非正規雇用を正規化する動きがある一方で、フリーランスのような非雇用型の働き方の動向も注視されており、雇用形態に起因するセーフティーネットの差は、今後も議論の的となり続けることだろう。

本書は、新たな貧困の概念を押し拡げたり、新たな困窮者への対応策を提案したりするといったものではない。むしろ、見落とされがちなセーフティーネットの綻びと、その解決策が単純でないことに目を向けさせることにこそ、一つの目的があった。

本書の議論から得られた一つの結論として、拠出とは独立に受給が可能な、しかし従来の福祉とは異なる、「第二のセーフティーネット」を拡充することを訴えてはいるが、それとても従来の社会保障にパラダイムシフト的な変革を迫るようなものでは決してない。むしろ、セーフティーネットのパッケージとしてはある程度整備されていると考えられるわが国の社会保障制度のフレームワークの中で、どこに重点を置き、どのように微調整を行うかということこそが重要だと考えるのが本書の立場である。そこには、当然、社会保障のどこを削るべきかという議論も含まれる。

本書で開陳したセーフティーネットに対する見方は、「全世代型社会保障」と呼ばれるものを評価し、その虚実を明らかにするうえでも役に立つ。高齢者が受益者となりがちな現状への反省もあり、昨今、主張されることが多い「全世代型社会保障」であるが、現役世代への支援としては子育て支援ばかりに焦点が当たっているように思える。それも重要だが、本書では、現役世代の就業に関するリスクとそれへの直接的なセーフティーネットとして雇用保険の状況や社会保険の未納の問題にも光を当てた。**現役世代のセーフティーネットの脆弱さは、従来の仕組みを前提とする限り、将来の高齢者の困窮状況を生み出すことにつながる。その意味でも、現役世代のセーフティーネット格差の是正が求められるのである。**

あとがき

本書は、筆者がこれまで研究してきたことを中心に、現代の日本が直面する社会保障の問題を、「就業」を切り口としてまとめたものである。筆者のこれまでの一連の研究を、わが国の社会保障制度が置かれている文脈から考察し直した。執筆にあたっては、専門家以外の方にも手にとっていただけるよう平易な叙述を心がけた。

しかし、ひとたび執筆を始めてみると、それは、自身の研究というよりは、むしろ社会保障や労働市場について行われた経済学の優れた研究群を「翻訳」する道程だったようにも思える。

社会保障研究の整理として本書を読んだ場合、論じられていない制度や触れられていない論点はまだ数多い。もとより経済学という分析ツールに絞ったうえでの議論にすぎないという面もある。その意味で、本書は包括的な社会保障論というわけではないが、「就業」という一つの観点から整理し直すことで、わが国の社会保障制度が向かう方向と、今後の社会保障制度を改革する上で必要な点が浮かび上がってきたのではないだろうか。

とはいえ、本書で示されていることは、「その問題をどう考えるべきか」ということばかりで、具体的な対策が記されていないとの批判もあろう。だが、制度が子細を極め、それらが急速に変更される近年の社会保障にあっては、枝葉の議論に目を奪われるよりも、対象とする制度や時代を変えても応用可能な「考え方」こそが重要だというのが筆者の思いである。原理や抽象性を好むのは、研究者の性《さが》ということもあるのかもしれないが。

だが、その「考え方」にしても、本書で披瀝したことは、社会保障について少しでも調べたり、関連する行政に携わったりしたことのある人たちにとっては、決して目新しいものではなかったかもしれない。その一方で（社会保障のプロバイダーとしてであれ、ユーザーとしてであれ）、当事者として社会保障に関わりながら、目の前のことをどのように解釈すべきか気づいていないことも往々にしてあるのではないか。本書は、そのような人々にとって、少しでも「腑に落ちる」ことを助ける作用を果たすことができれば、と考えた。

そのような当初の理想とは裏腹に、実際の執筆は苦労の連続だった。一冊の書物をまとめることは、論文を書くのとはかくも異なることかと痛切に思い知らされた。執筆するなかで、その事項に関するエビデンスが不足していることに気づかされることもたびたびあり、いつの間にか、今後、自身が研究すべき課題を整理しているような感覚になった。

いずれにしても、本書が、この分野の研究群の適切な「翻訳」となっているかどうかは読者の判断に委ねるしかない。

これまでの研究をまとめるにあたり、お世話になった人たちはあまりに数多く、その名前のすべてを挙げることはとてもできないことを、まずお断りしておきたい。

しかし、大学と大学院を通して指導を受けた樋口美雄先生には、本書執筆のきっかけを与えてくださったことも含め、長きにわたって頂いた指導になんとしても感謝を述べねばならない。樋口先生に頂いた有形無形の指導は、学生の時分以上に、研究者として社会に出た後にその意味を実感することが多かった。おこがましいかもしれないが、研究という仕事に対する姿勢を学べた気がしている。慶應義塾大学大学院では、清家篤先生や中島隆信先生といった先生方や先輩の方々にも継続的に指導を頂き、お世話になった。

筆者が最初に奉職した国立社会保障・人口問題研究所では、先輩の方々や同僚との議論を通じて、本書で扱ったテーマに目を向けることになる機会を得た。そして、本書の執筆時期は、筆者が同研究所に、「『一億総活躍社会』実現に向けた総合的研究」事業の下、客員研究員として6年ぶりに籍を置いていた時期に重なる。快適な研究環境を提供して頂いた同研究所の関係者にお礼申し上げたい。

在外研究で滞在した全米経済研究所（ＮＢＥＲ）では、マイケル・グロスマンやリンダ・エドワーズをはじめとする研究者の方々から、彼の地ならではの考え方を学んだ。

現在の勤務先である法政大学とそこでの同僚からは、教育活動と研究活動を両立させるためのさまざまなサポートを頂いた。

『日本労働研究雑誌』の編集委員会でも、労働に関する諸問題について学ぶことが多かった。

本書の原稿に目を通して頂いた、遠藤裕基、大津唯、菊池潤、黒田有志弥、竹沢純子、三好向洋の各氏にも感謝したい。各氏から頂いたコメントは本書の完成に欠かすことができないものだった。

本書のいくつかの章の分析で用いた「消費生活に関するパネル調査」を提供して頂いた公益財団法

人家計経済研究所（及び同調査を引き継いだ慶應義塾大学パネルデータ設計・解析センター）にも感謝申し上げたい。

そして、本書の刊行ということで言えば、本書をご担当いただいた慶應義塾大学出版会の増山修氏の存在を抜きにして語ることはできない。同氏に出会わなければ、いかなるかたちでも筆者の単著は日の目を見ることがなかっただろう。心よりお礼申し上げたい。

最後に、家族に深く感謝したい。妻と二人の子供は、私にとってすべての礎である。これまで、惜しみない支援をくれた両親にも感謝の気持ちを述べて、本書を閉じることにする。

２０１９年11月

筆　者

初出一覧

序章と終章を除く本書各章のもととなった論文を以下に記す。ただし、本書執筆にあたっては、それらを基底としながら、いずれも大幅な加筆・修正を行い、一冊の書物として一貫性・整合性を持つよう再構成している。

〈1章〉

・酒井正（2009）「就業移動と社会保険の非加入行動の関係」『日本労働研究雑誌』No. 592, pp. 88-103.

・酒井正（2013）「学卒後不安定就業の社会的コストとセーフティ・ネット」樋口美雄・財務省財務総合政策研究所編『若年者の雇用問題を考える―就職支援・政策対応はどうあるべきか』日本経済評論社、第5章。

〈2章〉

・酒井正（2017）「失業保険政策」川口大司編『日本の労働市場 経済学者の視点』有斐閣、第9章。

〈3章〉

- Tadashi Sakai and Naomi Miyazato (2014) “Who values the family-friendly aspects of a job? Evidence from the Japanese labor market,” *Japanese Economic Review* 65(3), pp. 397-413.

〈4章〉

- Ryotaro Fukahori, Tadashi Sakai, and Kazuma Sato (2015) “The Effects of Incidence of Care Needs in Households on Employment, Subjective Health, and Life Satisfaction among Middle-aged Family Members,” *Scottish Journal of Political Economy* 62(5), pp. 518-545.
- Takuya Hasebe and Tadashi Sakai (2018) “Are Elderly Workers More Likely to Die in Occupational Accidents? Evidence from Both Industry-aggregated Data and Administrative Individual-level Data in Japan,” *Japan and The World Economy* 48, pp. 79-89.
- 酒井正（２０１７）「就業者の高齢化と労働災害」『日本労働研究雑誌』No. 682, pp. 37-50.
- 酒井正（２０１８）「高齢化する就業者と労災」『月刊社労士』９月号、pp. 58-59.

〈5章〉

- 酒井正（２００９）「社会保険料の事業主負担と賃金・雇用の調整」国立社会保障・人口問題研究所編『社会保障財源の効果分析』東京大学出版会、第３章。
- 酒井正（２０１５）「事業主負担と被保険者負担」『日本労働研究雑誌』No. 657, pp. 76-77.

〈6章〉

・酒井正（2010）「試練の中のアメリカ低所得者支援－労働市場との関係を巡る近年の定量的研究結果を踏まえて－」『海外社会保障研究』No. 171, pp. 47-61.

・酒井正（2013）「学卒後不安定就業の社会的コストとセーフティ・ネット」樋口美雄・財務省財務総合政策研究所編『若年者の雇用問題を考える―就職支援・政策対応はどうあるべきか』日本経済評論社、第5章。

〈7章〉

・酒井正・深堀遼太郎（2018）「中高年期の就業における家族要因－配偶者の就業と家族介護が及ぼす影響」阿部正浩・山本勲編『多様化する日本人の働き方－非正規・女性・高齢者の活躍の場を探る』慶應義塾大学出版会、第9章。

参考文献

【日本語文献】

青柳恵太郎・小林庸平（2019）「EBPMの思考法の『きほんのき』」『経済セミナー』707号、66-76ページ。

朝井友紀子（2014）「2007年の育児休業職場復帰給付金増額が出産後の就業確率に及ぼす効果に関する実証研究―擬似実験の政策評価手法を用いた試論」『日本労働研究雑誌』644号、76-91ページ。

東浩紀（2018）「事実と価値」『日本経済新聞』6月22日付朝刊。

阿部正浩（2005）「誰が育児休暇を取得するのか―育児休業制度普及の問題点―」国立社会保障・人口問題研究所編『子育て世帯の社会保障』第9章、東京大学出版会。

安藤道人（2013）「認可保育園と認可外保育園における児童死亡率の差の検証」未定稿。

池上直己（2014）『医療・介護問題を読み解く』日本経済新聞出版社。

――（2017）『日本の医療と介護　歴史と構造、そして改革の方向性』日本経済新聞出版社。

石井加代子・浦川邦夫（2018）「所得と時間の貧困からみる正規・非正規の格差」阿部正浩・山本勲編『多様化する日本人の働き方―非正規・女性・高齢者の活躍の場を探る』第3章、慶應義塾大学出版会。

――・黒澤昌子（2009）「年金制度改正が男性高齢者の労働供給行動に与える影響の分析」『日本労働研究雑誌』589号、43-64ページ。

泉田信行（2015）「被用者の健康状態の労働時間と医療保健間による差異―国民生活基礎調査によるアプローチ」『日本労働研究雑誌』659号、79-97ページ。

伊藤公一朗（2017）『データ分析の力　因果関係に迫る思考法』光文社新書。

今村晴彦・印南一路・古城隆雄（2015）「都道府県別国民健康保険医療費の増加率に関するパネルデータ分析」51（1）、99－114ページ。

岩渕豊（2015）『日本の医療：その仕組みと新たな展開』中央法規出版。

岩本康志（2009）「社会保障財源としての税と保険料」国立社会保障・人口問題研究所編『社会保障財源の効果分析』第1章、東京大学出版会。

卯月由佳（2011）「英国の若年就業政策と社会保障改革―1980－2000年代の展開と構想―」『海外社会保障研究』176号、39－52ページ。

宇南山卓（2013）「【経済教室】保育所整備を最優先に」『日本経済新聞』6月11日付朝刊。

江口匡太（2019）「【経済教室】能力評価、中高年活用の鍵」『日本経済新聞』9月13日付朝刊。

大石亜希子（2000）「高齢者の就業決定における健康要因の影響」『日本労働研究雑誌』481号、51－62ページ。

――（2005）「保育サービスの再分配効果と母親の就労」国立社会保障・人口問題研究所編『子育て世帯の社会保障』第6章、東京大学出版会。

大島敬士・佐藤朋彦（2017）「家計調査等から探る賃金低迷の理由―企業負担の増大」玄田有史編『人手不足なのになぜ賃金が上がらないのか』第9章、慶應義塾大学出版会。

太田聰一（1999）「景気循環と転職行動―1965～94」中村二朗・中村恵編『日本経済の構造調整と労働市場』第1章、日本評論社。

――（2000）「若者の転職志向は高まっているのか」『エコノミックス』2、東洋経済新報社、74－85ページ。

――（2001）「労働災害・安全衛生・内部労働市場」『日本労働研究雑誌』492号、43－56ページ。

――（2007）「ライフイベントと若年労働市場―『国勢調査』から見た進学・結婚・出生行動」橘木俊詔編『日本経済の実証分析　失われた10年を乗り越えて』第11章、東洋経済新報社、217－238ページ。

――（2010）『若年者就業の経済学』日本経済新聞出版社。

――（2012）「雇用の場における若年者と高齢者―競合関係の再検討」『日本労働研究雑誌』626号、60－74ページ。

――（2016）「少子高齢化は若年者にとって有利だったか―世代サイズが若年労働市場に及ぼす影響をめぐって」『日本労

働研究雑誌』674号、39－54ページ。

大竹文雄（1998）『労働経済学入門』日経文庫。

―――（2005）『日本の不平等　格差社会の幻想と未来』日本経済新聞社。

―――（2019）『行動経済学の使い方』岩波新書。

大津唯（2014）「国民健康保険における資格証明書交付と財政に関する分析」『三田学会雑誌』106（4）、121－132ページ。

―――・駒村康平（2012）「介護の負担と就業行動」樋口美雄・宮内環・C・R・McKenzie 編『親子関係と家計行動のダイナミズム　財政危機下の教育・健康・就業』第7章、慶應義塾大学出版会、143－159ページ。

―――・山田篤裕・泉田信行（2014）「短期被保険者証・被保険者資格証明書交付による受診確率への影響―国民健康保険レセプトデータに基づく実証分析―」『医療経済研究』25（1）、33－49ページ。

大森義明（2008）『労働経済学』日本評論社。

小塩隆士（2012a）『効率と公平を問う』日本評論社。

―――（2012b）「セーフティ・ネットから外れる理由と現実」西村周三監修・国立社会保障・人口問題研究所編『日本社会の生活不安　自助・共助・公助の新たなかたち』第4章、慶應義塾大学出版会。

―――（2013）『社会保障の経済学　第4版』日本評論社。

―――（2015）『18歳からの社会保障読本：不安のなかの幸せをさがして』ミネルヴァ書房。

金井郁（2010）「雇用保険制度における包括性―非正規労働者のセーフティネット」駒村康平編『最低所得保障』第5章、岩波書店。

―――（2015）「雇用保険の適用拡大と求職者支援制度の創設」『日本労働研究雑誌』659号、66－78ページ。

―――・四方理人（2013）「生活保護受給者への就労支援の分析」『社会政策』5（2）、87－100ページ。

金子隆一（2014）「【経済教室】『高齢』の定義、見直しの時」『日本経済新聞』4月4日付朝刊。

苅谷剛彦・菅山真次・石田浩（2000）『学校職安と労働市場――戦後新規学卒市場の制度化過程』東京大学出版会。

川口大司（2017）「エビデンスに基づく政策形成の実践に向けて」経済産業研究所 コラム（11月16日）URL: https://www.

rieti.go.jp/jp/columns/a01_0488.html
――（２０１８）「雇用形態間賃金差の実証分析」『日本労働研究雑誌』７０１号、４－16ページ。

――・神林龍・原ひろみ（２０１５）「正社員と非正社員の分水嶺：呼称による雇用管理区分と人的資本蓄積」『一橋経済学』９（１）、１４７－１７２ページ。

――・森悠子（２００９）「最低賃金労働者の属性と最低賃金引き上げの雇用への影響」『日本労働研究雑誌』５９３号、41－54ページ。

神林龍（２０１０）「常用・非正規労働者の諸相」一橋大学 Global COE Hi-Stat *Discussion Paper Series* 120.

――（２０１３）「若年雇用問題の議論のために」樋口美雄・財務省財務総合政策研究所編『若年者の雇用問題を考える―就職支援・政策対応はどうあるべきか』第2章、日本経済評論社。

――（２０１７）『正規の世界・非正規の世界　現代日本労働経済学の基本問題』慶應義塾大学出版会。

――（２０１９）「『正規の世界・非正規の世界』のその後」『経済研究』70号、１－29ページ。

――（２０１３）「労働市場制度とミスマッチ」『日本労働研究雑誌』６２６号、34－49ページ。

――・大内伸哉（２００８）「労働政策の決定過程はどうあるべきか―審議会方式の正当性についての一試論」『日本労働研究雑誌』５７９号、66－76ページ。

――・アン・ソネ（２０１１）「若年者雇用政策の現状と課題」『海外社会保障研究』１７６号、４－15ページ。

菊池潤（２０１２）「介護サービスは家族による介護を代替するか」井堀利宏・金子能宏・野口晴子編『新たなリスクと社会保障：生涯を通じた支援策の構築』第11章、東京大学出版会。

岸田研作（２０１４）「介護が就業、収入、余暇時間に与える影響―介護の内生性および種類を考慮した分析―」『医療経済研究』26（１）、43－57ページ。

――（２０１６）「在宅介護サービスにおける誘発需要仮説の検証」『医療経済研究』27（２）、１１７－１３４ページ。

黒澤昌子（２０１５）「職業能力開発施策の現状と課題：OECD 諸国における若年支援の在り方から」『季刊社会保障研究』51（１）、44－52ページ。

――・佛石圭介（２０１２）「公共職業訓練の実施主体、方式等についての考察―離職者訓練をとりあげて」『日本労働研究雑誌』618号、16-34ページ。

黒田祥子（2010）「生活時間の長期的な推移」『日本労働研究雑誌』599号、53-64ページ。

権丈善一（2016）『ちょっと気になる社会保障』勁草書房。

玄田有史（1997）「チャンスは一度　世代と賃金格差」『日本労働研究雑誌』449号、2-12ページ。

――――（2010）『人間に格はない―石川経夫と2000年代の労働市場』ミネルヴァ書房。

――――（2013）『孤立無業（SNEP）』日本経済新聞出版社。

――――（2015）『危機と雇用――災害の労働経済学』岩波書店。

――――（2017）「雇用契約期間不明に関する考察」『日本労働研究雑誌』680号、69-85ページ。

厚生労働省（2012）『平成24年版　労働経済の分析』。

――――（2017）『平成29年版　労働経済の分析』。

小原美紀（2002）「失業者の再就職行動：失業給付制度との関係」玄田有史・中田喜文編『リストラと転職のメカニズム　労働移動の経済学』第9章、東洋経済新報社。

――――（2004）「雇用保険制度が長期失業の誘引となっている可能性」『日本労働研究雑誌』528号、33-48ページ。

駒村康平（2009）『大貧困社会』角川SSコミュニケーションズ。

――――・田中聡一郎編（2019）『検証・新しいセーフティネット―生活困窮者自立支援制度と埼玉県アスポート事業の挑戦』新泉社。

近藤絢子（2008）「労働市場参入時の不況の長期的影響：日米女性の比較分析」『季刊家計経済研究』77号、73-80ページ。

近藤幹生（2018）『保育の自由』岩波書店。

酒井正（2006a）「年齢別のパートタイマー供給シフトが賃金格差に及ぼす影響について」『季刊家計経済研究』69号、48-58ページ。

――――（2006b）「社会保険の事業主負担が企業の雇用戦略に及ぼす様々な影響」『季刊社会保障研究』42（3）、235-248ページ。

――――（2009）「就業移動と社会保険の非加入行動の関係」『日本労働研究雑誌』592号、88-103ページ。

――（２０１０）「試練の中のアメリカ低所得者支援―労働市場との関係を巡る近年の定量的研究結果を踏まえて―」『海外社会保障研究』１７１号、47-61ページ。

――（２０１２）「失業手当の受給者はなぜ減ったのか」井堀利宏・金子能宏・野口晴子編『新たなリスクと社会保障 生涯を通じた支援策の構築』第7章、東京大学出版会、１３１-１４８ページ。

――（２０１３）「学卒後不安定就業の社会的コストとセーフティ・ネット」樋口美雄・財務省財務総合政策研究所編『若年者の雇用問題を考える―就職支援・政策対応はどうあるべきか』第5章、日本経済評論社。

――（２０１５）「事業主負担と被保険者負担」『日本労働研究雑誌』６５７号、76-77ページ。

――（２０１７）「失業保険政策」川口大司編『日本の労働市場 経済学者の視点』第９章、有斐閣。

――・風神佐知子（２００７）「介護保険制度の帰着分析」『医療と社会』16（3）、２８５-３０１ページ。

――・樋口美雄（２００５）「フリーターのその後―就業・所得・結婚・出産」『日本労働研究雑誌』５３５号、29-41ページ。

――・深堀遼太郎（２０１８）「中高年期の就業における家族要因―配偶者の就業と家族介護が及ぼす影響」阿部正浩・山本勲編『多様化する日本人の働き方―非正規・女性・高齢者の活躍の場を探る』第９章、慶應義塾大学出版会。

櫻井治彦（２０１７）「高年齢労働者の身体機能の低下にともなう労働災害―その特徴と防止策の考え方―」『月刊ＤＩＯ』３２５号、４-７ページ。

佐藤一磨（２０１６）「離職増加・就業抑制招かず」『日本経済新聞』6月30日付朝刊。

島崎謙治（２０１１）『日本の医療―制度と政策』東京大学出版会。

――（２０１５）『医療政策を問いなおす：国民皆保険の将来』筑摩書房。

周燕飛・大石亜希子（２００５）「待機児童問題の経済分析」国立社会保障・人口問題研究所編『子育て世帯の社会保障』第7章、東京大学出版会。

鈴木亘（２０１８）「ＥＢＰＭに対する温度差の意味すること」『医療経済研究』30（1）、１-４ページ。

清家篤・山田篤裕（２００４）『高齢者就業の経済学』日本経済新聞社。

高久玲音（２０１９）「小学校一年生の壁と日本の放課後保育」『日本労働研究雑誌』７０７号、68-78ページ。

高山憲之・白石浩介（２０１２）「【経済教室】『非正規』の低年金、深刻に」『日本経済新聞』10月26日付朝刊。

嵩さやか（2017）「共働き化社会における社会保障制度のあり方」『日本労働研究雑誌』689号、51-61ページ。

田近栄治・菊池潤（2014）「高齢化と医療・介護費―日本版レッド・ヘリング仮説の検証―」『フィナンシャル・レビュー』117号、52-77ページ。

――・八塩裕之（2008）「所得税改革―税額控除による税と社会保険料負担の一体調整―」『季刊社会保障研究』44（3）、291-306ページ。

田中康就（2015）「失業給付が再就職先の賃金に与える影響」『季刊社会保障研究』51（1）、71-85ページ。

田中隆一（2018）「少子高齢化社会における社会保障のあり方―介護離職と労働力問題」福田慎一編『検証 アベノミクス「新三本の矢」―成長戦略による構造改革への期待と課題』第6章、東京大学出版会。

中馬宏之・大橋勇雄・中村二朗・阿部正浩・神林龍（2003）「雇用調整助成金の政策効果について」『日本労働研究雑誌』510号、55-70ページ。

筒井美紀（2014）「就労支援の委託にともなう課題　人材企業を事例として」筒井美紀・本田由紀・櫻井純理編著『就労支援を問い直す：自治体と地域の取り組み』第4章、勁草書房。

――（2016）「自治体による就労支援事業の外部委託とその課題―「動く企画」の調整と支援人材の育成」『日本労働研究雑誌』671号、53-62ページ。

鶴光太郎（2013）「最低賃金の労働市場・経済への影響　諸外国の研究から得られる鳥瞰図的な視点」大竹文雄・川口大司・鶴光太郎編著『最低賃金改革：日本の働き方をいかに変えるか』第1章、日本評論社。

東京都産業労働局（2016）「平成27年度 契約社員に関する実態調査」。

戸田淳仁（2018）「非正規雇用者へのセーフティ・ネットと流動性」阿部正浩・山本勲編『多様化する日本人の働き方―非正規・女性・高齢者の活躍の場を探る』第2章、慶應義塾大学出版会。

中澤克佳（2009）「家族機能の変化と福祉の社会化」『経済論集』35（1）、205-219ページ。

中村二朗・菅原慎矢（2017）『日本の介護　経済分析に基づく実態把握と政策評価』有斐閣。

中室牧子・津川友介（2017）『「原因と結果」の経済学―データから真実を見抜く思考法』ダイヤモンド社。

成田悠輔（2019）「『エビデンスに基づく政策』に反対する」『経済セミナー』707号、53-57ページ。

西久保浩二（2005）『戦略的福利厚生―経営的効果とその戦略貢献性の検証―』社会経済生産性本部生産性労働情報センター。

野口晴子（2007）「企業による多様な『家庭と仕事の両立支援策』が夫婦の出生行動に与える影響―労働組合を対象とした調査の結果から―」『季刊社会保障研究』43（3）、244-260ページ。

濱秋純哉・野口晴子（2010）「中高齢者の健康状態と労働参加」『日本労働研究雑誌』601号、5-24ページ。

濱口桂一郎（2010）『労働政策レポートVol. 7　労働市場のセーフティネット』労働政策研究・研修機構。

――――（2018）『日本の労働法政策』労働政策研究・研修機構。

樋口美雄（2003）「わが国における雇用政策の特徴とその推移」高山憲之編『日本の経済制度・経済政策』第7章、東洋経済新報社。

――――（2010）「雇用保険制度改革」宮島洋・西村周三・京極高宣『社会保障と経済2　財政と所得保障』第12章、東京大学出版会。

――――・財務省財務総合政策研究所（2013）『若年者の雇用問題を考える―就職支援・政策対応はどうあるべきか』日本経済評論社。

――――・酒井正（2004）「均等法世代とバブル崩壊後世代の就業比較」樋口美雄・太田清・家計経済研究所編『女性たちの平成不況―デフレで働き方・暮らしはどう変わったか―』第2章、日本経済新聞社。

深尾京司・権赫旭（2012）「どのような企業が雇用を生み出しているか―事業所・企業統計調査ミクロデータによる実証分析―」『経済研究』63（1）、70-93ページ。

深堀遼太郎（2018）「育児休業期間からみる女性の労働供給」阿部正浩・山本勲編『多様化する日本人の働き方―非正規・女性・高齢者の活躍の場を探る』第5章、慶應義塾大学出版会。

藤井麻由（2014）「日本の雇用保険制度と雇用政策」西村周三・国立社会保障・人口問題研究所編『社会保障費用統計の理論と分析：事実に基づく政策論議のために』第8章、慶應義塾大学出版会。

ブリントン、メアリー・C・（2008）『失われた場を探して――ロストジェネレーションの社会学』池村千秋訳、NTT出版。

北條雅一（2017）「高校新卒者の進学行動と最低賃金」『日本経済研究』75号、1-20ページ。

前田正子（2017）『保育園問題　待機児童、保育士不足、建設反対運動』中央公論新社。

丸山桂・駒村康平（２００５）「国民年金の空洞化問題と年金制度のありかた」城戸喜子・駒村康平編『社会保障の新たな制度設計―セーフティ・ネットからスプリング・ボードへ』第８章、慶應義塾大学出版会、２２３－２５０ページ。

水落正明（２００６）「学卒直後の雇用状態が結婚タイミングに与える影響」『生活経済学研究』22・23号、１６７－１７６ページ。

三菱ＵＦＪリサーチ＆コンサルティング（２０１６）「エビデンスで変わる政策形成～イギリスにおける『エビデンスに基づく政策』の動向、ランダム化比較試験による実証、及び日本への示唆～」政策研究レポート（2月12日）。

宮澤仁・若林芳樹（２０１９）「保育サービスの需給バランスと政策課題―ＧＩＳを用いた可視化から考える」『日本労働研究雑誌』７０７号、35－46ページ。

三好向洋（２００８）「学卒時失業率と賃金」樋口美雄・瀬古美喜・慶應義塾大学経商連携21世紀ＣＯＥ編『日本の家計行動のダイナミズム［Ⅳ］制度政策の変更と就業行動』第８章、慶應義塾大学出版会、１７５－１８９ページ。

――（２０１３）「日本における労働市場と結婚選択」『日本労働研究雑誌』６３８号、33－42ページ。

森川正之（２０１８）『生産性　誤解と真実』日本経済新聞出版社。

森田陽子（２００５）「育児休業法の規制的側面」『日本労働研究雑誌』５３６号、１２３－１３６ページ。

矢野和男（２０１４）『データの見えざる手：ウエアラブルセンサが明かす人間・組織・社会の法則』草思社。

山田篤裕（２０１５）「特別支給の老齢厚生年金定額部分の支給開始年齢引上げ（２０１０年）と改正高年齢者雇用安定法による雇用と年金の接続の変化」『三田学会雑誌』１０７（４）、１０７－１２８ページ。

山本勲（２００８）「高年齢者雇用安定法改正の効果分析―60歳代前半の雇用動向」樋口美雄・瀬古美喜・慶應義塾大学経商連携21世紀ＣＯＥ編『日本の家計行動のダイナミズムⅣ』第７章、慶應義塾大学出版会。

――・酒井正（２０１６）「要介護の親と中高齢者の労働供給制約・収入減少」『経済分析』１９１号、１８３－２１２ページ。

山森亮（２００９）『ベーシック・インカム入門』光文社。

兪炳匡（２００６）『「改革」のための医療経済学』メディカ出版。

李蓮花（２０１８）「児童福祉政策―保育サービスを中心に―」田多英範編著『「厚生（労働）白書」を読む：社会問題の変遷をどう捉えたか』第５章、ミネルヴァ書房。

労働政策研究・研修機構（２０１９）『労働力需給の推計―労働力需給モデル（２０１８年度版）による将来推計―』ＪＩＬＰＴ資料シリーズ２０９号。

【欧文文献】

Addison, J. T., and M. L. Blackburn（2000）“The Effects of Unemployment Insurance on Postunemployment Earnings,” *Labour Economics* 7(1), pp. 21–53.

Ahn, N., and P. Mira（2002）“A note on the changing relationship between fertility and female employment rates in developed countries,” *Journal of Population Economics* 15（4）pp. 667–682.

Amrhein, V., S. Greenland, and B. McShane（2019）“Scientists rise up against statistical significance,” *Nature* 567, pp. 305-307.

Angrist, J., and J. Pischke（2008）Mostly Harmless Econometrics: An Empiricist's Companion Princeton University Press（邦訳『「ほとんど無害」な計量経済学―応用経済学のための実証分析ガイド』ＮＴＴ出版、２０１３年）.

Asai, Y.（2015）“Parental leave reforms and the employment of new mothers: Quasi-experimental evidence from Japan,” *Labour Economics* 36, pp. 72–83.

———, R. Kambayashi, and S. Yamaguchi（2015）“Childcare availability, household structure, and maternal employment,” *Journal of the Japanese and International Economies* 38, pp. 172–192.

Asano, H., T. Ito, and D. Kawaguchi（2013）“Why Has the Fraction of Nonstandard Workers Increased? A Case Study of Japan,” *Scottish Journal of Political Economy* 60（4）, pp. 360–389.

Autor, D., and S. Houseman（2006）“Temporary Agency Employment: A Way Out of Poverty?” in Blank, R., S. Danziger, and R. Schoeni（eds.）*Working and Poor: How Economic and Policy Changes are Affecting Low-Wage Workers*, Russell Sage Foundation.

———, ———（2010）“Do Temporary-Help Jobs Improve Labor Market Outcomes for Low-Skilled Workers? Evidence from ‘Work First’ ”*American Economic Journal: Applied Economics* Vol. 2, No. 3, pp. 96–128.

Ayres, I., S. Raseman, and A. Shih (2013) "Evidence from Two Large Field Experiments that Peer Comparison Feedback Can Reduce Residential Energy Usage," *The Journal of Law, Economics, and Organization* 29 (5), pp. 992–1022.

Baker, M., and S. A. Rea (1998) "Employment Spells and Unemployment Insurance Eligibility Requirements," *Review of Economics and Statistics* 80 (1), pp. 80–94.

Bande, R., and E. López-Mourelo (2015) "The Impact of Worker's Age on the Consequences of Occupational Accidents: Empirical Evidence Using Spanish Data," *Journal of Labor Research* 36(2), pp. 129–174.

Banerjee, A., and E. Duflo (2011) *Poor Economics: A Radical Rethinking of the Way to Fight Global Poverty*, Public Affairs (邦訳『貧乏人の経済学――もういちど貧困問題を根っこから考える』山形浩生訳、みすず書房、２０１２年).

Billari, F., and V. Galasso (2008) "What Explains Fertility? Evidence from Italian Pension Reforms," *CEPR Discussion Paper* No. DP7014.

Boeri, T., and J. van Ours (2013) *The Economics of Imperfect Labor Markets, Second Edition*, Princeton University Press.

Browning, M., and T. Crossley (2001) "Unemployment Insurance Benefit Levels and Consumption Changes," *Journal of Public Economics* 80, pp. 1–23.

Card,D., and T. Lemieux (2000) "Adapting to Circumstances (The Evolution of Work, School,and Living Arrangements among North American Youth)," in Blanchflower, D., and R. Freeman (eds.) *Youth Employment and Joblessness in Advanced Countries*, University of Chicago Press.

———, R. Chetty, and A. Weber (2007a) "The Spike at Benefit Exhaustion: Leaving the Unemployment System or Starting a New Job?" *American Economic Review* 97 (2), pp. 113–118.

———, ———, ——— (2007b) "Cash-on-Hand and Competing Models of Intertemporal Behavior: New Evidence from the Labor Market," *Quarterly Journal of Economics* 122 (4), pp. 1511–1560.

Centeno, M. (2004) "The Match Quality Gains from Unemployment Insurance," *Journal of Human Resources* 39 (3), pp. 839–863.

Chetty, R. (2008) "Moral Hazard versus Liquidity and Optimal Unemployment Insurance," *Journal of Political Economy* 116 (2), pp. 173–234.

Coile, C. (2015) "Economic Determinants of Workers' Retirement Decisions," *Journal of Economic Surveys* 29 (4), pp. 830–853.

Cullen, J. B., and J. Gruber (2000) "Does Unemployment Insurance Crowd out Spousal Labor Supply?" *Journal of Labor Economics* 18 (3), pp. 546–572.

Currie, J., and F. Gahvari (2008) "Transfers in Cash and In-Kind: Theory Meets the Data," *Journal of Economic Literature* 46 (2), pp. 333–383.

Doucouliagos, H., and T.Stanley (2009) "Publication Selection Bias in Minimum-Wage Research? A Meta-Regression Analysis," *British Journal of Industrial Relations* 47 (2), pp. 406–428.

Edwards, L., Hasebe, T., and T. Sakai (2019) "Education and Marriage Decisions of Japanese Women and the Role of the Equal Employment Opportunity Act," *Journal of Human Capital* 13 (2) pp. 260–292.

Engen, E., and J. Gruber (2001) "Unemployment Insurance and Precautionary Saving," *Journal of Monetary Economics* 47, pp. 545–579.

Esteban-Pretel, J., R. Nakajima, and R. Tanaka (2011) "Are contingent jobs dead ends or stepping stones to regular jobs? Evidence from a structural estimation," *Labour Economics* 18, pp. 513–526.

Farber, H., and R. Valletta (2015) "Do Extended Unemployment Benefits Lengthen Unemployment Spells? Evidence from Recent Cycles in the U.S. Labor Market," *Journal of Human Resources* 50 (4), pp. 873–909.

Feyrer, J., B. Sacerdote, and A. Stern (2008) "Will the Stork Return to Europe and Japan? Understanding Fertility within Developed Nations," *Journal of Economic Perspectives* 22 (3), pp. 3–22.

Finkelstein, A. (2014) *Moral Hazard in Health Insurance*, Columbia University Press.

Fu, R., H. Noguchi, A. Kawamura, H. Takahashi, and N. Tamiya (2017) "Spillover effect of Japanese long-term care insurance as an employment promotion policy for family caregivers," *Journal of health economics* 56, pp. 103–112.

Fukahori, R., T. Sakai, and K. Sato (2015) "The Effects of Incidence of Care Needs in Households on Employment, Subjective Health, and Life Satisfaction among Middle-aged Family Members," *Scottish Journal of Political Economy* 62 (5), pp. 518–545.

Genda, Y., A. Kondo, and S. Ohta（2010）“Long-term effects of a recession at labor market entry in Japan and the United States,” *Journal of Human Resources* 45（1）, pp. 159–198.

Gladwell, M.（2006）“Million-Dollar Murray: Why Problems Like Homeless May Be Easier to Solve Than to Manage” *New Yorker* 82（1）pp. 96–107（邦訳『マルコム・グラッドウェル THE NEW YORKER 傑作選2 失敗の技術 人生が思惑通りにいかない理由』勝間和代訳、講談社、２０１０年）.

Glazer, A., and L. Rothenberg（2001）*Why Government Succeeds and Why It Fails?* Harvard University Press（邦訳Ａ・グレーザー・Ｌ・Ｓ・ローゼンバーグ『成功する政府　失敗する政府』井堀利宏ほか訳、岩波書店、２００４年）.

Gruber, J.（1994）“The Incidence of Mandated Maternity Benefits,” *American Economic Review* 84（3）, pp. 622–641.

———（1997a）“The Consumption Smoothing Benefits of Unemployment Insurance,” *American Economic Review* 87（1）, pp. 192–203.

———（1997b）“The Incidence of Payroll Taxation: Evidence from Chile,” *Journal of Labor Economics* 15（S3）, pp. S72–S101.

———（2019）*Public Finance and Public Policy*, 6th edition, Worth Publishers.

Hamaaki, J., and Y. Iwamoto（2010）“A Reappraisal of the Incidence of Employer Contributions to Social Security in Japan,” *Japanese Economic Review* 61（3）, pp. 427–441.

———, M. Hori, S. Maeda, and K. Murata（2012）“Changes in the Japanese Employment System in the Two Lost Decades,” *ILR Review* 65（4）, pp. 810–846.

———, ———, ———（2013）“How does the first job matter for an individual's career life in Japan?” *Journal of the Japanese and International Economies* 29, pp. 154–169.

Hamermesh, D., and O. Nottmeyer（2018）*Evidence-Based Policy Making in Labor Economics: The IZA World of Labor Guide 2018*, Bloomsbury Information Ltd.

Hara, H.（2017）“Minimum wage effects on firm-provided and worker-initiated training,” *Labour Economics* 47, pp. 149–162.

Hasebe T., and T. Sakai（2018）“Are Elderly Workers More Likely to Die in Occupational Accidents? Evidence from Both Industry-aggregated Data and Administrative Individual-level Data in Japan,” *Japan and The World Economy* 48, pp. 79–89.

Hashimoto, Y., and A. Kondo (2012) "Long-term effects of labor market conditions on family formation for Japanese youth," *Journal of Japanese and International Economies* 26 (1), pp. 1–21.

Heinrich, C., P. Mueser, and K. Troske (2005) "Welfare to Temporary Work: Implications for Labor Market Outcomes," *The Review of Economics and Statistics* 87 (1), pp. 154–173.

Ibuka, Y., Chen, S., Ohtsu, Y., and N. Izumida (2016) "Medical Spending in Japan: An Analysis Using Administrative Data from A Citizen's Health Insurance Plan," *Fiscal Studies* 37 (3–4): pp. 561–592.

Ikenaga, T., and D. Kawaguchi (2013) "Labor-market attachment and training participation," *Japanese Economic Review* 64 (1), pp. 73–97.

Jurajda, S., and F. Tannery (2003) "Unemployment Durations and Extended Unemployment Benefits in Local Labor Markets," *Industrial and Labor Relations Review* 56 (2), pp. 324–348.

Kambayashi, R., and T. Kato (2017) "Long-Term Employment and Job Security over the Past 25 Years: A Comparative Study of Japan and the United States," *ILR Review* 70 (2), pp. 359–394.

Kawaguchi, D., and A. Kondo (2020) "The effects of graduating from college during a recession on living standards," *Economic Inquiry* 58 (1), pp. 283–293.

———, Y. Ueno (2013) "Declining long-term employment in Japan," *Journal of the Japanese and International Economies* Vol. 28, pp. 19–36.

Kohara, M., M. Sasaki, and T. Machikita (2013) "Is Longer Unemployment Rewarded with Longer Job Tenure?" *Journal of the Japanese and International Economies* 29, pp. 44–56.

Kondo, A. (2007) "Does the first job really matter? State dependency in employment status in Japan," *Journal of Japanese and International Economies* 21 (3), pp. 379–402.

——— (2017) "Availability of Long-term Care Facilities and Middle-aged People's Labor Supply in Japan," *Asian Economic Policy Review* 12 (1), pp. 95–112.

———, H. Shigeoka (2013) "Effects of Universal Health Insurance on Health Care Utilization, and Supply-Side Responses:

Evidence from Japan," *Journal of Public Economics* 99, pp. 1–23.

———, ——— (2017) "The Effectiveness of Demand-Side Government Intervention to Promote Elderly Employment: Evidence from Japan," *ILR Review*. 70 (4), pp. 1008–1036.

Koning, P., and D. van Vuuren (2010) "Disability Insurance and Unemployment Insurance as Substitute Pathways," *Applied Economics* 42, pp. 575–588.

Krueger, A. B., and A. Mueller (2010) "Job Search and Unemployment Insurance: New Evidence from Time Use Data," *Journal of Public Economics* 94 (3–4), pp. 298–307.

Kuhn, P. J., and C. Riddell (2010) "The Long-term Effects of Unemployment Insurance: Evidence from New Brunswick and Maine, 1940–1991," *Industrial and Labor Relations Review* 63 (2), pp. 183–204.

Lalive,R., J. van Ours, and J. Zweimüller (2006) "How Changes in Financial Incentives Affect the Duration of Unemployment," *Review of Economics Studies* 73 (4), pp. 1009–1038.

———, J. Zweimüller (2009) "How Does Parental Leave Affect Fertility and Return to Work? Evidence from Two Natural Experiments," *Quarterly Journal of Economics* 124 (3), pp. 1363–1402.

Leuz, C. (2018) "Evidence-Based Policymaking: Promise, Challenges and Opportunities for Accounting and Financial Markets Research," *NBER Working Paper* No. w24535.

Lilly, M., A. Laporte, and P. Coyte (2007) "Labor Market Work and Home Care's Unpaid Caregivers: A Systematic Review of Labor Force Participation Rates, Predictors of Labor Market Withdrawal, and Hours of Work," *The Milbank Quarterly* 85 (4), pp. 641–690.

Lindner, S. (2016) "How Do Unemployment Insurance Benefits Affect the Decision to Apply for Social Security Disability Insurance?" *Journal of Human Resources* 51 (1), pp. 62–94.

Machikita, T., M. Kohara, and M. Sasaki (2013) "The Effect of Extended Unemployment Benefit on the Job Finding Hazards: A Quasi-Experiment in Japan," *IZA Discussion Paper* No. 7559.

Mankiw, G. (2007) "On Health Insurance Mandates," Greg Mankiw's Blog: Tuesday, December 18, https://gregmankiw.blogspot.

com/2007/12/on-health-insurance-mandates.html.

Markussen, S., and K. Røed (2015) "Social Insurance Networks," *Journal of Human Resources* 50 (4), pp. 1081–1113.

Melguizo, A., and J. M. González-Páramo (2013) "Who Bears Labour Taxes and Social Contributions? A Meta-Analysis Approach," *SERIEs* 4 (3), pp. 247–271.

Michaud, P., A. Heitmueller, and Z. Nazarov (2010) "A Dynamic Analysis of Informal Care and Employment in England," *Labour Economics* 17 (3), pp. 455–465.

Mitchell, O. (1988) "The Relation of Age to Workplace Injuries," *Monthly Labor Review* (July), pp. 8–13.

Muller, J. (2018) *The Tyranny of Metrics*, Princeton University Press（邦訳『測りすぎ――なぜパフォーマンス評価は失敗するのか?』松本裕訳，みすず書房，２０１９年）.

Newman, K. (2012) *The Accordion Family: Boomerang Kids, Anxious Parents, and the Private Toll of Global Competition*, Beacon Press, Boston（邦訳『親元暮らしという戦略――アコーディオン・ファミリーの時代』萩原久美子ほか訳，岩波書店，２０１３年）.

Okudaira, H., Takizawa, M., and K. Yamanouchi (2019) "Minimum wage effects across heterogeneous markets," *Labour Economics* 59, pp. .110–122.

Okudaira, H., F. Ohtake, K. Kume, and K. Tsuru (2013) "What does a temporary help service job offer? Empirical suggestions from a Japanese survey," *Journal of the Japanese and International Economies* 28, pp. 37–68.

Oshio, T., and S. Inagaki (2013) "Does initial job status affect midlife outcomes and mental health? Evidence from a survey in Japan," *CIS Discussion Paper Series* No. 585, Center for Intergeneration Research, Hitotsubashi University.

Sakai, T., and N. Miyazato (2014) "Who values the family-friendly aspects of a job? Evidence from the Japanese labour market," *Japanese Economic Review* 65 (3), pp. 397–413.

Stanley, T., and H. Doucouliagos (2012) *Meta-Regression Analysis in Economics and Business*, Routledge.

Summers, L. (1989) "Some Simple Economics of Mandated Benefits," *American Economic Review* 79 (2), pp. 177–183.

Takaku, R. and S. Bessho (2017) "Do Benefits in Kind or Refunds Affect Health Service Utilization and Health Outcomes? A

Natural Experiment from Japan," *Health Policy* 121 (5), pp. 534–542.

Tatsiramos, K. (2009) "Unemployment Insurance in Europe: Unemployment Duration and Subsequent Employment Stability," *Journal of European Economic Association* 7 (6), pp. 1225–1260.

———, J. van Ours (2012) "Labor Market Effects of Unemployment Insurance Design," *Journal of Economic Surveys* 28 (2), pp. 284–311.

Villanueva, E. (2007) "Estimating compensating wage differentials using voluntary job change: Evidence from Germany," *Industrial and Labor Relations Review* 60, pp. 544–561.

van Ours, J. C., and M. Vodopivec (2006) "How Shortening the Potential Duration of Unemployment Benefits Affects the Duration of Unemployment: Evidence from a Natural Experiment," *Journal of Labor Economics* 24 (2), pp. 351–378.

Yamada, H. and S. Shimizutani (2015) "Labor Market Outcomes of Informal Care Provision in Japan," *Journal of the Economics of Ageing* 6, pp. 79–88.

Yamaguchi, S., Y. Asai, and R. Kambayashi (2018) "Effects of subsidized childcare on mothers' labor supply under a rationing mechanism," *Labour Economics* 55, pp. 1–17.

Yokoyama, I., N. Kodama, and Y. Higuchi (2019) "Effects of state-sponsored human capital investment on the selection of training type," *Japan and the World Economy* 49, pp. 40–49.

【著者略歴】

酒井　正（さかい・ただし）
1976年生まれ。2000年、慶應義塾大学商学部卒業。05年、同大大学院商学研究科後期博士課程単位取得退学。08年、博士（商学）号取得。
国立社会保障・人口問題研究所研究員、同室長、全米経済研究所客員研究員などを経て
現在、法政大学経済学部教授。
『日本労働研究雑誌』の編集委員も務める。

日本のセーフティーネット格差
——労働市場の変容と社会保険

2020年2月15日　初版第1刷発行
2021年5月20日　初版第3刷発行

著　者————酒井　正
発行者————依田俊之
発行所————慶應義塾大学出版会株式会社
〒108-8346　東京都港区三田2-19-30
TEL〔編集部〕03-3451-0931
〔営業部〕03-3451-3584〈ご注文〉
〔　〃　〕03-3451-6926
FAX〔営業部〕03-3451-3122
振替　00190-8-155497
http://www.keio-up.co.jp/
装　丁————坂田政則
組　版————株式会社キャップス
印刷・製本——中央精版印刷株式会社
カバー印刷——株式会社太平印刷社

© 2020 Tadashi Sakai
Printed in Japan　ISBN978-4-7664-2649-6

好評の既刊書

失業なき雇用流動化　山田　久著　2500円

金融政策の「誤解」　早川英男著　2500円
◎第57回エコノミスト賞受賞

国民視点の医療改革　翁　百合著　2500円

アジア都市の成長戦略　後藤康浩著　2500円
◎第6回岡倉天心記念賞受賞

日本の水産資源管理　片野　歩・阪口　功著　2500円

（価格は本体価格。消費税別）